suhrkamp taschenbuch
wissenschaft 2228

In seinem glasklar geschriebenen Buch widmet sich Alexander Fischer einem faszinierenden Phänomen, das in seiner alltäglichen Bedeutung kaum zu überschätzen ist: der Manipulation. Diese wird von ihm zunächst begrifflich gefasst, dann handlungstheoretisch eingebettet und schließlich in ihren konkreten psychologischen Erscheinungsformen untersucht. Fischer schließt mit dem Entwurf einer Ethik der Manipulation, die das Phänomen durch eine kritische Betrachtung der paradigmatischen Trias von Rationalität, Freiheit und Würde neu zu sehen lehrt.

Alexander Fischer ist wissenschaftlicher Assistent am Lehrstuhl für Praktische Philosophie der Universität Basel. Zuvor promovierte er an der Otto-Friedrich-Universität Bamberg und war Visiting Scholar an der Duke University sowie an der University of Cambridge.

Alexander Fischer
Manipulation

Zur Theorie und Ethik einer Form der Beeinflussung

Suhrkamp

Dieses Buch ist die überarbeitete Fassung der Dissertation *Jenseits von Freiheit und Würde? Zur Theorie, Praxis und Ethik der Manipulation*, die der Verfasser 2016 an der Otto-Friedrich-Universität Bamberg eingereicht hat.

2. Auflage 2023

Erste Auflage 2017
suhrkamp taschenbuch wissenschaft 2228

Umschlag nach Entwürfen von Willy Fleckhaus und Rolf Staudt
Druck und Bindung: C. H. Beck, Nördlingen
Printed in Germany
ISBN 978-3-518-29828-2

www.suhrkamp.de

Inhalt

Vorwort 13

1. Das Phänomen der Manipulation: Definitionsversuch . . 26

Vorbemerkungen: Manipulation theoretisch 26
Grundsätzliches zur Definitionsfindung 33
Zur Genese des Begriffs 36
Manipulation als spezifische Form der Beeinflussung – erster Definitionsteil 41
Ist die Manipulation notwendigerweise undurchsichtig und täuschend? 45
Dient die Manipulation notwendigerweise negativen Zwecken? 49
Unterläuft die Manipulation notwendigerweise die Rationalität der Betroffenen? 52

Das *Pleasurable-Ends-Modell* der Manipulation – zweiter Definitionsteil 67
Warum Menschen handeln – und was sie zur Handlung bringt 67
Die Stärken des *Pleasurable-Ends-Modells* 75

2. Die philosophisch-anthropologischen und psychologischen Hintergründe der Manipulation 79

Vorbemerkungen: Manipulation praktisch 79
Kurz zur Einbindung der Psychologie 83

Das Wesen Mensch: *animal rationale – et affectivum* 91
Ideengeschichtlicher Problemaufriss: Die Entwicklung der Rationalität als menschliche *differentia specifica* 91
Von der Philosophie zur Psychologie: Empirische Dimensionen der Rationalität und Irrationalität 103

Zwischenfazit – Rationalität und Irrationalität im Verbund und die Konsequenzen für unser Freiheitsverständnis 117

Die Routen der manipulativen Beeinflussung 134
Manipulative Mechanismen und Psychologie 136
Grundsätzliche Bedingungen 138

Sozialpsychologische Mechanismen 141
Manipulative Mechanismen und politische Psychologie 147
Symbole als Mittel der Manipulation 152

3. Grundlegung zu einer Ethik der Manipulation 159

Vorbemerkungen: Manipulation ethisch 159

Probleme der klassischen ethischen Ansätze und einer situationsethischen Vorgehensweise 163
Deontologische Ansätze 166
Tugendethische Ansätze 170
Konsequentialistische Ansätze 173
Situationsethische Ansätze 175

Machtbalancierende Beziehungsgefüge 177
Beziehungen 177
Machtbalancen 180

Prinzipienethik und Minimalmoral als Pfeiler einer Ethik der Manipulation 184
Prinzipienethik als Vermittlung von Theorie und Praxis 184
Minimalmoral als universale ethische Grundlage 188

Das Kernprinzip der Minimalmoral 190
Respekt 190
Eine nähere Betrachtung des Respekts 193
Eine nähere Betrachtung der zu respektierenden Bedürfnisse .. 197
Abschließende Anmerkungen zum Respekt als Fundamentalprinzip 201

Zwischenfazit – Ethische Standards und ein Fragenkatalog . 202

4. Fallbeurteilungen: Die Manipulation und ausgewählte Anwendungen 211

Rückkehr zu *Othello* und *1984* als Protoanalysen illegitimer Manipulationen 214
»Mehr Eifersucht, als Vernunft kurieren kann«: Die Manipulation Othellos durch Jago in Shakespeares *Othello* 214
»Menschliche Tonspuren«: Der Manipulationsstaat in Orwells *1984* 220

Viel Lärm um nichts und zwei Policies Friedrichs des Großen und Parmentiers als Protoanalysen legitimer Manipulation 227
»In Noten diskutieren«: Die Manipulation Beatrice' und Benedikts in Shakespeares *Viel Lärm um nichts* 227
»Man bestahl ihn; dieß freute ihn außerordentlich«: Die manipulative Durchsetzung zweier Ernährungspolicies durch Friedrich den Großen und Parmentier 234

Schluss 242

Literaturverzeichnis 249

Danksagung 264

Affenhorde ©2012 von Michael Stöhr ⟨www.stoehrkunst.de⟩

The conscious and intelligent manipulation of the organized habits and opinions of the masses is an important element in democratic society. Those who manipulate this unseen mechanism of society constitute an invisible government which is the true ruling power of our country. [...] We are governed, our minds are molded, our tastes formed, our ideas suggested, largely by men we have never heard of. This is a logical result of the way in which our democratic society is organized. Vast numbers of human beings must cooperate in this manner if they are to live together as a smoothly functioning society. [...] In almost every act of our daily lives, whether in the sphere of politics or business, in our social conduct or our ethical thinking, we are dominated by the relatively small number of persons [...] who understand the mental processes and social patterns of the masses. It is they who pull the wires which control the public mind.

Edward L. Bernays, *Propaganda*

If some great power would agree to make me always think what is true and do what is right, on condition of being some sort of a clock and wound up every morning before I got out of bed, I should close up instantly with the offer.

Thomas Henry Huxley, *Materialism and Idealism*

Vorwort

Wir beeinflussen einander stetig und in vielfältiger Weise. Hierbei gibt es einerseits ethisch eher unproblematische Formen der Beeinflussung – etwa wenn wir jemanden in rational argumentierender Art von etwas überzeugen wollen –, andererseits aber auch solche, die wir sofort als problematisch identifizieren: Gewalt, Erpressung, Nötigung oder Drohung, allgemeiner gesagt: Formen, die uns gewaltsam zu etwas bringen, uns letztlich zu etwas zwingen. Als problematisch gelten diese Formen in der Regel, weil sie uns in unserer Freiheit einschränken und auf eine Weise behandeln, die wir für grundsätzlich falsch halten und die oft nicht nur unseren Körper, sondern auch unsere Würde verletzen. Historisch lag der Fokus ethischer Untersuchungen auf diesen Formen der Beeinflussung. Doch wie steht es um Beeinflussungsweisen, die sich weder primär der Rationalität bedienen[1] noch auch Zwang oder Gewalt ausüben?

1 Der Begriff »Rationalität« ist für dieses Buch zu wichtig, um ihn hier unkommentiert zu lassen: Unter Rationalität ist im Zusammenhang mit Manipulation zunächst im klassischen Sinne die Fähigkeit von Akteuren gemeint, Gründe für eine Handlung erkennen, entwickeln und korrigieren zu können, die dann zu dementsprechend überlegten Handlungen führen. Die Rationalität ist im Denken und Handeln dabei grundsätzlich den Prinzipien der zielführenden Zweck-Mittel-Beziehung sowie der Logik verpflichtet und wägt Nutzen- und Kostenfaktoren ab (Silvio Vietta weist auf die Quantifizierungstendenz der Rationalität als wesentliches Merkmal hin). Sie unterscheidet sich so elementar von bloßem Glauben und wird gemeinhin als Gegenpol zu den Affekten oder, anders gesagt: dem Irrationalen, verstanden (vgl. hierfür Gerd Gigerenzer, *Dorsch. Psychologisches Wörterbuch*, Bern 2014, s. v. Rationalität, S. 1380, sowie Silvio Vietta, *Rationalität – eine Weltgeschichte. Europäische Kulturgeschichte und Globalisierung*, München 2012, S. 13, 35-42, 47-49, 69-124). Dieses dichotomische Verständnis erscheint angesichts heutiger psychologischer Forschung problematisch; und auch das Konzept des »Irrationalen« als »das von der Ratio [*A*]*usgegrenzte*« (Vietta, *Rationalität*, S. 15) ist fragwürdig – schließlich erfüllen auch Affekte zum Beispiel klarerweise Zwecke. Wenn auch das Gemeinsame von vorher gegensätzlich verstandenen Wesenheiten wie der Rationalität und der Affekte noch weiter erforscht werden muss, können wir davon ausgehen, dass hier ein Wechselspiel stattfindet und Handlungsleitungen und hierin involvierte Entscheidungsprozesse gar nicht ohne beide Elemente zu denken sind. Die Manipulation selbst macht das wesentlich deutlich: Wenngleich sie auf das Affektive in uns abzielt und sich dieses zunutze macht, kann

Es gibt Formen der Beeinflussung, die sich weitgehend unbewusste Mechanismen zunutze machen und mittels unserer Affekte[2] zu wirken vermögen. Eine dieser Formen ist die *Manipulation.*

Manipulation finden wir in vielen Bereichen – in der Werbung, der Politik und in Partnerschaften oder sonstigen Beziehungen. Die Assoziationen, die dabei alltäglich mit dem Begriff einhergehen, lassen so manchen erschaudern. Verschiedene unethische Behandlungsweisen und ein defizitäres Menschenbild scheinen damit verbunden. Dieses defizitäre Bild des Menschen ist ganz ähnlich dem des Psychologen B. F. Skinner, einem der Väter des Behaviorismus, der in den frühen 1970er Jahren mit seinen Vorschlägen der Manipulation, so fürchteten seine Widersacher, Tür und Tor öffnete. Skinner wagte es, in seinem Buch *Beyond Freedom and Dignity* die These vorzubringen, dass nur mit der Verabschiedung der Konzepte von Freiheit[3] und Würde all die übergroß erscheinenden und

sie ebengleiches auch über die Einbindung rational verarbeiteter Elemente tun, die dann wiederum in uns mit dem Affektiven in Einklang gebracht werden – und umgekehrt. Ein Verständnis des Menschen als narratives Wesen ermöglicht es, beide Elemente in einem dezidiert menschlichen Wesenszug zusammenlaufen zu lassen: dem Narrativen als Weltzugang. So entgehen wir auch den bestreitbaren Annahmen, dass Rationalität bewusstes Denken ist (obwohl diese Prozesse vielfach unbewusst ablaufen), sie die Welt buchstäblich abbildet (obwohl wir die Verarbeitung der Welt auch durch so etwas wie Metaphern und Symbole kennen) und dass sie etwas Universelles ist (wenngleich Menschen zwar grundsätzlich zur Rationalität fähig sind, ist deren Ausprägung wohl sehr unterschiedlich, so dass mitnichten jeder den gleichen Verstand und die gleiche Denkweise aufweist). Mehr zu diesem Problemkomplex in Kapitel 2.

2 Die Unterscheidung von »Affekten«, »Gefühlen«, »Emotionen« und »Stimmungen« ist nicht immer einfach – und eigentlich nie unumstritten. Wir haben es oft mit sehr unterschiedlichen oder aber gar synonymen Verwendungen der Begriffe zu tun (die meist nicht ausgewiesen werden). Hier soll das Affektive in seinem ursprünglichen Wortsinn (aus dem griechischen *páthos* – πάθος – Leidenschaft) verstanden werden; also die Ebene des Menschlichen bezeichnen, die sich durch qualitative Regungen in Bezug auf Befinden und Erleben auszeichnet, die das Handeln eines Menschen erheblich beeinflussen können. Das Konzept des Affektiven ist noch dunkler als das der rationalen Kognition, dabei aber, wie oben angemerkt, nicht als bloßer Widerpart der Letzteren zu verstehen, sondern als weiterer basaler Bestandteil eines Ganzen, das menschliches Entscheiden und Handeln charakterisiert – so wie Kognitionen affektive Zustände beeinflussen können, können Affektionen auch kognitiv geleitete Prozess beeinflussen.

3 Wann immer das Wort »Freiheit« in dieser Arbeit auftaucht, geht es nicht bloß um eine Freiheit der Wahl, verstanden als die Freiheit von Zwängen, sondern um ein

vom Menschen verursachten Probleme in der Welt gelöst werden könnten.[4] Seine Erkenntnisse sollten dafür weiterentwickelt und es sollte eine neue »Verhaltenstechnologie« kreiert werden. Zur endgültigen Lösung unserer Probleme müsse man über Freiheit und Würde hinausgehen, da unsere kulturellen Konzepte von Freiheit und Würde nicht viel mit einem »wissenschaftlichen« Verständnis des Menschen zu tun hätten. Nach dem geforderten Schritt ließen sich dann andere Mittel für dessen Lenkung in Erwägung ziehen, da es das rational geleitete, freiheitlich agierende und aus diesen Fähigkeiten heraus so würdevolle Wesen Mensch eben gar nicht gäbe. Wir hätten uns – polemisch gesprochen – bloß in ein Traumbild unserer selbst verguckt[5] und seien letztlich doch vielmehr eine von der Macht der Affekte und Automatismen eingenommene Horde Affen (zudem noch im Angesicht einer dunklen Wolke des Unbewussten, auch wenn dieses für Skinner eigentlich keine Rolle spielt). Gut, wir seien zwar etwas elaborierter als unsere noch haarigeren Kollegen, aber darauf dürfe der Mensch sich nicht viel einbilden – was er aber dennoch seit jeher tut. Ernest Gellner stellt Jahrzehnte später fest, dass der Traum von der dominanten Rationalität als menschlicher Wesenheit in unserer sogenannten westlichen Kultur lang und mit einiger Sorgfalt gepflegt wurde. Die Philosophie, selbst »im wesentlichen Theorie der Rationalität«,[6] habe von Be-

Konzept, das sowohl die Wahlfreiheit als auch die Autonomie einschließt. Leider wird in der psychologischen und auch philosophischen Diskussion nicht immer klar, welche Vorstellung von Freiheit von Beeinflussungsmechanismen gemeint ist. Ein Beeinflussungsmechanismus tangiert wahrscheinlich mindestens immer eine der beiden Eigenschaften: Entweder wird eine konkrete Wahl oder das autonome Handeln anvisiert. Die Manipulation zwingt nicht zu einer konkreten Wahl, wird aber i. d. R. abgelehnt, weil sie autonomes Handeln behindert. Es bleibt aber oft unklar, was ein autonomes Handeln überhaupt sein könnte, und zudem ist m. E. genau dieser Aspekt unserer Freiheit vor dem Hintergrund nicht nur der Erkenntnisse der Psychologie, sondern auch des vernünftigen Nachdenkens neu auszutarieren und zudem im Kontext unserer sozialen Eingebundenheit zu betrachten (siehe dazu Kapitel 2).

4 Vgl. Burrhus F. Skinner, *Beyond Freedom and Dignity*, New York 1971, S. 9 f.

5 Ebd., S. 14 f.

6 Julian Nida-Rümelin, »Zur Einheitlichkeit praktischer Rationalität«, in: ders., *Ethische Essays*, Frankfurt/M. 2002, S. 115-132, hier S. 115. Und nicht nur das: Gleichzeitig sind die »philosophischen Theorien praktischer Rationalität in hohem Maße reduktionistisch: Die Vielfalt der Handlungsgründe ist danach nur ein Schein, tatsächlich [gibt] es [meist und den einzelnen Theorien gemäß] nur

ginn an am rationalen, freien und würdevollen Menschen gebaut, die Aufklärung diese Existenz zementiert und den Schlussstein von Freiheit und Würde, den die Autonomie ermöglichende Rationalität darstellt, als regelrechten »life-style« etabliert, an den eigentlich alle unserer heutigen Strukturen (politisch, wissenschaftlich, privat – und natürlich nicht zuletzt ökonomisch) angepasst seien.[7] Nach Skinner ist genau dieser *life-style* die Wurzel der gefährlichen modernen Situation, aus der nur ein Weg führt: Die Ersetzung der Konzeption rationaler Akteure durch das »wissenschaftliche« Verständnis des Menschen als biologisch und psychologisch aufschlüsselbarem Organismus voller Irrationalitäten (das heißt nicht zwingend den Gesetzen der Rationalität folgend, auch wenn dies unter Umständen auch wiederum rational sein kann), also Affekten und Automatismen, der verlässlich auf Beeinflussungen reagiert und so effizient zu seinem eigenen Besten *manipuliert* werden kann.[8] Dies sei eine logische Konsequenz der Feststellung, dass Individuen eben schlicht nie die Architekten ihrer eigenen Schicksale seien.[9]

Skinner wirft hier wichtige Aspekte auf, die für die Diskussion im Folgenden interessant sind. Allerdings ist sein anthropologisch-psychologischer Gegenentwurf selbst hochproblematisch und kann letztlich die Komplexität des Wesens Mensch (wie auf der Gegenseite auch gängige Rational-Choice-Modelle) lediglich ungenügend erfassen und daher nur bedingt Licht ins Dunkel des Ablaufs unseres Handelns bringen. Die Betrachtung umfassenderer Modelle wird für ein angemesseneres Verständnis des Menschen im weiteren Verlauf dieses Buches unbedingt nötig sein, doch für den Moment können uns die von ihm aufgeworfenen Fragen als Ausgangspunkt dienen. Schließlich votiert Skinner vor dem Hintergrund seiner modifizierten Vorstellung des Menschen dafür, diesen weder rational überzeugend (das sei zu ineffizient) noch gewalttätig (das wiederrum sei zu brutal) dazu zu bringen, so zu handeln, wie

ein einziges Prinzip (eine einzige Regel, ein einziges Kriterium) […], das darüber entscheidet, ob eine Handlung rational ist.« (S. 120)

7 Ernest Gellner, *Reason and Culture. The Historic Role of Rationality and Rationalism*, Oxford, Cambridge 1992, S. 136. Dieser These stimmt auch Vietta, *Rationalität*, S. 9 f., vollkommen zu.

8 Vgl. Skinner, *Beyond Freedom and Dignity*, S. 191. Skinner geht von einem relativ einfachen Stimulus-Response-Modell aus; ob die Manipulation in dieser Weise verstanden werden kann, ist allerdings zweifelhaft. Dazu später mehr.

9 Vgl. ebd., S. 18.

es die Gesellschaft braucht und es für sein eigenes Wohl gut ist. Manipulation wäre hierfür ein probates Mittel[10] – aber auch ein wünschenswertes?

Das bleibt zunächst zumindest unklar; mancher mag sich unverzüglich an George Orwells Dystopie *1984* und Vorwürfe von möglicherweise täuschender Absicht, fatalen Konsequenzen und respektloser, paternalistischer Bevormundung erinnert fühlen. Schließlich rechtfertigt auch Orwells Figur O'Brien die Politik seiner Partei, die beständigen Manipulationen, Zwänge und Drohungen, gegenüber dem Protagonisten Winston so:

> Er wußte im voraus, was O'Brien sagen würde. Daß die Partei nicht selbstsüchtig nach der Macht strebte, sondern nur zum Wohle der Mehrheit. Daß sie nach der Macht griff, weil die Menschen in der Masse schwache, feige Kreaturen waren, die weder Freiheit ertragen noch der Wahrheit ins Gesicht blicken konnten und deswegen von anderen, die stärker waren als sie, beherrscht und systematisch betrogen werden mußten. Daß die Menschheit die Wahl zwischen Freiheit und Glück hatte und daß, für die Masse der Menschheit, Glück besser sei. Daß die Partei die ewige Beschützerin der Schwachen war […].[11]

In *1984* zeichnet Orwell also genau das von Skinners Gegnern gefürchtete Horrorszenario. Menschen sind hier zerbrechliche, ängstliche, schwache und damit allzeit manipulierbare Kreaturen, die jede Würde verloren haben und keine echten Freiheiten mehr besitzen können oder, schlimmer noch, aufgrund der im Laufe der Zeit verkümmerten rationalen Handlungsleitung und mangels funktionierender Selbstwahrnehmung überhaupt nicht mehr zur Freiheit fähig sind. Die Probleme, die Skinners Opponenten hatten, sind von zweifacher Art: Sie hielten die Aufgabe so wesentlicher Werte wie der Freiheit und Würde für gefährlich, denn dies würde (1) dazu führen, dass sich ethisch problematische Methoden wie die Manipulation problemlos etablieren könnten und (2) die Menschen dann eben nicht mehr wie rationale, freie und würdevolle Wesen behandelt würden.[12] Solcherlei Vorwürfe beschreiben den

10 So sei es dann sogar möglich, eine Welt zu schaffen, in der bestrafenswürdiges Verhalten selten oder gar nie auftritt (ebd., S. 59 f.).

11 George Orwell, *1984*, übersetzt von Michael Walter, Berlin 2008, S. 314 f.

12 Vgl. zu den negativen Verständnissen der Manipulation zur Zeit Skinners Autoren wie Herbert Marcuse. Ausführlicheres dazu im kommenden Kapitel 1.

Kern eines Unbehagens gegenüber Beeinflussungsmethoden wie der Manipulation, die sich abseits der lichten Rationalität bewege, Freiheit einschränke und Würde unterminiere. Doch es bleibt unklar, ob diese Vorwürfe tatsächlich haltbar sind.

Dies wird nicht nur zur Frage, wenn wir uns die Vagheit des Begriffes »Manipulation« vergegenwärtigen, sondern auch, wenn wir die im Hintergrund befindlichen Prämissen der Vorwürfe betrachten. Was durch Skinners Forschungen markiert wird und im Phänomen der Manipulation kulminiert, ist kein Kampf zweier Kulturen, sondern zweier Menschenbilder, auf denen auch wesentliche gestalterische Impulse für unsere Zivilisation fußen: Wir finden den rationalen, freien Menschen, dessen Würde hierin wurzelt, auf der einen und das manipulierbare Wesen, irrational, unfrei und geradezu tierisch, auf der anderen Seite. Zunächst stemmten sich die Verteidiger der Rationalität wirkungsvoll gegen die Forderung, den Menschen und die Gesellschaft psychologisch zu lenken. Skinner selbst legte keine starken moralischen Argumente zur Verfolgung seiner Vision vor (wahrscheinlich hielt er sie eben für rein wissenschaftlich), sondern schrieb den Roman *Walden Two*, der, vielleicht selbst manipulativ, seine Leserschaft zu Befürwortern seiner schönen neuen Welt machen sollte.[13] Der Kampf zwischen Verteidigern von Rationalität, Freiheit und Würde und denjenigen, die sie aufgeben oder zumindest neu konzipieren wollen, war damit aber nicht beendet – und so bleibt auch die Diskussion um die Manipulation weiter am Leben.

In jüngerer Vergangenheit finden sich (im weitesten Sinne) Nachfolger Skinners, die zumindest Teilen seiner Ideen weiter anhängen. So erweitert beispielsweise die relativ neue Disziplin der Verhaltensökonomie tatsächlich, wie von Skinner selbst gefordert, seine Erkenntnisse und entwickelt Ansätze, die unter anderem gesellschaftliche Probleme lösen sollen, indem man sich die Beeinflussbarkeit des Menschen, seine Irrationalitäten und seine Sensibilität für manche Stimuli zunutze macht. Berühmt geworden sind in diesem Zusammenhang die Ergebnisse Daniel Kahnemans und Amos Tverskys, die mit ihrem Konzept kognitiver Verzerrungen und der Unterscheidung zweier Systeme, also (1) dem schnellen,

13 Vgl. Deborah E. Altus, Edward K. Morris, »B. F. Skinner's Utopian Vision: Behind and Beyond *Walden Two*«, in: *The Behavior Analyst* 32 (2009), S. 319-335, insb. S. 322.

instinktiven und emotionalen und (2) dem langsamen, logischen und rationalen System, immensen Einfluss auf Disziplinen wie unter anderem die Psychologie, Ökonomie und Politologie hatten.[14] Während die Rationalität hier meist noch eine große Rolle spielt, arbeitet der Sozialpsychologe Jonathan Haidt gar an der Verabschiedung der Rationalität als dominanter menschlicher Eigenschaft und beschreibt sie als bloße Wahnvorstellung (die zum

14 Vgl. Daniel Kahneman, Amos Tversky, »On the Reality of Cognitive Illusions«, in: *Psychological Review* 103/3 (1996), S. 582-591, oder den Bestseller Daniel Kahneman, *Schnelles Denken, Langsames Denken*, München 2012.
Fritz Strack und Roland Deutsch haben dieses Modell weiterentwickelt und versuchen, noch mehr Licht in die Dunkelheit der den Menschen in seinen Handlungen beeinflussenden Faktoren zu bringen – ein Interesse, das prominent auch von Sigmund Freud und seinen Nachfolgern geteilt wurde, die ebenfalls davon ausgehen, dass menschliches Verhalten von verschiedenen Determinanten beeinflusst wird. In ihrem »Reflective-Impulsive Model« beschreiben sie ebenfalls zwei mentale Systeme (Impulsives vs. Reflexives System), die koexistieren und auch interagieren. Sind genügend kognitive Kapazitäten (was zum Beispiel bei Aufregung schwierig wird) und Motivation vorhanden, wird das Reflexive System verwendet, das auf Informationen bezüglich bestimmter Werte und Fakten zurückgreift und darauf basierend Entscheidungsprozesse einläutet. Das Impulsive System arbeitet dagegen mit Assoziationen, motivationalen Orientierungen, Affekten und Automatismen – und zeigt sich weniger störungsanfällig als das Reflexive System. Interessant ist nun, dass das Impulsive System immer verarbeitend aktiv ist, während das Reflexive System vollkommen still sein kann. Dieser Umstand lässt sich als ein dauerndes Potential für eine Beeinflussung verstehen. Vgl. hierzu: Fritz Strack, Roland Deutsch, »Reflective and Impulsive Determinants of Social Behavior«, in: *Personality and Social Psychology Review* 8/3 (2004), S. 220-247; sowie Fritz Strack, Roland Deutsch, »Variants of judgment and decision making. The perspective of the reflective-impulsive model«, in: Henning Plessner, Cornelia Betsch u. a. (Hg.), *Intuition in judgment and decision making*, Mahwah 2008, S. 39-53.
Das Modell von Strack und Deutsch steht in der Reihe der »Dual process theories«, die wohl bei William James beginnt und sich über bekannte Namen wie Petty/Cacioppo, Kahneman hin zu Strack und Deutsch erstreckt. Letztere beziehen ihr Modell, das viele Einsichten mit Kahnemans Forschung teilt, spezifisch auf die Frage nach den Einflüssen und Wirkungen der beiden Systeme auf soziales Verhalten und schließen: »[...] this conceptualization suggests that social psychology should recognize the importance of an impulsive determination of social behavior«; »[...] the notion that humans are rational beings is only part of the truth. We know that behavior is not only determined by its anticipated consequences but also driven by forces outside of rational control.« (Strack/Deutsch, »Reflective and Impulsive Determinants of Social Behavior«, S. 243)

Beispiel nicht Kern unserer Moral und auch nicht unserer Würde sein kann). Auch heißt es bei ihm, dass die Verehrung unserer Rationalität selbst die Illustration dieser langlebigsten Wahnvorstellungen in der westlichen Geschichte sei.[15] Dazu sieht uns Dan Ariely in seinem ersten Bestseller als so regelmäßig und systematisch irrational handelnd, dass sogar das Ziel der Psychologie erhalten bleibt, Vorhersagen treffen zu können.[16] Cass Sunstein und Richard Thaler schlagen dann in ihrem Buch *Nudge* vor, mittels »Entscheidungsarchitekturen« die von Kahneman, Tversky, Haidt, Ariely und Co. ermittelten kognitiven Schwächen von Zielpersonen auszunutzen, um sicherzustellen, dass diese die gewünschte Entscheidung (wiederum zu ihrem Besten) treffen – womit sie, so könnte man zugespitzt behaupten, einer »Verhaltenstechnologie« im Skinner'schen Sinne zuarbeiten.[17] Obwohl es vielerlei Einwändegegen Skinners Thesen gab, ist sein Einfluss also ungebrochen; er gilt als einer der wichtigsten Psychologen aller Zeiten. Auch heute werden Erkenntnisse darüber, wie Menschen lenkbar sind, (durchaus modern) mit traumhaften Verkaufszahlen, Auftritten vor großem Publikum und politischen Positionen belohnt: Haidt ist Bestsellerautor, Thaler trat im Hollywoodfilm *The Big Short* auf, um die von der Finanzwelt ausgenutzten menschlichen Schwächen vor der Finanzkrise 2007 zu erklären, Sunstein wurde Berater des ehemaligen US-Präsidenten Barack Obama im Weißen Haus, und die Regierung in Großbritannien gründete eine »nudge unit«, wie auch andere Regierungen (inklusive der deutschen unter Kanzlerin Angela Merkel) Verhaltensforscher und Psychologen in ihren Beraterstab aufnahmen,[18] die die Anatomie der Gesellschaft und

15 Jonathan Haidt, *The Righteous Mind. Why Good People Are Divided by Politics and Religion*, London 2013, S. 103.

16 Vgl. Dan Ariely, *Denken hilft zwar, nützt aber nichts. Warum wir immer wieder unvernünftige Entscheidungen treffen*, München 2008.

17 Auch wenn sie in diesem Unterfangen teils der Fehlerhaftigkeit einfacher Stimulus-Response-Modelle unterliegen, die bei jedem Rezipienten eines Stimulus von der gleichen, nicht durch andere dynamische Faktoren beeinflussten Reaktion ausgehen. Damit sind sie weiter von Skinner geprägt.

18 Vgl. Steven Poole, »Not so foolish«, in: *aeon* ⟨https://aeon.co/essays/we-are-more-rational-than-those-who-nudge-us⟩, letzter Zugriff am 16. 3. 2016, und Alexander Neubacher, »Alchemie im Kanzleramt«, in: *Der Spiegel* 36 (2014), S. 34-36. Eine »nudge unit« entspricht im Prinzip genau dem, was Edward L. Bernays in *Propaganda* für die amerikanische Regierung fordert: »Die Regierung

psychologische Erkenntnisse für das Durchsetzen von Policies berücksichtigen.[19] Was zu Skinners Zeiten noch zu einem größeren Aufschrei führte, ist mittlerweile mitunter salonfähig und hat Einfluss auf höchsten politischen Ebenen – man denke nur an die Strategie des Lagers um den republikanischen Präsidentschaftskandidaten im US-Wahlkampf 2016, die mit ihrer affektiv und »postfaktisch«[20] ausgerichteten Art und Weise Donald J. Trump zumindest zum Teil zum Sieg verholfen haben mag.[21]

Die Betrachtung von Beeinflussungsformen wie der Manipulation erscheint also umso dringlicher, schließlich lässt sich ihre Beurteilung vielleicht so zusammenfassen: Früher wurde sie gefürchtet, heute gilt sie fast schon als normal. Doch sollten wir weiter fürchten oder mit den Schultern zucken? Geht es um die Beeinflussung des Menschen, stehen weiter vor allem Zwangsmechanismen im Fokus der ethischen Diskussion. Subtile Formen wie die der Manipulation werden dagegen viel weniger diskutiert.[22] Doch gerade die schiere Präsenz, die sich ständig erweiternde Forschungsliteratur, die zur Expansion des Wissens über effiziente Beeinflussungsmöglichkeiten führt, sowie die neuen Formen der Kommunikation zum Beispiel mittels sozialer Netzwerke und Massenmedien sollten uns zur genaueren Betrachtung von Beeinflussungsmechanismen anregen. Denn obwohl die Manipulation präsent ist, bleibt sie

der Vereinigten Staaten sollte einen Minister für Public Relations einführen, der dem Kabinett des Präsidenten angehört. Die Funktion dieses Staatsbeamten sollte darin bestehen, der Welt die Ziele und Ideale Amerikas zu vermitteln. […] Ein solcher Beauftragter wäre im eigentlichen Sinne weder Propagandist noch Pressesprecher. Er wäre eher ein ausgebildeter Experte für die Analyse der öffentlichen Meinung einerseits und für die Information über die Regierungstätigkeit andererseits.« (Edward L. Bernays, *Propaganda – Die Kunst der Public Relations*, Freiburg i. B. 2015, S. 98 f.)

19 Bernays benennt diese beiden Faktoren 1928 als Bestandteile einer neuen, ausgeklügelteren Form von Propaganda, vgl. ebd., S. 33 f.

20 Zur problematischen Verwendungsweise dieses Begriffes mehr im letzten Teil des 2. Kapitels.

21 Darüber, inwiefern die Obama-Administration mit ihren psychologischen Strategien (ganz abgesehen von den politischen Entwicklungen der letzten Jahre) hier auch den Weg bereitet hat, lässt sich natürlich trefflich streiten.

22 Vgl. Christian Coons, Michael Weber, »Introduction. Investigating the Core Concept and its Moral Status«, in: dies., *Manipulation. Theory and Practice*, Oxford 2014, S. 1-16, hier S. 1.

begrifflich und ethisch unklar. Begrifflich muss sie von rationaler Überzeugung, Zwang und Gewalt abgegrenzt werden. Zudem bleibt für ein umfassenderes Verständnis handlungstheoretisch und psychologisch zu klären, was ihr Mechanismus ist. Dies ist die erste große Frage des vorliegenden Buches:

(1) Was ist Manipulation, und wie genau funktioniert sie?

Im Anschluss an die Klärung des Phänomens bleibt dann die Frage nach ihrem moralischen Status:

(2) Ist etwas an der Manipulation, das sie prinzipiell unethisch macht, oder kann sie auch legitim sein – und wenn ja, in welcher Form?

Damit sind die Hauptfragen dieses Buches ausgewiesen, die in den folgenden Kapiteln angegangen werden:

In *Kapitel 1* wird es zunächst darum gehen, das nebulöse Konzept der Manipulation zu definieren. Hierfür soll in gebotener Kürze auf die Philosophien von Aristoteles und Thomas von Aquin zurückgegriffen werden, um ein Modell der Manipulation zu entwickeln, das in einen handlungstheoretischen Kontext eingebettet werden kann. Manipulation, so wird vorgeschlagen werden, ist als gezielte Einflussnahme mittels unserer Affekte zu verstehen, bei der aktiv die Anziehungskraft von bestimmten Zwecken oder ein Handlungskontext so modifiziert werden, dass Zwecke in einem affektiven Sinne angenehmer oder unangenehmer erscheinen, womit wiederum die Wahrscheinlichkeit ihrer Wahl und einer entsprechenden Handlung erhöht oder gesenkt wird. Der Manipulation gelingt es, obwohl sie nicht primär unser rationales Wesen anspricht, jemanden bei seiner Wahl so zu beeinflussen, dass diese dennoch als freie Wahl erscheint.

In *Kapitel 2* werden dann auf der Grundlage dieses Modells philosophisch-anthropologische und psychologische Betrachtungen unserer Wesenheit von Rationalität und Affektleitung hinzugezogen, mittels derer die theoretische Vorstellung von Manipulation konkreter ausbuchstabiert und an empirische Erkenntnisse rückgebunden werden kann. Dafür wird zunächst Gellners oben genannte These plausibel gemacht, indem die Entwicklung des Konnex von Rationalität und damit verbundener Freiheit und Würde nachvollzogen wird. Sodann ermöglichen uns praktische Ergebnisse der jüngeren Psychologie ein modifiziertes Verständnis des Menschen, das eine Form von *begrenzter Rationalität* in den Mittelpunkt stellt und auch der Komplexität der Kommunikationssituation Rechnung tragen will. Von diesem Verständnis aus können beispielsweise mit Robert B. Cialdini die psychologischen Ansatzpunkte der Manipulation illustriert werden. In diesem Zusammenhang wird auch die bereits von Skinner gestellte Frage nach der Reichweite unserer Freiheit neu aufgeworfen. Wenngleich sie nicht erschöpfend beantwortet werden kann, lässt sich doch verstehen, wie die im vorgestellten Manipulationsmodell integrierte Freiheit der Wahl bestehen bleibt und eine als rational und autonom wahrgenommene Begründung, als eine Art Fiktion verstanden werden kann. Entscheidungsprozesse in Bezug auf Handlungen sind viel weniger rational, als es klassische populäre Entscheidungstheorien wie zum Beispiel Rational-Choice-Ansätze beschreiben; sie sind vielmehr individuell-narrativ (und zum Teil schlicht unbewusst). Demgemäß sortieren wir unsere Entscheidungen konsistent und kohärent in ein Verständnis unseres Lebens und unsere Affektpalette ein – ein Narrativ gewissermaßen, in dem wir selbst zugleich Erzähler und Protagonist sind und in ständiger Sortier- und Einordnungsbewegung Rationalität, Affekte und damit verbundene Erfahrungen, Gewohnheiten sowie situative und kontextuelle Umstände in ihrem Wechselspiel einzupassen und zu synchronisieren versuchen (was natürlich auch Auswirkungen auf die Kommunikationssituation hat – sowohl auf Kommunikator- als auch auf Rezipientenseite –, in der Manipulation stattfindet). So lässt sich eine Dissonanz, also ein unangenehmer affektiver Spannungszustand, verhindern und überhaupt das gute Gefühl von Kontrolle und richtiger Ordnung herstellen. Welche Konsequenzen ergeben sich aber für die Ethik, wenn die Autonomie in unserem Freiheitskonzept nur eine Fiktion im Narrativ unseres eigenen Lebens darstellt? Der Konnex von Rationalität, Freiheit und Würde wird so zumindest diskutabel. Was das für eine Ethik der Manipulation genauer bedeutet, wird in der zweiten Hälfte des Buches untersucht.

In *Kapitel 3* ist eine ethische Grundlegung anvisiert, die im Sinne einer Respektsethik an den moralischen Prinzipien klassischer ethischer Theorien partizipiert, aber zugleich aufzeigt, warum diese Theorien die Beantwortung der Frage nach dem moralischen

Status der Manipulation nur schwerlich zu leisten vermögen. Die Bedenken dieser Theorien ernst nehmend, soll ein modifizierter ethischer Blick auf die Manipulation geworfen werden, der den dortigen Problemstellungen so gut wie möglich aus dem Weg geht. Wer ein Recht auf rational geleitete Freiheitlichkeit als Grundvoraussetzung für unsere Würde erachtet, für den kommen Manipulationen nicht infrage. Doch in Anlehnung an G. E. M. Anscombe lässt sich sagen, dass es keine angemessene Ethik geben kann, wenn sie nicht auf der Grundlage eines angemessenen Verständnisses des Menschen entwickelt wird.[23] In Bezug auf die Manipulation und ihre Ethik heißt das, dass anthropologische und psychologische Erkenntnisse einzubeziehen sind. Mit den gewonnenen Einsichten soll die Frage nach dem moralischen Status der Manipulation neu gestellt werden. Hierfür wird die Manipulation mit Norbert Elias als Machtmittel identifiziert, das gemäß seinem Wesen als sozialer Mechanismus in Beziehungen eingesetzt wird, die uns mittels dort bestehender Bedürfnisse und Erwartungen bereits erste Hinweise auf legitime und illegitime Manipulationen geben. Anhand einer Minimalmoral wird mit dem Prinzip *Respekt* eine Grundlage für die Beurteilung der Manipulation entworfen, die in einen für die Bewertung einzelner Manipulationsfälle geeigneten Fragenkatalog mündet.

In *Kapitel 4* werden darauf folgend das etablierte Modell von Manipulation, die psychologischen Klassifikationen der konkreten Mittel und der ethische Fragenkatalog zur Anwendung gebracht. Um in die Vielfalt der Möglichkeit manipulativer Beeinflussungen eine Schneise zu schlagen, sollen klare Beispiele herangezogen werden. Hier gebe ich Beispielen aus der Literatur (und zwei realhistorisch angebundenen Legenden) den Vorzug, die ich als Experimentallabor und Schaubühne des menschlichen Handelns und wirklichen Lebens verstehe. So lässt sich der Unordnung tagesaktueller Beispiele (und der dazu oft nicht verifizierbaren Berichterstattung) aus dem Weg gehen und doch das Verständnis der Manipulation im Rahmen der zwischenmenschlichen Praxis erhöhen. William Shakespeares *Othello* und George Orwells *1984* bieten dabei Beispiele illegitimer Manipulationen, während Shakespeares *Viel Lärm um nichts* und die Umsetzungen zweier sich ähnelnder

23 Zit. n. Simon Blackburn, *Ruling Passions. A Theory of Practical Reasoning*, Oxford 1998, S. v.

Ernährungspolicies Friedrichs des Großen und Antoine Augustin Parmentiers als Beispiele legitimer Manipulationen herausgestellt werden sollen.

Am Ende des Textes soll also ein Verständnis der Manipulation als einer gezielten Beeinflussungsform stehen, die uns mittels unserer Affekte zu dennoch freiheitlichen Handlungen bringen kann, indem die Anziehungskraft von bestimmten Zwecken oder ein Handlungskontext so modifiziert werden, dass Zwecke angenehmer bzw. unangenehmer erscheinen. Mit diesem Modell der Manipulation geht ein Verständnis des Menschen einher, das mit Hilfe philosophisch-anthropologischer Diskussionen und einiger empirischer Ergebnisse der Psychologie als begrenzt rational zu fassen ist. Dies hat Konsequenzen für die Ethik und damit auch für die Bewertung der Manipulation: Der Konnex von Rationalität, Freiheit und Würde erweist sich als fragwürdig, weshalb die Ethik nachjustiert werden muss. Ob die Manipulation legitim oder illegitim ist, kann nicht mehr mit einem klaren Ja oder Nein beantwortet werden, die ethische Diagnose lautet vielmehr: Es kommt drauf an. Auf was es ankommt, ist die Beachtung des minimalmoralischen Kernprinzips, also des Respekts, sowie der Einbezug kontextueller Umstände, die sich aus der Gestalt der Manipulation als immer in zwischenmenschlichen Beziehungen stattfindender Akt besser verstehen lassen. Doch bevor es so weit ist, müssen wir zunächst begreifen, was Manipulation überhaupt ist und wie sie funktioniert.

I. Das Phänomen der Manipulation: Definitionsversuch

Well, maybe it is, and maybe it ain't.

All I know, is, it suits Tom Sawyer.

Oh come, now, you don't mean to let on that you LIKE it? The brush continued to move.

Like it? Well, I don't see why I oughtn't to like it. Does a boy get a chance to whitewash a fence everyday?

Mark Twain, *Tom Sawyer*

Vorbemerkungen: Manipulation theoretisch[1]

In der bisherigen Diskussion wurde der Fokus bei der Untersuchung von Methoden der Einflussnahme zumeist auf rationale Überzeugungsversuche oder Gewalt- bzw. Zwangsmechanismen gelegt. Viel weniger Aufmerksamkeit erfuhren dagegen subtilere und wegen ihrer Subtilität vielleicht besonders durchdringende und allgegenwärtige Typen von Einflussnahmen, die viel unmittelbarer in uns wirken können als ein rationales Argument – wie die *Manipulation*, die im Folgenden Gegenstand unserer Betrachtungen sein wird. Sprechen wir von Manipulation, scheint sofort klar, wovon die Rede ist: Es geht um ein undurchschaubares, gerissenes Erreichen egoistischer Zwecke[2] eines Manipulators zum Nachteil

1 Einige der in diesem Kapitel entwickelten Gedanken finden sich auch in einem zum Zeitpunkt der Drucklegung dieses Buches zur Veröffentlichung anstehenden Aufsatz, den ich im Zuge unserer jeweiligen Arbeiten zum Thema Manipulation gemeinsam mit Christian Illies verfasst habe: Alexander Fischer, Christian Illies, »Modulated Feelings. The Pleasurable-Ends-Model of Manipulation«.

2 Ich spreche von »Zwecken« klassisch als konkreten Handlungen vorgeschaltete Beweger, die dazu führen, eine bestimmte Handlung zu vollziehen. Dies geschieht anhand von »Mitteln« zur Erfüllung dieses Zweckes. Ein Mittel kann das Manipulieren sein (womit der Fall für uns hier interessant wird). »Ziele« sind sodann

des Manipulierten.[3] So bestimmen auch Hellmuth Benesch und Walther Schmandt das Phänomen Manipulation im Rahmen einer in den 1970er Jahren im öffentlichen Fernsehen ausgestrahlten Sendereihe:

> Manipulation ist zu Recht gefürchtet. Sie gilt als ein Mittel, andere Menschen in verheerender Weise zu etwas zu zwingen, was sie in dieser oder jener Form so eigentlich gar nicht wollen oder wünschen. Wir sind heute sehr viel empfindlicher solchen Zwängen gegenüber geworden. [...] Es kommt [bei Manipulation] auf die verdeckte, verheimlichte, indirekte Zielsetzung an, die den Betroffenen hintergeht, die ihm etwas vormacht, um ihn um so sicherer in die Fänge zu bekommen. Somit prellt Manipulation meist den Betroffenen, zeitigt für ihn Nachteile [...]. Mit Manipulation zwingt man jemanden zu einem bestimmten Verhalten, indem sie eine Situation schafft, durch die der Betroffene nicht anders kann, als genau wie vorgesehen zu handeln. [...] [Sie ist eine] psychische Fesselung.[4]

Manipulation ist dieser Auffassung zufolge also etwas, das gefürchtet werden muss, Dinge *verschleiert* und Menschen *heimlich* zu Handlungen *zwingt*, sie »in die Fänge« bekommen, *psychisch fesseln* möchte, um sie gezielt *nachteilig zu behandeln*. In diesem Sinne wird der Begriff »Manipulation« meist in der Alltagssprache und

die angestrebten Enden eines von einem Zweck bestimmten Handlungsprozesses, also eine Veränderung eines Zustandes; hier durch Manipulation.

3 Vgl. hierzu auch Friedrich Hacker, *Freiheit die sie meinen*, Hamburg 1978, S. 9: »Heute können Menschen gezwungen oder manipuliert werden, das, was sie gemäß dem Willen ihrer Manipulateure und Zwingherren tun und unterlassen müssen, scheinbar freiwillig zu tun und zu unterlassen. Denn nicht nur äußeres Verhalten und innere Gedanken und Gefühle sind steuerungsfähig, sondern vor allem auch der in der intimsten Persönlichkeitssphäre angesiedelte freie Wille, das Erlebnis der Freiwilligkeit. Durch die totale Kontrolle einer totalen Institution kann auch der normale Erwachsene – zurückgeworfen auf ein frühkindliches Stadium äußerster Hilflosigkeit, nunmehr dem Kleinkind gleich, zu dem er reduziert wurde – erzogen, umerzogen, dressiert, trainiert und indoktriniert werden. Aus dieser meist nur allzu erfolgreichen ›Erziehungsperiode‹ geht ein gänzlich veränderter ›neuer‹ Mensch hervor, jemand, der glaubt und glauben muß, daß er frei wählt und will, was ihm tyrannisch eingegeben und eingeimpft wurde. Freiheit, die sie meinen und bewilligen und auferlegen, wird dann zur einzigen, die es gibt und geben darf.«

4 Hellmuth Benesch, Walther Schmandt, *Manipulation und wie man ihr entkommt*, Stuttgart 1979, S. 7-13.

zum Teil auch in wissenschaftlichen Diskursen verwendet.[5] Ein genaueres Nachdenken über Manipulation lässt dieses Verständnis jedoch (wie wir im weiteren Verlauf des Textes sehen werden) fraglich erscheinen, zumindest in Hinblick auf bestimmte, ethisch »färbende« Komponenten wie die nachteilige Behandlung des Manipulierten, die Undurchsichtigkeit der Manipulation und die rational unterminierende Art dieser Beeinflussungsform – denn eins wird umgehend deutlich: der Begriff ist normativ immens aufgeladen. Eine systematische Untersuchung begrifflicher Art aber, so beklagt Joel Rudinow schon 1978, ist trotz oder gerade wegen der Selbstverständlichkeit des unscharfen, aufgeladenen Wortgebrauchs weitestgehend ausgeblieben.[6]

Sehen wir uns zunächst noch ein paar Beispiele an. Politiker (oder vielmehr deren Mitarbeiter) entwickeln Strategien, mittels derer Handlungen der Bürger gezielt beeinflusst werden sollen. Wir kennen Wahlkämpfe, die weniger aktiv und rational über Inhalte als vielmehr passiv und affektiv über Außendarstellungen und Symbolnutzung von Kandidaten funktionieren, damit diese und ihre Agenda uns sympathisch und brauchbar erscheinen (Barack Obama, Donald J. Trump, Vladimir Putin, aber auch Angela Merkel sind hierfür gute Beispiele) – und wenn uns die Kandidaten nicht passen, erscheint uns dies als offensichtliche Manipulation. Genauso kennen wir Verkaufsstrategien, mit denen uns der Kauf bestimmter (nutzloser oder überteuerter) Produkte in den Einkaufszentren und Supermärkten nahegelegt wird, indem eine bestimmte Umgebung geschaffen wird, die mittels Wohlfühlatmosphäre unseren Kaufwillen unterstützt und uns so das Geld aus der Tasche zieht. Hier kann man von in größerem Stil organisierter und auf spezifische Kontexte (nicht bloß auf eine individuelle, interpersonale Interaktion) bezogener Manipulation sprechen. Noch alltäglicher ist die interpersonale Manipulation. Ein Blick in die Weltliteratur offenbart uns eine Fülle an Beispielen, deren berühm-

5 Vgl. hierfür auch Heinz-Jürgen Dahme, *Historisches Wörterbuch der Philosophie*, 13 Bde., Darmstadt 1971-2007, s. v. Manipulation, Bd. 5, S. 726-729, hier S. 726.

6 Vgl. Joel Rudinow, »Manipulation«, in: *Ethics* 88, 4 (1978), S. 338-347, hier S. 338. In jüngerer Zeit gab es Untersuchungen begrifflicher Art von Autoren wie etwa Robert Noggle in dem Sammelband *Manipulation. Theory and Practice* von Coons/Weber, die einige gute Gedanken, aber auch einige Schwierigkeiten mit sich bringen – und im weiteren Verlauf des Textes zu Wort kommen werden.

testes vielleicht aus Shakespeares *Othello* stammt: Jago gilt gemeinhin als wahrer Meister der Manipulation, der für seine egoistischen Ziele die Gefühlsleben seiner Opfer wie Gärten bestellt:

> Nicht in deiner Macht? Quark! Es liegt nur an uns selber, ob wir so sind oder so. Unser Körper ist unser Gemüsegarten, und unser Wille ist darin der Gärtner; und ob wir jetzt Steckrüben oder Sellerie anpflanzen, oder Sauerampfer und Taubnesseln züchten, ob wir's mit einer Pflanze bewenden lassen oder uns viele Pflänzchen ranholen – ob wir ihn aus Faulheit brachliegen lassen oder mit Fleiß beackern – na, die Macht dazu und die gestaltende Kraft haben wir in unserm freien Willen. [...].[7]

Die gestaltende Kraft aber, die Macht, liegt bei Jago. Gekonnt spielt er mit Roderigos basalem Bedürfnis nach Liebe, aber auch dessen affektiven Anlagen zu Eifersucht und Unbeherrschtheit. Die Blindheit, die Willenlosigkeit, die Roderigo in seiner Liebe zu Desdemona erleidet, wird von Jago genutzt, indem er gezielt die Hoffnung auf Desdemonas Liebe schürt und Roderigo so uneingeschränkt loyal macht.

Insbesondere im Bereich der zwischenmenschlichen Zuneigung scheint es vielfältige Erscheinungsformen von Manipulation zu geben, die von einem Augenaufschlag über Komplimente und Insiderwitze bis zu handfester sexueller Verführung reichen.

Was genau nun aber ist Manipulation? Diese Frage stellt sich bei genauerem Hinsehen als schwieriger als erwartet heraus. Kurzum: Der Begriff »Manipulation« wird (historisch und bis heute) in einer solch vielfältigen Weise genutzt, dass die Grenzen des Konzepts verschwimmen (bzw. verschiedene Konzepte ineinanderfließen). In der Konsequenz verlieren sich wichtige Unterscheidungen, zum Beispiel zu den anderen Beeinflussungsformen wie Zwang, Täuschung, Nötigung etc., was nicht nur bei Benesch und Schmandt deutlich wird. Hinzu kommt, dass nicht nur undeutlich bleibt, welcher Mechanismus genau hinter Manipulation steckt, auch die ethische Färbung ist problematisch. Generell ist eine neutrale Art der Definition einer evaluativen vorzuziehen – allein schon um die Grundlage für eine vorurteilsfreie Betrachtung im Rahmen der Ethik und anderer Disziplinen möglich zu machen. Es scheint also (in unserem Fall) sinnvoll, als Erstes zu identifizieren, was Manipu-

7 William Shakespeare, *Othello*, zweisprachige Ausgabe, deutsch von Frank Günther, München 1995, S. 53.

lation als Form der Einflussnahme mit einem hierfür spezifischen Wirkmechanismus überhaupt ausmacht, um im Anschluss daran ihren moralischen Status untersuchen zu können. Selbst wenn sich herausstellt, dass Manipulation ein moralisch aufgeladenes Konzept ist, sollte man methodisch zunächst so tun, als wenn dem nicht so wäre. Wenn wir nämlich die Manipulation deskriptiv betrachten, wird es uns möglich (anders als bei der Leitung durch Gemeinplätze und Intuitionen), objektive Faktoren in Situationen oder Handlungen zu identifizieren, die uns gute Gründe für ein moralisches Urteil zu liefern vermögen.[8]

Um also die Grundlagen für eine solche Analyse zu schaffen, soll, nach einer kurzen generellen Reflexion über das Definieren von Begriffen, eine etymologische Annäherung zunächst die Herausbildung der alltagssprachlichen Bedeutung beleuchten.[9] Es gilt sodann, im Sinne einer Überführung der alltagssprachlichen Verwendung in den wissenschaftlichen Diskurs, in der Auseinandersetzung mit bereits vorhandenen wissenschaftlichen Betrachtungen (die entweder einen zu weiten oder zu engen Begriff bilden) eine stipulative Definition des Begriffs »Manipulation« vorzulegen. So soll dem Ziel einer größeren Klarheit in der Verwendung des Begriffs, der gleichzeitig in interdisziplinärer Weise nutzbar sein kann, näher gekommen werden. Anders gesagt: Es geht darum, die Grundlage für ein kritisches Verständnis und die Bewertung von Manipulation zu schaffen, die fähig ist, verschiedene Disziplinen wie Ethik, Psychologie, Soziologie oder Politikwissenschaft einzubeziehen. Insbesondere soll dabei eine neue Interpretation des spezifischen Mechanismus der Manipulation vorgelegt werden, die, in der Handlungstheorie wurzelnd, einen Brückenschlag zu heutigen anthropologischen und psychologischen Erkenntnissen (Kapitel 2) ermöglicht und als Basis für die ethische Analyse des Phänomens (Kapitel 3) fungieren kann.

8 Vgl. Coons/Weber, »Introduction«, S. 6 f.

9 Auch wenn diese keine notwendige Bedingung für den Versuch einer Definition des Begriffs der Manipulation ist, erscheint es mir sinnvoll, die Genese des Begriffs zu beleuchten. Nicht nur ist dies informativ in dem Sinne, dass klarer wird, wo bestimmte Konnotationen und Verwendungsweisen herstammen, sondern es hilft auch dabei, die verschiedenen überlieferten Bestandteile der Definition von Manipulation herauszufiltern und klarer vor sich zu sehen, um sie in einer analytischen Betrachtung kritisieren zu können.

Das Folgende soll sodann zeigen, dass

Manipulation als eine Form der Einflussnahme zu verstehen ist, die sich dadurch auszeichnet, dass der Manipulator jemanden eine Wahl treffen lässt, die dem Manipulierten trotz der zugrundeliegenden Manipulation dennoch als freie Wahl erscheint. Die Einflussnahme geschieht durch die aktive Veränderung der affektiven Anziehungskraft von bestimmten Zwecken oder die Modifikation eines Handlungskontextes, der so Zwecke in einem affektiven Sinne angenehmer/unangenehmer erscheinen lässt und damit die nahegelegte Wahl attraktiver/unattraktiver macht und ihre Wahrscheinlichkeit erhöht/verringert.

Manipulation wird hierfür als generelle Form der Beeinflussung bestimmt werden, die den Aspekt der Freiheitlichkeit integrieren kann. Im Anschluss daran werden Charakteristika, die durch die alltagssprachliche Verwendung und von anderen Autoren als notwendig ermittelt wurden, betrachtet und zum Teil verworfen: Manipulation muss weder als täuschende oder verschleierte noch als in ihrer Konsequenz negative Beeinflussungsform verstanden werden. Des Weiteren sollen Ansätze, die Manipulation als Einschränkung der freien und rationalen Handlungsleitung verstehen, zurückgewiesen werden. Um ein Missverständnis direkt auszuschließen: Die Einschränkung des freien und rationalen Handlungsvermögens, die Täuschung, die Verschleierung und die negativen Konsequenzen *können* Bestandteile manipulativer Handlungen sein, sind aber nicht hinreichend, um das Spezifische der Manipulation herauszustellen.[10] Diese Erklärungslücke soll mittels des Vorschlags eines spezifischen Mechanismus gefüllt werden. Auf Grundlage einer Handlungstheorie, die von Aristoteles erdacht und von Thomas von Aquin vertieft wurde, kann Manipulation als ein Mechanismus (von dreien) zur Induktion einer Handlung verstanden werden:

10 Vgl. hierzu auch Moti Gorin, »Towards a Theory of Interpersonal Manipulation«, in: Christian Coons, Michael Weber (Hg.), *Manipulation. Theory and Practice*, Oxford 2014, S. 73-97, hier S. 73 f. Gorin macht die ganz richtige Anmerkung, dass unser allgemeiner Sprachgebrauch zwar dazu verführt, notwendige Verbindungen zwischen den moralisch als fragwürdig konnotierten Handlungsweisen und der Manipulation zu sehen, dass diese so aber *nicht* bestehen müssen (wenn dem doch so wäre, müssten wir uns der Manipulation theoretisch eher über das Phänomen der Täuschung nähern).

Dieser Mechanismus funktioniert durch Erhöhung oder Verminderung der affektiv angebundenen Anziehungskraft eines Zwecks (und so auch einer Handlungsoption). Christian Illies und ich bezeichnen diese Bestimmung der Manipulation als *Pleasurable-Ends-Modell.*[11] Zum Ende des Kapitels soll abschließend deutlich werden, welche Stärken dieses Modell gegenüber den anderen existierenden Ansätzen aufweist, welche Anschlussmöglichkeiten sich für empirische Erkenntnisse der Psychologie eröffnen und inwiefern es eine brauchbare Grundlage für die anstehende ethische Analyse darstellen kann.

Bevor der Vorschlag für ein differenzierteres Verständnis von Manipulation ausgeführt werden soll, gilt es aber zunächst, in einer für diesen Rahmen gebotenen Kürze darüber nachzudenken, wie Definitionen generell und insbesondere in diesem Fall aufgestellt werden. Dies hat zum Ziel, zunächst methodisch den Definitionsvorgang nachvollziehbar zu machen, um anschließend auf der inhaltlichen Ebene nicht nur die Mehrdeutigkeit des Begriffs »Manipulation« zu vergegenwärtigen, sondern vor allem seine Vagheit so weit wie möglich aus dem Weg zu räumen.[12] Mir ist bewusst, dass ein Definitionsversuch eines solch schillernden Phänomens immer den Charakter eines Vorschlags hat.[13] Meines Erachtens gibt es jedoch keine andere Möglichkeit, rational mit der Welt und ihren Phänomenen umzugehen, als – im Rahmen offener und möglichst objektiver Betrachtung – einen Vorschlag für ein besseres Verständnis vorzulegen und als Diskussionsgrundlage zur Erweiterung unseres Verständnisses anzubieten.

11 Fischer/Illies, »Modulated Feelings«.

12 Bei der Vagheit haben wir es vor allem mit einer Problemstellung der Geistes- und Kultur- sowie der Sozialwissenschaften zu tun, die Gattungen, Kunstrichtungen, Typen etc. zu bestimmen versuchen. Vage heißt nun also: Wenn wir uns nicht bei jedem angetroffenen Gegenstand entscheiden können, ob er zur Extension eines Terminus gehört oder nicht; vgl. auch Tadeusz Pawlowski, *Begriffsbildung und Definition*, Berlin, New York 1980, S. 76.

13 Es ist nicht davon auszugehen, dass sich eine rein naturwissenschaftliche Beschreibung von Manipulation finden lässt. Manipulation ist ein soziales Phänomen, der Begriff wird typologisch verwendet – so ist eine Annäherung über die sprachlich-metaphorische Verwendung für eine Umgrenzung notwendig. Im Anschluss daran lässt sich mittels der Verbindung der alltagssprachlichen Verwendung mit einem handlungstheoretischen Konzept und der Verbindung mit den Ergebnissen psychologischen Nachdenkens eine Klärung des Begriffs versuchen.

Wie nun also definieren? Zunächst: Unter »Definieren« versteht man das Auseinanderlegen, das Erklären des Inhalts eines Begriffes. Ein »Begriff« ist sodann die Gesamtheit wesentlicher Merkmale einer gedanklichen Einheit, also ein geistiger, abstrakter Gehalt von etwas, der mit Hilfe analytischer Elemente bestimmt und gegebenfalls empirisch rückgebunden werden kann. Die Definition eines (wie in diesem Falle schon in der Alltagssprache vorhandenen) Begriffes lässt sich also zunächst wie das Entwirren eines Begriffsknäuels vorstellen, dem verschiedene Merkmale (oder, um im Bild zu bleiben, verschiedene Farben und Texturen) anhaften. So können die ihm zugesprochenen Einzelteile zunächst deutlich werden, um sie anschließend sortiert zu der Definition eines Begriffes zusammenzufügen.[14] Mit Raziel Abelson, dem zufolge Definitionen nicht zwingend mit dem faktischen Wortgebrauch zu tun haben müssen, sondern anzugeben haben, wie das jeweilige Wort (referentiell, syntaktisch und diskursiv) korrekt gebraucht wird, lassen sich die Bedingungen für diese erhellenden Definitionen beschreiben.[15] Mit Rudolf Carnaps Auffassung vom Definieren lässt sich Abelsons Vorhaben weiterführen. Ein »wenig exaktes, vor-wissenschaftliches Konzept« wird hierbei so präzisiert, dass die Verbindung zum Alltagsgebrauch nicht abreißt, aber ein so weit wie möglich geklärter und vor allem anschlussfähiger Begriff entsteht.[16] Mittels solcher Definitionsvorgänge kann einer bloß empirischen Linguistik entgegengetreten werden, die den Wortgebrauch als maßgeblich für eine Definition setzt, und ein exakterer Sprachgebrauch angestrebt werden.[17] Um diesem Ziel näher zu kommen und den Begriff damit theoretisch und interdisziplinär nutzbarer zu machen, gilt es im Folgenden, die wesentlichen pragmatischen Reglements des Defi-

14 Dieser Auffassung folgen mehrere Philosophen der Neuzeit, u. a. Herbart, Bolzano, Fries und auch Kant. Vgl. hierzu Gottfried Gabriel, *Historisches Wörterbuch der Philosophie*, 13 Bde., s. v. Definition II (ab Kant), Bd. 2, S. 35 f.

15 Vgl. Raziel Abelson, *An Analysis of the Concept of Definition, and Critique of three traditional philosophical Views concerning its role in Knowledge*, New York 1957, S. 145 und 150.

16 Vgl. Rudolf Carnap, *Logical Foundations of Probability*, London 1950, S. 3-8. Meine Übersetzung.

17 Vgl. Abelson, *Definition*, S. 165.

nierens zu beachten:[18] Ein Begriff sollte nicht nur die wesentlichen Merkmale umgrenzen, sondern auch aus seinem vortheoretischen Gebrauch heraus erklärbar sein. Gleichzeitig muss eine Verminderung der Vagheit stattfinden und eine diskursive Anschlussfähigkeit für eine weiterführende Diskussion gegeben sein.

Wenn wir nun den Begriff »Manipulation« definieren wollen, brauchen wir methodisch betrachtet einen Definitionsakt. Hierfür hält die Definitionslehre, wenngleich sie immer ein Stiefkind der Philosophie geblieben ist,[19] mehrere Optionen bereit.[20] In aller Kürze: Zunächst lässt sich mit Aristoteles zwischen den beiden großen Überbegriffen der Definitionslehre unterscheiden:[21] Definitionen sind entweder: a) *Realdefinitionen*, die eine Bestimmung des wirklichen Wesens einer zu erklärenden Sache versuchen – und oft mit einem Wahrheitsanspruch einhergehen. Im Rahmen von Realdefinitionen sind keine willkürlichen Festsetzungen eines Begriffs möglich, sie können sich als falsch erweisen und sind üblicherweise das, was wir in der Forschung finden und – ganz wie eine empirische Hypothese – auf ihre Richtigkeit überprüfen. Für den Begriff »Manipulation« kommt diese Form von Definition nicht infrage, schließlich haben wir es mit einem kategorialen Begriff zu tun, dessen Erscheinungsformen eine gewisse Flexibilität aufweisen – es bleibt also unklar, wie sich ein realdefinitorischer Begriff von »Manipulation«, der Behauptungen über die Beschaffenheit des Phänomens anstellt, sich an der Realität bewähren soll. Eine (quasi metaphysische) Wesenheit ist nicht zwingend auszumachen. Haben wir es nicht mit Realdefinitionen zu tun, handelt es sich in der Regel um b) *Nominaldefinitionen*, denen eine Bestimmung eines Begriffs, das heißt eine Begriffskonstruktion, eine Begriffszergliederung vorhergeht, um einen Begriff anschließend anhand anderer Begriffe schlicht festzusetzen beziehungsweise anzugeben, wie der fragli-

18 Auch wenn diese sicher einer formalen Theorie der Definition nicht genügen. Vgl. Patrick Suppes, *Handbuch wissenschaftstheoretischer Begriffe*, 3 Bde., Göttingen 1980, s. v. Definition, Bd. 1, S. 124-129, sowie auch Carnap, *Logical Foundations*, S. 8.

19 Vgl. Walter Dubislav, *Die Definition*, Hamburg 1981, S. x.

20 Siehe zum Nachdenken über das Definieren von Begriffen Alexander Fischer, »Existenzielle Spannungsverhältnisse. Überlegungen zum Begriff ›Aussteiger‹«, in: *Archiv für Begriffsgeschichte* 57 (2015), S. 259-275, hier S. 265 f.

21 Vgl. Wilhelm K. Essler, *Wissenschaftstheorie I. Definition und Reduktion.* Freiburg, München 1970, S. 40 f.

che Begriff innerhalb einer Überlegung verwendet werden soll. Es handelt sich um einen eingeführten Begriff, der relativ willkürlich wählbar ist und durch die Festsetzung mit Komplexen von anderen Begriffen identifiziert wird. Er ist so *per definitionem* immer wahr. Nun zeigen sich die Übergänge von Nominal- und Realdefinitionen als fließend.[22] Indem Begriffe in neu gesetzter Weise Einzug in die Alltagssprache halten und vertrauter werden, entwickeln sie sich zu realdefinitorischen Begriffen. Beispielhaft lässt sich dies am Begriff »Fisch« erklären: Zunächst wurde hierunter ein ständig im Wasser lebendes Tier verstanden. Im Lauf der Zeit differenzierte sich der Begriff, zum Beispiel wurden Wale und Delfine hiervon ausgenommen. So wird unter »Fisch« in differenzierter Weise nun ein dauerhaft im Wasser lebendes Wirbeltier verstanden, das mittels Kiemen atmet. An »Fisch« mag sich die Konkurrenz und Unterschiedlichkeit wissenschaftlicher und alltagssprachlicher Verwendung zeigen – ein Sachverhalt, der auch für den Begriff »Manipulation« von Relevanz ist.

Zu einer Nominaldefinition gelangt man mittels eines stipulativen Definitionsaktes. Hierbei wird eine regulierende, regelgebende, vorschreibende Definition angestrebt, die allerdings den bisherigen Sprachgebrauch zur Grundlage hat. Damit ist unser Ziel formuliert. Es geht nicht um eine realdefinitorische Wesensbestimmung, die sich bis in metaphysische Höhen hochzuschrauben vermag, sondern vielmehr um die Analyse des historischen Gebrauchs eines Begriffes und eine davon ausgehende exaktere Festsetzung. Da mit »Manipulation« ein bestimmter Beeinflussungstyp bezeichnet werden soll, geht es konkret um einen Typenbegriff. Typenbegrif-

22 Was übrigens auch der Fall ist, wenn man unter »res« (in »Real-«) einfach nur eine »Sache« versteht. Denn dann ist eine Realdefinition einfach eine solche, die angibt, was die besprochene Sache ausmacht. Damit wäre auch in einem weiteren Sinne der Übergang zwischen Real- und Nominaldefinition fließend. In der Diskussion um die Grenzen von Real- und Nominaldefinition wird immer wieder deutlich, dass gerade die Bestimmung der Ersteren oft mit einer essentialistisch orientierten philosophischen Position einhergeht. Entzieht man sich einer philosophischen Position und behandelt Realdefinitionen anhand von Explikationen oder Bedeutungsanalysen, kann man das Ergebnis wie eine explizit ermittelte Definition behandeln – allerdings wird dann die Unterscheidung zur Nominaldefinition immer unklarer. Zur klareren Unterscheidung beziehe ich mich auf die Abtrennung der beiden Definitionsformen nach Aristoteles. Dies muss als kritischer Hinweis an dieser Stelle genügen.

fe sind vor allem in den Geistes-, Kultur- und Sozialwissenschaften relevant, in denen vielfach mit typenhaften Zuweisungen gearbeitet wird. Der Vorteil von Typenbegriffen liegt darin, dass sie sich gegen begriffliche Starrheit stemmen und so Intensitätsgrade von Eigenschaften bei den bezeichnenden Dingen zulassen und eine Einordnung und Abgrenzung von Phänomenen erlauben.[23] Zusammengefasst: Es soll eine Nominaldefinition mit Hilfe eines stipulativen Definitionsaktes vorgenommen werden, die schließlich zu einem handlichen Typenbegriff führt. Auch wenn die Vagheit eines Begriffes letztlich nicht ganz zu beseitigen ist, soll sie doch wenigstens verringert werden. Mittels einer stärkeren Systematisierung wird der Begriff so auch für unterschiedliche Disziplinen nutzbar gemacht.

Der Weg zu einer Definition von Manipulation führt nun zunächst kurz zum Ausgangspunkt der Genese des Begriffs[24] und der hieraus deutlich werdenden Uneindeutigkeit aktueller Lexika, Wörterbücher und des alltäglichen Sprachgebrauchs. Anschließend werden der begründete Ein- bzw. Ausschluss von bestimmten Merkmalen und ein erneutes Zusammensetzen des Begriffsknäuels in einem stipulativen Sinne vorgenommen.

Zur Genese des Begriffs

Was können wir für unser Vorhaben aus der Geschichte des Begriffs »Manipulation« lernen? Der Blick auf den historischen Werdegang ist nicht nur deswegen aufschlussreich, weil er das Unterfangen, den Manipulationsbegriff erneut zu untersuchen, rechtfertigen kann; er zeigt auch, wie der Begriff ursprünglich verstanden – und wie er nicht verstanden – wurde: dass er mit Akten von Verschleierung, Nachteilen für den Manipulierten, starrer Zweckgerichtetheit und Freiheitsberaubung assoziiert wurde. Gleichzeitig kann hieraus er-

23 Vgl. Pawlowski, *Begriffsbildung und Definition*, S. 106 f. Auch der Typenbegriff geht allerdings auf Aristoteles zurück, siehe hierfür den Beginn der *Nikomachischen Ethik*. Das Pendant zu Typenbegriffen sind dagegen Klassenbegriffe, die eindeutige Zuordnungen auf Basis einer Menge an Kriterien ermöglichen, während ein Typenbegriff nur einen Kern hinreichend umgrenzt, das Wesen eines Typs zu greifen versucht und letztlich von einer Menge an Merkmalen konstituiert wird, um so als Knäuel aufeinander bezogener und abgestimmter Merkmale verstanden zu werden.

24 Siehe hierzu ausführlicher das entsprechende Lemma im *Historischen Wörterbuch der Philosophie*.

sichtlich werden, wie der Begriff heutzutage allgemein verwendet wird und warum er ethische Kontroversen auslöst.

In seinen Anfängen wurde der Begriff »Manipulation« weder negativ konnotiert noch im Kontext einer Handlungsbeeinflussung verwendet. Das lateinische »manipulus« bedeutete »eine Handvoll« und bezeichnete entweder eine taktische Einheit im römischen Heerwesen oder war schlicht ein Quantitätsmaß in Bereichen wie der Pharmazie. Im Mittelalter bedeutet das lateinische »manipulare« übersetzt »handhaben« und »an der Hand führen« – bemerkenswerterweise gemeint als Hilfeleistung für Schwache. In der Neuzeit, genauer im 18. Jahrhundert, wird der Manipulationsbegriff im französischen Sprachgebrauch technisiert und als Bezeichnung für die Vorgehensweise von Destillateuren, Chemikern, Pharmazeuten und – hieraus spricht ein Verständnis der Kunstfertigkeit des Manipulierens – »de quelques autres artistes«, zu deutsch: »von einigen weiteren Künstlern«, gebraucht.[25] Die deutsche Begriffsverwendung, die Manipulation zuerst als heilsame Veränderung im medizinischen Sinne versteht (durch Magnetismus), wurzelt wahrscheinlich hier.[26] Das *Grimm'sche Wörterbuch* in seiner traditionellen Fassung und auch in seiner Neubearbeitung lässt zwar einen Artikel zur Manipulation vermissen, andere etymologische Wörterbücher legen dies jedoch nahe.[27] Die technisch-praktische Bedeutung hielt sich für eine lange Zeit – bis zum Ende des 19. Jahrhunderts:[28] Manipulation hieß jede Handhabung, für die »eine besondere kunst-

25 Denis Diderot, Jean Baptiste le Rond d'Alembert, *Encyclopédie ou Dictionnaire raisonné des sciences, des arts et des métiers*, 17 Bde., Paris 1751-1765, s. v. Manipulation, Bd. 10, S. 970. Zitiert n. Dahme, *Historisches Wörterbuch der Philosophie*, s. v. Manipulation, Bd. 5, S. 726.

26 Vgl. *Brockhaus Conversations-Lexikon oder kurzgefaßtes Handwörterbuch für die in der gesellschaftlichen Unterhaltung aus den Wissenschaften und Künsten vorkommenden Gegenstände mit beständiger Rücksicht auf die Ereignisse der älteren und neueren Zeit*, 6 Bde., Leipzig 1809-1811., s. v. Manipulation, Bd. 3, S. 53.

27 Vgl. zum Beispiel *Duden. Das Herkunftswörterbuch. Etymologie der deutschen Sprache*, Mannheim, Zürich [4]2007, s. v. Manipulation, S. 506; Friedrich Kluge, Elmar Seebold, *Kluge. Etymologisches Wörterbuch der deutschen Sprache*, Berlin, Boston [25]2011, s. v. Manipulation, S. 599.

28 Vgl. Dieter Korczak, *Wieviel Manipulation verträgt der Mensch? Freiheitsräume des Individuums in der postmodernen Zeit*, Kröning 2005, S. 7. Auch Korczak orientiert sich am entsprechenden Lemma (a. a. O.) des *Historischen Wörterbuchs der Philosophie*.

gerechte Geschicklichkeit erforderlich ist«.[29] Durch die Behavioristen wie Iwan P. Pawlow, John B. Watson oder B. F. Skinner wurde der Begriff dann Anfang des 20. Jahrhunderts als Bezeichnung für die Kontrolle und Steuerung von anscheinend maschinenähnlich funktionierenden Menschen und deren Verhalten psychologisiert und in die wissenschaftliche Terminologie integriert;[30] in die Psychoanalyse ging er ebenfalls ein. In diesem Zusammenhang zählt Harry Harlow einen Manipulationstrieb beispielsweise zu den primären Bedürfnissen eines Menschen.[31] Vor diesem psychologisch orientierten Hintergrund kommt nun erstmals der Gedanke vom möglichen Missbrauch der psychologischen Erkenntnisse ins Spiel. Nur für wenige, etwa Harold D. Lasswell, ist die Manipulation noch 1936 eine ganz neutrale Technik zur politischen Herrschaftssicherung: »Eine Elite bewahrt ihre Vorherrschaft, indem sie Symbole manipuliert, die Versorgung kontrolliert und Gewalt einsetzt«, denn »das Schicksal einer Elite ist massiv davon abhängig, wie sie ihre Umwelt manipuliert«.[32] Dass Lasswell, Experte für Propaganda und Kommunikation innerhalb eines Staates, Manipulation als Machtmechanismus neutral bestimmt, sticht schon damals wegen seiner Seltenheit hervor. Insbesondere mit dem Auftreten und dem Niedergang des nationalsozialistischen Schreckensregimes werden manipulative Machtmechanismen immer kritischer gesehen. Eine negative Vereinnahmung und eine starke Moralisierung des Manipulationsbegriffs (und damit die stärkste Wurzel unserer heutigen Verwendungsweise) folgen so schließlich im Rahmen der Kritischen Theorie bzw. der durch den Neo-Marxismus angestoßenen Auseinandersetzung mit politischen Machtstrukturen. Herbert Marcuse sieht in der Manipulation den Zweck, »den Einzelnen mit der Lebensform auszusöhnen, die ihm von der Gesellschaft aufge-

29 *Brockhaus Bilder-Conversations-Lexikon fuer das deutsche Volk. Ein Handbuch zur Verbreitung gemeinnuetziger Kenntnisse und zur Unterhaltung in 4 Bänden.* 4 Bde., Leipzig 1837-1841, s. v. Manipulation, Bd. 3, S. 46; vgl. ferner Johannes Bumüller, *Herders Conversations-Lexikon*, 5 Bde., Freiburg i. Br. 1854-1857, s. v. Manipulation, Bd. 4, S. 90 und *Pierer's Universal-Lexikon der Vergangenheit und Gegenwart oder Neuestes encyclopädisches Wörterbuch der Wissenschaften, Künste und Gewerbe.* 19 Bde., Altenburg 1857-1865, s. v. Manipulation, Bd. 10, S. 832.

30 Vgl. Dahme, *Manipulation*, S. 727 f.

31 Ebd.

32 Beide Zitate aus: Harold D. Lasswell, *Politics: Who gets what, when and how*, Cleveland, New York 1936, S. 310. Meine Übersetzung.

zwungen wird«, weshalb es kein Wunder sei, dass Klassenkämpfe im staatsmonopolistischen Kapitalismus ausblieben.[33] Diese Aussöhnung erfolgt Marcuse zufolge durch verschiedene Personen und Institutionen wie etwa Nachbarn, *peer groups*, die Medien und insbesondere die staatlichen Autoritäten, die soziale und politische Bedürfnisse in individuelle und libidinös angetriebene Bedürfnisse umwandeln.[34] Marcuse integriert hier also schon einige im Rahmen der Forschung ermittelte Beeinflussungsmechanismen. Theodor W. Adorno ist es schließlich, der manchen Menschen (ähnlich wie Harlow) eine manipulative Persönlichkeit zueignet: Dieser Typus Mensch betrachte – wie die Behavioristen um Skinner – alles und jeden als bloße Objekte, die maschinengleich manipuliert und eingestellt werden könnten.[35] Über diesen Weg wird die Manipulation vielleicht zu einem sozialen Phänomen und zum Inbegriff des Machtmissbrauchs oder, wie es Robert E. Goodin einige Jahre später nennen wird, zum »bösartigen Kern des Konzepts der Macht«.[36]

Es wird deutlich, dass die Manipulation als Typus der Beeinflussung ihre neutralen Wurzeln im Technischen hat und der Begriff zunächst starken Wandlungen unterlag. Lexika- und Wörterbucheinträge machen dies insofern deutlich, als das soziale Phänomen Manipulation (in nachrangigen Bedeutungen das technische) entweder (in einem Fall) als positiv ausgewiesen wird[37] oder aber dem Begriff negative Attribute beigestellt werden. Dann heißt es etwa, Manipulation sei »*betrügerisch*«, *täuschend*, würde »*Menschen als* [...] *Objekt* betrachten«,[38] »*gegen deren Willen*« passieren, eine »*Machenschaft*, [ein] *undurchsichtig*er Kniff« sein[39] sowie ein »*undurch-*

33 Herbert Marcuse, »Aggressivität in der gegenwärtigen Industriegesellschaft«, in: ders., Alexander Mitscherlich, *Aggression und Anpassung in der Industriegesellschaft*, Frankfurt 1969, S. 7-29, hier S. 13.

34 Vgl. ebd., S. 13.

35 Vgl. Theodor W. Adorno, *Studien zum autoritären Charakter*, Frankfurt/M. 1975, S. 335.

36 Robert E. Goodin, *Manipulatory Politics*, New Haven, London 1980, S. 81. Meine Übersetzung.

37 *Wahrig. Deutsches Wörterbuch*, Gütersloh, München 2006, s. v. Manipulation, S. 976.

38 *Duden. Das große Wörterbuch der deutschen Sprache*, 10 Bde., Mannheim, Zürich u. a. [3]1999, s. v. Manipulation, Bd. 6, S. 2505.

39 *Duden. Das Fremdwörterbuch*, Mannheim, Zürich [10]2010, s. v. Manipulation, S. 641.

schaubares, *geschickte*s Vorgehen, *mit dem sich jmd. einen Vorteil verschafft*, etw. Begehrtes gewinnt« und Individuen in »eine bestimmte Richtung [ge]lenk[t], *[ge]dräng[t]* werden«.[40]

Wie erwähnt, gab es in der Vergangenheit nur selten Fälle, in denen Manipulation als positiv ausgewiesen wurde. In den letzten fünf Jahren gab es diesbezüglich jedoch einen interessanten Wandel. Zwar bleibt die Manipulation durchaus suspekt, wenn sie bewusst vollzogen wird, allerdings wird sie nicht mehr zwangsläufig mit Täuschung, egoistischen Zielen, Zwang und Gewalt assoziiert. Auf diese Weise wurde Raum auch für ein positives Verständnis geschaffen. Heutzutage scheint Manipulation so mitunter sogar nur eine von vielen Formen der Einflussnahme zu sein, alltäglich (nicht unbedingt allumfassend), wenngleich oft unsichtbar: »Auch wenn Manipulation vielleicht nicht ubiquitär ist, haben wir den Eindruck, dass sie eine Taktik ist, die sehr viel verbreiteter praktiziert wird, als wir es zugeben möchten.«[41] Der Eindruck, den Ronald K. Green und Edward J. Pawlak schildern, deckt sich nicht nur mit allgemeinen Einschätzungen (vor allem, dass wir es nicht gerne hören, dass die Manipulation ein beständiges Mittel ist), sondern auch mit der Beobachtung von bekannten Werbe- oder Politikstrategien, immer neuen Beeinflussungstaktiken sowie dem fortschreitenden Nachdenken über ebensolche. So sind zum Beispiel *nudges* als effizientes Mittel im Rahmen der Gestaltung von Entscheidungsarchitekturen bekannt geworden, die beeinflussen, wie wir entscheiden und handeln.[42] Vor dem Hintergrund solcher Erkenntnisse der bereits erwähnten Verhaltensökonomie oder der Sozialpsychologie erhalten Politiker wie Barack Obama, David Cameron oder Angela Merkel ganz selbstverständlich Ratschläge von entsprechend ausgebildeten Beratern, um ihre Politik effizienter zu gestalten. Obama selbst spricht mit Stolz vom US-amerikanischen »Vermögen, die Meinung der Welt zu formen«,[43] und unter dem

40 *Duden. Deutsches Universalwörterbuch*, Mannheim, Zürich [7]2011, s. v. Manipulation, S. 1154.

41 Ronald K. Green, Edward J. Pawlak, »Ethics and Manipulation in Organizations«, in: *Social Service Review* 57, 1 (1983), S. 35-43, hier S. 37. Meine Übersetzung.

42 Vgl. Richard Thaler, Cass Sunstein, *Nudge. Improving Decisions About Health, Wealth and Happiness*, London 2009, S. 89 f. (dt. Ausgabe: Richard Thaler, Cass Sunstein, *Nudge. Wie man kluge Entscheidungen anstößt*, Berlin 2013).

43 Vgl. Barack Obamas Rede bei der Military Academy Commencement Cere-

Namen von Policystrategien ist Manipulation zu einem geschätzten Instrument geworden. Anders gesagt: Manipulation wird, trotz ihres suspekten Charakters, innerhalb unserer Kultur weitgehend als normal akzeptiert. Doch die Ethik und die Politikwissenschaften haben erst begonnen, sich diesem Phänomen zu widmen.

Beiden Verständnislinien ist nun gemeinsam, dass sie die normative Bewertung zum wesentlichen Bestandteil der Definition von Manipulation machen: Man sollte sich entweder tunlichst vor ihr hüten – oder sie ist harmlos. Manipulation wird so entweder assoziiert mit Akten, die – unmoralisch – täuschend, schädlich, zwingend, gar gewalttätig für egoistische Zwecke genutzt werden oder aber ganz normale und unbedenkliche Akte der interpersonalen oder politischen Kommunikation darstellen. Die angekündigte stipulative Definition soll dagegen den spezifischen Akt der manipulativen Beeinflussung beschreiben und es ermöglichen, zu einem differenzierten Verständnis von Manipulation zu gelangen. Um dies zu leisten und damit auch eine begriffliche Grundlage für interdisziplinäre Betrachtungen zu schaffen, müssen im Folgenden die mit Manipulation assoziierten, meist normative Urteile vorwegnehmenden Charakteristika einer kritischen Betrachtung unterzogen werden.

Manipulation als spezifische Form der Beeinflussung – erster Definitionsteil

Die Vermischung von Beschreibung und (positiver wie negativer) Bewertung bedingt, dass Manipulation ein eher nebulöses Konzept geblieben ist. Hierfür gibt es drei Gründe: Erstens existiert kein etablierter Kanon von manipulativen Methoden. In der Betrachtung der Methoden haben wir es mit einem lebhaften Feld zu tun, an dem sich viele verschiedene Disziplinen wie Psychologie, Soziologie, Medienwissenschaft, Politikwissenschaft oder Philosophie beteiligen und immer wieder neue Ergebnisse zutage gefördert werden. Diese haben, auch mangels einheitlicher Theorierahmen und Begriffe, etwas Ungeordnetes an sich. Zweitens ist der exakte psychologische Mechanismus, der im Rahmen der Manipulation

mony am 28.5.2014, online unter ⟨https://www.whitehouse.gov/the-press-office/2014/05/28/remarks-president-united-states-military-academy-commencement-ceremony⟩, letzter Zugriff 14.12.2016. Meine Übersetzung.

wirkt, nicht im Detail ausgemacht. Zwar gibt es hierzu Vorschläge im Rahmen theoretischer Erwägungen der Psychologie oder der Handlungstheorie,[44] doch eine Einigung darüber, wie Menschen dazu gebracht werden, etwas zu tun, ist nicht in Sicht – zumal diese Frage letztlich vielleicht mit psychologischen Prinzipien zwar im Ansatz beantwortet werden kann, im individuellen Fall dann aber doch extrem komplex ist. An diesen Sachverhalt schließen sich drittens ganz grundsätzliche psychologisch-anthropologische Debatten über das menschliche Wesen und Handeln an, Themenkomplexe, die nicht als geklärt angesehen werden können, was eine konsistente Beschreibung der Manipulation erschwert.[45] Anders gesagt: Manipulation ist zwar als Phänomen auszumachen – dieses bleibt jedoch vage.

Wie bereits angemerkt, ist klar, dass die vorgeschlagene stipulative Definition Vorschlagscharakter hat, da sie nicht auf eine metaphysische Dimension der Manipulation abstellt, sondern das Phänomen zum Teil auch in einem idealen typologischen Sinne zu greifen versucht. Wie also lautet nun der erste Teil der Definition (Bedingung 3 folgt später)? Gemeinsam mit Christian Illies schlage ich vor, dass ein Manipulator jemanden genau dann manipuliert, wenn

(1) der Manipulator die zu manipulierende Person in einer Weise handeln lässt, der gemäß sie der Manipulator – er tut dies bewusst oder unbewusst – handeln lassen möchte,[46]

44 In der Regel aber nicht unter dem Begriff »Manipulation«, sondern mittels der Begriffe »Verhaltensänderung« oder »Einstellungsänderung« – wobei manche der dortigen Methoden als manipulativ gelten können.

45 Dieser Hintergrund bedingt dann natürlich, dass man sich notwendigerweise einer Sichtweise der Dinge anschließt bzw. diese zum Teil mitkonstruiert. Ein Ausweg aus diesem Dilemma ist meines Erachtens derzeit nicht möglich.

46 Ich habe mich für »Handeln« entschieden, da wir es hier mit einem umfassenden Begriff zu tun haben, der die Beschreibung unseres Tuns – von einem Zweck ausgehend auf ein Ziel hin – und einen motivationalen Aspekt (der die Zielgerichtetheit bedingt) zu integrieren vermag, wofür das Rationale und Irrationale gleichermaßen angemessene Grundlagen sein können (wobei natürlich schon diskutiert wird, ob Rationalität überhaupt zu motivieren vermag). Diese sind als Grundlagen für innere Prozesse im Rahmen des Handelns zu verstehen, die in nicht zwingend linearer Folge und auch nicht unbedingt vollständigerweise aus einer Zielelaboration, der Ermittlung der Realitätsstruktur, der Informations-

(2) der Manipulator die zu manipulierende Person nicht zwingt oder mit bloßen falschen Versprechungen dazu bringt, in der intendierten Weise zu handeln. Die manipulierte Person wählt freiheitlich die Handlung, was einschließt, dass sie auch hätte anders handeln können.

Mit Aristoteles gesprochen lässt sich Bedingung (1) als *genus proximum* identifizieren – Manipulation ist so als Typus der Einflussnahme auf menschliches Handeln zu verstehen. Bedingung (2) enthält sogleich den ersten Teil der *differentia specifica*, hier die Auslassung von bloßen falschen Versprechungen (wenngleich diese mitunter ein Teil von Manipulation sein mögen[47]), Zwang, Gewalt

sammlung und Hypothesenbildung, einer Prognose, der Planung und Entscheidung, Effektkontrolle und Selbstreflexion (oder anders gesagt: einer Einordnung dessen, wie man gehandelt hat) bestehen mögen. Dies sind die bekannten und vielfach rezipierten verschiedenen Stufen des Handelns nach Dietrich Dörner, *Die Logik des Mißlingens – Strategisches Denken in komplexen Situationen*, Reinbek 1986. Dieser kurze Exkurs soll für den Moment genügen.

47 Die Rolle von falschen Versprechungen oder gar Lügen im Rahmen der Manipulation ist eine theoretisch nicht einfach aufzuschlüsselnde. Natürlich können Täuschungen und Lügen im Gewebe der Manipulation vorkommen. Es kommt hier zu einem klärungsbedürftigen begrifflichen Changieren: Bloße Lügen würde man nicht als Manipulation bezeichnen wollen, andererseits gehören sie oft zur Manipulation dazu. Diese stehen darin dann nicht nackt da, sondern sind ein oft unverzichtbarer Teil von etwas Umfassenderem. Schauen wir uns hierfür kurz das Beispiel eines Videos von *Citizens for a Free Kuwait* an, einer PR-Organisation, die eine Kampagne zur Unterstützung Kuwaits gegen den irakischen Angriff 1990 gestartet hatte. In diesem Video erzählt Nayirah, eine junge Kuwaiterin, unter Tränen während einer informellen Anhörung vor dem US-amerikanischen Kongress, dass die irakischen Soldaten das Krankenhaus, in dem sie als Hilfskrankenschwester gearbeitet hatte, plünderten und sogar die Brutkästen mitnahmen und die darin liegenden Babys auf den Boden warfen, wo diese elendig umkamen. Das Video wurde von zahlreichen Nachrichtensendern ausgestrahlt und hatte so Einfluss auf die öffentliche Meinungsbildung sowie auf hochrangige Politiker (unter ihnen der damalige Präsident George Bush), die die Aussagen der jungen Frau in der Öffentlichkeit, aber auch in offiziellen Dokumenten zitierten. Die Aussage trug ihren Teil zur veränderten Stimmung bezüglich einer US-amerikanischen Intervention in Kuwait bei. Der Haken: Die Geschichte war erfunden. Wenige Monate nach der Intervention stellte sich heraus, dass es sich bei Nayirah in Wirklichkeit um die Tochter des damaligen kuwaitischen Botschafters in den USA handelte, die niemals in dem Krankenhaus tätig war, und dass ihre Aussage eine Inszenierung der PR-Agentur *Hill & Knowlton* gewesen ist, die den Auftrag von *Citizens for a Free Kuwait* erhielten (das Video ist mit den Stichworten »Nayirah«, »Hill & Knowlton« und »Citizens

und einer dieser auch zum Teil entsprechenden Nötigung, sowie die Bedingung, dass die manipulierte Person weiter freiheitlich handelt. Dennoch fehlt für die Unterscheidung von anderen Beeinflussungsmechanismen, welche die beiden bisherigen Kriterien ebenfalls erfüllen (zum Beispiel die rationale Überzeugung), noch eine dritte Bedingung, die den exakten Mechanismus von Manipulation beschreibt. Diese soll als Kulminationspunkt nach einem Durchgang durch die bisherigen Beschreibungen von Manipulation und der mit dem Alltagsverständnis zum Teil kongruenten Charakteristika folgen. Anhand von Shakespeares *Othello* soll die Manipulation in ihrer negativ wahrgenommenen Form (die es auf dem Weg zur angestrebten neutralen Definition der Manipulation zunächst zu widerlegen gilt) illustriert werden, um gleichzeitig zu zeigen, dass dieses normativ wertende, negative Verständnis von Manipulation nicht exklusiv gilt. Erst in der ethischen Analyse wird dann mit dem »neutralisierten« Begriff zu schauen sein, inwiefern die Verurteilung oder Verharmlosung der Manipulation, wie wir sie heutzutage erleben, tragbar ist. Wenn wir *Othello* und das überlieferte negative Alltagsverständnis im Hinterkopf behalten, sind nun im Wesentlichen drei Fragen zu stellen:

(1) Ist die Manipulation notwendigerweise undurchsichtig und im Sinne einer Täuschung zu verstehen?

(2) Dient die Manipulation notwendigerweise negativen, die Ziele des Manipulierten verhindernden und die des Manipulators realisierenden Zwecken?

(3) Unterläuft die Manipulation notwendigerweise die Rationalität des Betroffenen?

for a free Kuwait« leicht auf YouTube zu finden). Hier wurde schlicht gelogen. Interessant für uns bleibt der Versuch, die Affekte der Zuschauer mittels einer bestimmten inszenierten Situation und einer ansehnlichen Zeugin, Tränen und grausigen Bildern in eine intendierte Richtung zu beeinflussen – zu *manipulieren*. Ich habe mich daher für die zugegebenermaßen etwas weichere Formulierung »bloße falsche Versprechungen« entschieden, um deutlich zu machen, dass die Manipulation niemals nur dies ist, sie aber enthalten kann – aber gleichzeitig auch von Lügen selbst abzugrenzen ist. Mein Dank gilt Jacob Rosenthal für den Hinweis auf das hier festgestellte Changieren.

All diese Fragen lassen sich bei *Othello* mit einem klaren »Ja« beantworten. Dort sind zwar alle negativen Chartakteristika gegeben, allerdings dürften diese keine notwendigen Bedingungen von Manipulation sein, denn es lassen sich Gegenbeispiele finden. Schauen wir nun also genauer hin.

Ist die Manipulation notwendigerweise undurchsichtig und täuschend?

Grundsätzlich sind uns viele Beispiele von Manipulationen bekannt, die im Dunkeln ablaufen und über die Gegebenheiten täuschen. Othello, Roderigo, Cassio und Brabantio haben keine Ahnung davon, wie Jago sie manipuliert. Die Einflüsse, denen sie ausgesetzt sind, bleiben ihnen unbekannt und entfalten größtmögliche Wirkung. Jago zieht seine Fäden im Verborgenen. In dieser Art beschreibt Teun A. van Dijk – ganz im Sinne des Verständnisses der Kritischen Theorie – die Manipulation als »undurchsichtiges Instrument der Macht«.[48] Jago nutzt die Manipulation, um die Situation (und die Wahrnehmung der Realität seiner Opfer) zu kontrollieren, Akteure gegeneinander aufzubringen oder sich gefügig zu machen und zum Herrscher der Handlungen und Gedanken der Figuren zu werden, indem er mit ihren (positiven wie negativen) Affekten spielt. Er macht den gutgläubigen Othello eifersüchtig, erzeugt Liebeshoffnung und Hass in Roderigo und nutzt des erregbaren Brabantios Abneigung gegenüber Othello, um sein Bild von seiner Tochter zu korrumpieren. Jago selbst breitet diesen Plan vor den Lesern in folgenden Worten aus:

Schreck ihren Vater hoch, / Weck ihn, dann jag ihn, stör ihm seinen Spaß / Verschrei ihn durch die Stadt, hetz ihre Vettern auf, / Und plag ihn trotz des milden Klimas hier/ Als wärt ihr Mücken: den Spaß zwar hat er trotzdem, / Doch träufelt ihm derart viel Ärger drauf, / Daß er ihm bitter wird.[49]

Indem er Brabantio aufscheuchen, ihn nervös und erregt machen möchte, seine Freude vergiften, die Verwandtschaft mit Desdemona mit Wut kontaminieren will, erwirkt sich Jago mittels der Bespie-

48 Teun A. van Dijk, *Ideology. A Multidisciplinary Approach*, London 1998, S. 275. Meine Übersetzung.

49 Shakespeare, *Othello*, S. 13.

lung des Gefühlslebens seines Opfers Handlungsmacht – und am besten ist dies möglich, wenn Brabantio sich in einer ihn verwundbar machenden ständigen Aufgeregtheit und Bedrücktheit befindet (und, so darf im Sinne Jagos hinzugefügt werden, es nicht mal bemerkt, dass dieser Zustand kreiert wird). Manipulation ist so eine Beeinflussung, »der sich die Rezipienten kaum bewusst sind oder deren Konsequenzen sie nicht einfach kontrollieren können«,[50] und ihr haften, in Goodins Worten, »besonders starke Konnotationen von Hinterhältigkeit«[51] an – Jago ist das beste Beispiel dafür. Ein als wesentlich postulierter Bestandteil der Manipulation ist so also der Wille zur Verschleierung dessen, was vonstattengeht – und auch der gezielte Einsatz fingierter (oder eben in bestimmter, nicht unbedingt lauterer Weise interpretierter) Gegebenheiten, sogar Lügen. Genauer: Die Manipulation sei bemüht, unbemerkt zu bleiben, ihre Methode im Dunkeln zu halten und gleichzeitig die Betroffenen über deren eigene Handlungsmotivationen zu täuschen – auch mit falschen Informationen. Um Missverständnisse zu vermeiden, soll kurz der Unterschied von Verschleierung und Täuschung thematisiert werden: Eine Verschleierung betrifft eine Unkenntlichmachung der Manipulation selbst, mit dem Ziel, Betroffenen nicht zu Bewusstsein kommen zu lassen, dass sie in just diesem Moment einer Manipulation unterliegen. Die Täuschung betrifft sodann den veränderten Denk- und Affektzustand der manipulierten Person: Diese handelt nach erfolgreicher Manipulation im Sinne einer Täuschung, nämlich anhand modifizierter Denkinhalte und/oder Affekte, die nicht dem entsprechen, was vor der Manipulation »gesetzt« war und auch nicht zwingend eine richtige Gegebenheit zum Inhalt hat. Robert Noggle hat diese Beschreibung von Manipulation zuerst etabliert.[52]

50 van Dijk, *Ideology*, S. 275. Meine Übersetzung.

51 Goodin: *Manipulatory Politics*, hier S. 9 (meine Übersetzung); generell vertritt Goodin die These der verdeckten Manipulation auf den Seiten 7-23. Für weitere in diese enge Richtung argumentierende Ansätze siehe Ben Bursten, *The Manipulator. A Psychoanalytic View*, New Haven 1973; Alan Ware, »The Concept of Manipulation. Its Relation to Democracy and Power«, in: *British Journal of Political Science* 11, 2 (1981), S. 163-181, hier S. 165 f.; Marcia Baron, »Manipulativeness«, in: *Proceedings and Addresses of the American Philosophical Association* 77, 2 (2003), S. 37-54; Robert A. Dahl, *Modern Political Analysis*, New Jersey 1976, S. 45 f. oder Robert K. Merton, *Mass Persuasion*, New York 1946, S. 186.

52 Robert Noggle, »Manipulative Actions. A Conceptual and Moral Analysis«, in:

Die Problematik dieser Definition von Manipulation, die sich an unserem alltäglichen Verständnis entlangbewegt, springt schnell ins Auge: Eine Charakterisierung der Manipulation als undurchsichtige, verstecke Art der Beeinflussung, die zu einer Täuschung des Manipulierten führt, ist derart weit, dass eine Unterscheidung von anderen nicht offengelegten Beeinflussungsformen unmöglich wird. Hierbei geht es vor allem um die Differenzierung von Manipulation, Täuschung und Lüge, die Noggle im Sinne eines zumindest möglichen Zusammenfallens noch auf einer Linie sehen will.[53] Zwar lässt sich mit Rudinow bemerken, dass die Manipulation eine Anlage »für Heimlichtuerei und Subtilität« besitzt und »dass eine ganze Menge Fälle von Manipulation [...] Täuschung involvieren«.[54] Dennoch lässt sich sagen, dass dies keine notwendige Eigenschaft von Manipulation ist (und sie sich so auch nicht als *differentia specifica* eignet).[55] In der gleichen Richtung argumentieren viele der jüngeren Ansätze, unter ihnen auch diejenigen von Moti Gorin und Allen W. Wood.[56] Ein treffendes Beispiel lässt sich aus Anne Barnhills Text zitieren, die ebenfalls weder Verschleierung noch Täuschung als notwendig ansieht: Es ist ein bekanntes und probates Mittel, Menschen sich für eine bestimmte Handlung schuldig fühlen zu lassen, um sie in ihrem Handeln, Fühlen und Denken zu beeinflussen. Dieser Effekt besteht auch, wenn er vollkommen offen, »sonnenklar«,[57] geschieht: »Wir können uns völlig im Klaren darüber sein, dass wir dazu manipuliert wurden, uns schuldig zu fühlen, eben auch dann, wenn wir die Schuld fühlen und auf ihrer Grundlage handeln.«[58] Anhand dieses Beispiels wird deutlich, dass es möglich ist, im hellen Lichte des Bewusstseins manipuliert zu werden. Der gleiche Effekt besteht in Einkaufszentren,

American Philosophical Quarterly 33, 1 (1996), S. 43-55; Allen W. Wood, »Coercion, Manipulation, Exploitation«, in: Christian Coons, Michael Weber (Hg.), *Manipulation. Theory and Practice*, Oxford 2014, S. 17-50, hier S. 44 f.

53 Vgl. ebd., S. 48.

54 Rudinow, »Manipulation«, S. 339 f. Meine Übersetzung.

55 Vgl. ebd., S. 340 f.

56 Vgl. Noggle, »Manipulative Actions«, S. 44 f.; Gorin, »Towards a Theory of Interpersonal Manipulation«, S. 74 f.

57 Anne Barnhill, »What is Manipulation?«, in: Christian Coons, Michael Weber (Hg.), *Manipulation. Theory and Practice*, Oxford 2014, S. 51-72, hier S. 60. Meine Übersetzung.

58 Ebd., S. 59 f. Meine Übersetzung.

Supermärkten oder in der Werbung: Wenngleich wir uns rational bewusst machen können, dass hier ein Produkt verkauft werden soll, können wir uns der verschieden induzierten Wirkungen (vor allem langfristig) nicht vollkommen entziehen. Auch Rudinow hält hierfür ein aussagekräftiges Beispiel bereit. In der betreffenden Szene ist offensichtlich, dass eine Ehefrau ihren Mann mittels Erotik zum Bleiben bewegen möchte, aber »nicht vorhat, [ihn] bezüglich ihrer Interessen [...] zu täuschen, [obwohl] es unmittelbar einleuchtend [ist], dass Jones Ehefrau versucht, Jones zu manipulieren«.[59] Jones' Ehefrau verschleiert hier weder den Akt der Manipulation, noch täuscht sie etwas vor.

Die Annahme also, dass wir uns durch die Bewusstmachung manipulativer Mechanismen dieser vollständig erwehren könnten, wie es gerne in der Populärliteratur[60] (aber mitunter auch in psychologischen Lehrbüchern) postuliert wird, ist hinfällig. Gerade dieser immer weiter wachsende (mittlerweile – ebenfalls im Sinne des oben angesprochenen Paradigmenwechsels sich verändernde – oft an Selbsthilfe und karrieristischem Fortkommen orientierte) Buchmarkt weist selbst in die Richtung der Manipulation im hellen Lichte, werden hier doch Leser mit Tricks ausgestattet, die ihnen (Selbst-)Manipulationen ermöglichen sollen. So werden dort beispielsweise Symbole und Bilder zur Verbesserung der Gefühlslage in unangenehmen Situationen empfohlen oder bestimmte Verhaltensweisen in Bezug auf Vorgesetzte (oder Untergebene). Bekanntlich hören auch viele Menschen eine bestimmte Musik zur Regulation ihrer Affekte oder schauen sich romantische Filme an. Der täuschende und verschleiernde Jago, der peinlich darauf achtet, dass die ihn umgebenden Figuren sein Vorgehen nicht mitbekommen, dafür aber tatsächlich unter der Prämisse getäuschter Wirklichkeitsannahmen denken, fühlen und handeln, bildet da-

59 Rudinow, »Manipulation«, S. 342. Meine Übersetzung.

60 Dazu nur einige wenige Beispiele aus der unübersichtlichen Fülle der populären – und meistenteils interessanterweise verharmlosenden (man achte nur auf einige Titel mit Gruselfaktor) – Literatur zum Thema: Robert Levine, *Die große Verführung. Psychologie der Manipulation*, München 2005; Andreas Edmüller, Thomas Wilhelm, *Manipulationstechniken*, München 2015; Volker Kitz, *Du machst, was ich will. Wie Sie bekommen, was Sie wollen – ein Ex-Lobbyist verrät die besten Tricks*, München 2013; Joe Navarro, *Menschen verstehen und lenken. Ein FBI-Agent erklärt, wie man Körpersprache für den persönlichen Erfolg nutzt*, München 2012.

mit nur eine Möglichkeit des Manipulativen ab. Ein angemessenes Verständnis von Manipulation muss aber fähig sein, auch Fälle einzuschließen, in denen Manipulation ganz offen und dennoch mit Erfolg angewendet wird. Demgegenüber müssen Täuschungen nicht notwendigerweise ein Bestandteil der Manipulation sein.[61]

Dient die Manipulation notwendigerweise negativen Zwecken?

Das alltägliche Verständnis von Manipulation beinhaltet eine weitere Charakteristik, nämlich die Manipulation zu negativen Zwecken. Von »Manipulation« wird in diesem Sinne dann gesprochen, wenn wir den Einfluss eines Manipulators auf unser Handeln nicht gutheißen – und meist wird dies dadurch bedingt, dass wir glauben, der Manipulator versuche, seine egoistischen Zwecke durchzusetzen, mit negativen Folgen für uns. Auch hier wird der Einfluss der Kritischen Theorie deutlich, insofern ihre Autoren die Manipulation als Mittel zur Ruhigstellung der ausgenutzten Arbeiterklasse charakterisieren, damit diese sich nicht zur Revolution aufschwingt. Mit Marcuse bedeutet dies, wie gesagt, dass Individuen mit der ihnen aufgezwungen (kapitalistischen) Gesellschaftsform ausgesöhnt werden.[62] Herbert W. Franke schlägt 1964 in die gleiche Kerbe, wenn er Manipulation (die auch hier eine undurchsichtige und verschleiert wirkende Kraft darstellt) als Vermassungs- und Gleichschaltungsinstrument bestimmt, die zur Oberflächlichkeit führt:

61 Barnhill, »What is Manipulation?«, S. 59. Bernays sagt in Bezug auf die Beeinflussung der Massen durch Propaganda etwas, was auch für die Manipulation gelten mag: »Aber selbst wenn man davon ausginge, dass manche Propagandakampagnen nicht ganz ehrlich sind oder mit unwahren Behauptungen operieren, dürfen deshalb nicht die Methoden der Propaganda als solche verdammt werden.« (Bernays, *Propaganda*, S. 95)

62 Vgl. Marcuse, »Aggressivität in der gegenwärtigen Industriegesellschaft«, S. 31. Die Frage ist auch durchaus heute noch aktuell (wenn sie vielleicht auch unter anderen Begriffen verhandelt wird). Wenn wir uns den Zugriff des kapitalistischen Systems auf unsere Gesellschaft vergegenwärtigen, stellt sich eben auch direkt die Frage danach, wie dieses System, das für einige Menschen und auch gesellschaftliche Bereiche eben doch Nachteile zeitigt, eigentlich vermittelt werden kann.

So besteht offensichtlich ein Hang zur Vermassung, zur Gleichschaltung, zur Oberflächlichkeit, und vieles spricht dafür, daß sich diese Entwicklung nicht von selbst vollzieht, sondern daß Kräfte am Werk sind, die sie unmerklich erzwingen.[63]

Eine Sicht auf die Manipulation, die als direkte Beschreibung dessen lesbar ist, was Jago im *Othello* tut, findet sich zudem bei Green und Pawlak gut 20 Jahre nach den genuin negativen Ansätzen der 1960er Jahre:

Beeinflussung wurde als Manipulation definiert, wenn jemand, der eine größere Fähigkeit zur Beeinflussung hat, diese nutzt, um seine eigenen Interessen gegenüber Personen durchzusetzen, die eine weniger große Fähigkeit zur Beeinflussung mitbringen. Zusammengefasst: Manipulation ist die bewusste Kontrolle des Verhaltens anderer, ohne deren Wissen oder Einverständnis, via der Kontrolle der Kommunikation und Aktivitäten, die für die manipulierte Person von Bedeutung sind – mit dem Ziel, die eigenen Ziele zu erreichen.[64]

Jago tut genau das: Er nutzt seine große Fähigkeit zur Beeinflussung, um seine eigenen Interessen, anders gesagt: Zwecke, gegenüber diesbezüglich offenbar weniger talentierten Personen durchzusetzen. Er manipuliert Othello, Roderigo oder Cassio in missbräuchlicher Art, um seine egoistischen Zwecke zu erreichen:

So mach ich aus dem Narrn mir meine Börse; / Das hieß, all meine Lebensweisheit zu entweihn, / Würd ich mit diesem Tropf die Zeit verplempern, / Wenn's mir nicht Spaß bringt und Profit! Ich haß den Schwarzen; / Und mancher sagt, er hätt in meinem Ehbett / Mein Amt versehn. Ob's wahr ist, weiß ich nicht; / Doch schon auf bloßem Argwohn hin will ich / So tun, als wär's gewiß.[65]

Jago möchte sich aus Spaß, Profitgier und blankem Hass an Othello rächen (für das Befördern Cassios anstelle Jagos und dafür, dass Othello womöglich mit Jagos Frau Emilia geschlafen hat), und auch Cassio hasst er und will ihn ebenfalls leiden sehen. Dafür instrumentalisiert er den ahnungslosen, liebesblinden Roderigo. Die Zwecksetzungen sind so allesamt negativ, extrem ichbezogen und

63 Herbert W. Franke, *Der manipulierte Mensch*, Wiesbaden 1964, S. 7.

64 Green/Pawlak, »Ethics and Manipulation in Organizations«, S. 35 f. Meine Übersetzung.

65 Shakespeare, *Othello*, S. 57.

daher auch generell moralisch fragwürdig. In Bezug auf die hier anfangs gestellte Frage lässt sich nun sagen, dass das Verfolgen negativer (und oft damit verbunden: egoistischer) Zwecke durchaus Bestandteil manipulativer Handlungen sein *kann*. So zeigt auch die Konstellation in *Othello*, dass Manipulation mit negativen und so auch unmoralischen (die Betroffenen sollen gezielt geschädigt werden), egoistischen (Jago will seine Lust am Manipulieren, seinen Rachedurst und seinen Hass befriedigen und seine Position verbessern) oder zumindest zweifelhaften Intentionen (Emilia soll auf diese Art zurechtgewiesen werden) verbunden sein kann – und dafür kritisiert werden muss.

Dennoch ist auch hier das lediglich negativ orientierte Verständnis der Manipulation nicht allzu tragfähig, tritt doch zutage, was bereits weiter oben erwähnt wurde: Nicht nur taugen die negativen Zwecke nicht als *differentia specifica* (Lügen, Erpressung und einige Formen von Zwang beinhalten diese ebenfalls), auch bleibt für eine sorgfältige Analyse und eine Bewertung der Manipulation ein deskriptiver Ansatz vonnöten. Wird die Manipulation notwendigerweise mit negativen Zwecken verbunden, mischen sich deskriptive und normative Sphären erneut zu unbedarft. Auch wenn Manipulation mit solch negativen Zwecken verbunden sein kann – wir brauchen eine neutrale Grundlage, um diese Feststellung zuallererst machen zu können.

In diesem Falle lässt sich erwidern, dass der Mechanismus für eine negative und eine positive Beeinflussung exakt derselbe sein kann – wieso auch nicht? Uns dazu zu bringen, Geld für einen guten Zweck zu spenden, kann in manipulativer Weise geschehen. Genauso ist denkbar, dass Supermärkte oder Kantinen gesunde, umweltfreundliche und faire Produkte in einer den ungesunden, umweltunfreundlichen und unfairen Produkten überlegenen Art präsentieren und die Wahrscheinlichkeit des Kaufes damit erhöhen.[66] Vor allem in diesem Falle hätten wir uns, der Umwelt und den Arbeitern etwas Gutes getan. Einige dieser Beispiele sind unter dem Label »Paternalismus«[67] bekannt geworden. Wir können

66 Für viele weitere Beispiele siehe Sunstein, Thaler, *Nudge*.

67 So sagen zum Beispiel Thaler und Sunstein, dass ihre Vorschläge einen libertär-paternalistischen Hintergrund haben (auch wenn diese Begriffskombination paradox klingt und daher der Klärung bedarf). Grundsätzlich wird unter »Paternalismus« eine Form der Herrschaft verstanden, in der es ein Mündel und

feststellen, dass es keinen guten Grund gibt, die Definition von Manipulation mit negativen Zwecken, wie sie Jago zur Grundlage hat, zu verbinden. Hierin liegt einer der Hauptgründe, zunächst ein nicht moralisch aufgeladenes Konzept von Manipulation zu entwickeln. In den Worten Woods:

> Der Hauptgrund, warum wir ein moralisches Konzept von Manipulation vermeiden sollten, liegt in der Tat darin, dass Personen auch dazu manipuliert werden können, das zu tun, was objektiv rational ist – und einfach das, was sie tun sollten.[68]

Ein tragfähiger Begriff von Manipulation sollte also nicht nur Transparenz und Aufrichtigkeit, sondern auch paternalistische Formen der Beeinflussung einschließen können.[69]

Unterläuft die Manipulation notwendigerweise die Rationalität der Betroffenen?

Nachdem die Definition der Manipulation nun von Verschleierung, Täuschung und negativen Zwecken befreit wurde, bleibt noch die dominanteste negative Eigenschaft, die allerdings im Zuge der heutigen Verharmlosung oft ganz ausgeblendet wird: Der Manipulation wird vorgeworfen, notwendigerweise die für menschliches Handeln elementare Rationalität zu korrumpieren.[70] Alle Beteiligten in Jagos Manipulationstheater werden über ihre Affekte adressiert, sind blind vor Liebe, Hass oder Enttäuschung – die

einen Vormund für dieses gibt. Obwohl man den familiären Bereich in der wissenschaftlichen Diskussion meist ausgeklammert hat, ist doch gleich deutlich, was mit Paternalismus gemeint ist – man muss nur an Eltern und Kinder denken. Letztere treffen viele Entscheidungen nicht selbst, sondern werden von den Eltern »betreut«. Solche Konstellationen gibt es auch zwischen Bürger und Staat, man denke nur an die Schul- oder Anschnallpflicht. Eine ethische Diskussion umspannt dann meist die Frage nach der Rechtfertigung der Bevormundung und damit auch nach Einschränkung der Freiheit des Einzelnen. Für einen Überblick über das Thema Paternalismus siehe Heiko U. Zude, *Paternalismus. Fallstudien zur Genese des Begriffs*, Freiburg i. Br., München 2010.

68 Wood, »Coercion, Manipulation, Exploitation«, S. 35. Meine Übersetzung.

69 Vgl. auch Marcia Baron, »The *Mens Rea* and Moral Status of Manipulation«, in: Christian Coons, Michael Weber (Hg.), *Manipulation. Theory and Practice*, Oxford 2014, S. 98-120, hier S. 120; Barnhill, »What is Manipulation?«, S. 56 f.

70 Zum Verständnis von Rationalität siehe erneut Fußnote 1 des Vorwortes.

Rationalität wird hier vollkommen untergraben. Zunächst: Es gibt tatsächlich viele Fälle von Manipulation, bei denen die rationalen Fähigkeiten der Manipulierten umgangen oder (zumindest teilweise) unterlaufen werden. Diese bereiten zusätzlich zu den oben genannten Faktoren den Grund für eine sorgenvolle Betrachtung der Manipulation. Ein weiterer Grund dafür lässt sich zudem in unserer Auffassung von einer moralisch gutartigen Beeinflussung finden, die stark von rationaler Überzeugung dominiert wird, welche mit dem Mittel artikulierter Gründe, der Wahrheit verpflichteter Argumentation und der Aufrichtigkeit freiwilliger Einsicht, dem zwanglosen Zwang des besseren Arguments, operiert.[71] Diese rationale Überzeugung ließe sich nun, nach erstem Besehen, niemals manipulativ nutzen, sonst fiele sie paradoxerweise in ihr kolportiertes Gegenteil.[72] Doch Manipulation ist nicht das Gegenteil der rationalen Überzeugung. Letztere ist gewissermaßen ein Pol in einem Kontinuum der Beeinflussung mit Zwang und Gewalt am anderen Ende – und der Manipulation irgendwo dazwischen. Betrachten wir dieses Verhältnis genauer: Jago verlässt im Spiel mit Othello, Brabantio und Roderigo mitunter die Ebene der Rationalität, um seine Ziele zu erreichen. So handelt Othello nur noch aus falscher Eifersucht aufgrund des vermeintlichen Betrugs Desdemonas, Roderigo aus großer Hoffnung und glühender Liebe zu ihr und Brabantio aus Enttäuschung über die schlechte Wahl seiner Tochter und die damit verbundenen Peinlichkeiten. Alle seine Opfer han-

71 In der Antike wird diese Gegenüberstellung schon unter den Stichworten »Dialektik« und »Rhetorik« diskutiert. Bekanntlicherweise ist es Platon in seinem *Gorgias*, der die Rhetorik gerade auch deswegen verabscheut, weil sie eben gerade nicht dialektisch vorgeht, nicht die ganze Länge des Argumentwegs geht, sondern Abkürzungen sucht. Hier gilt gewissermaßen die Weisung: Niemand will Rhetorik, wenn man Philosophie haben kann. Mit Aristoteles kann man hierin eine voreilige Verabschiedung der Rhetorik sehen; er systematisiert die Rhetorik einfach als eine Form sozusagen lebensweltlich operierender Rationalität – die eine Notwendigkeit besitzt, gerade in einer Demokratie, in der das Volk mitregieren »muss«, aber nicht jeder zu komplizierter Dialektik fähig ist (sei es aus intellektuellen Gründen oder aber schlicht aus Zeitknappheit oder Ähnlichem) – also nicht jeder zum platonischen Ideal des Philosophen werden kann. Siehe zu den ersten Grundzügen dieser Argumentationslinien: Platon, *Gorgias*, Göttingen 2004, S. 13-31 sowie Aristoteles, *Rhetorik*, Stuttgart 1999, 1354a-1359a.

72 Vgl. hierfür auch Moti Gorin, »Do Manipulators always threaten Rationality?«, in: *American Philosophical Quarterly* 51, 1 (2014), S. 51-61, hier S. 51.

deln aufgrund dieser gewissermaßen chirurgischen Beeinflussung Jagos nicht mehr primär einem rationalen Urteil nach, sondern auf der Basis ihrer gezielt erweckten Affekte. Interessant hierbei aber ist, dass wir es bei Jago mit jemandem zu tun haben, der sich auch fingierter Argumente und rhetorischer Kniffe bedient – weshalb mit Gorin hier festgestellt werden kann, dass eine strikte Trennung des Rationalen und des Affektiven das Verstehen der Manipulation und der an ihr beteiligten Elemente behindert. Diese kann ja offenbar rationale Elemente enthalten (wie es ja auch Werbung oder politische Kampagnen oft tun – die dann aber richtig »verpackt« sind[73]); anders gesagt: Auch propositionale Aussagen können Affekte in uns erregen. Ähnlich verhält es sich, wenn im besten Sinne der Rhetorik nach Aristoteles fähige Redner nicht nur mit einem überzeugenden Auftreten, sondern auch mit einer flammenden, leidenschaftlichen, geschickten Rede ihre Zuhörer elektrisieren, in Aufruhr versetzen – sie eben mittels des Auftretens und der Macht der Rede affektiv ansprechen und aktivieren.[74] Verstehen wir die Manipulation als einen Mechanismus, mit dem man es vor allem auf die Aktivierung menschlicher Affekte abgesehen hat, entstehen so Graubereiche zwischen Affekt und Ratio. Also: Auch mittels solcher Elemente, die wir als rational klassifizieren können, wie der rhetorisch gelehrten Rede (die – zwar mitunter Abkürzungen nutzend – argumentativ verfasst ist, aber sich bestimmter »Tricks« zur

73 Und dennoch: Noam Chomsky und Edward S. Herman berichten: »Advertisers will want, more generally, to avoid programs with serious complexities and disturbing controversies that interfere with the ›buying mood.‹ They seek programs that will lightly entertain [...].« Das ließe sich damit erklären, dass zu komplexe Programminhalte die Zuschauer nachdenken lassen. Zu viel davon darf es also auch nicht sein (Noam Chomsky, Edward S. Herman, *Manufacturing Consent. The Political Economy of the Mass Media*, New York 1988, S. 17).

74 Zur Macht der Rede siehe zur Einführung das erhellende Werk von Wilfried Stroh, *Die Macht der Rede. Eine kleine Geschichte der Rhetorik im alten Griechenland und Rom*, Berlin 2011. Stroh übersetzt hier zum Beispiel Gorgias mit folgenden für uns interessanten Worten: »Die Rede ist eine große Herrscherin,/ die mit kleinstem und unscheinbarstem Körper die göttlichsten Werke vollbringt:/ Sie kann Furcht beenden und Trauer nehmen, sie kann Freude erwecken und Mitleid groß machen.« (S. 9) – ein Beispiel der affektiven Wirksamkeit von Reden von einem ihrer Theoretiker. Wie das Zusammenspiel von Ratio und Affekt hier funktioniert, ist nicht einfach zu klären, zunächst genügt aber im Rahmen der Manipulation der Hinweis, dass es ein solches Zusammenspiel gibt. Das 2. Kapitel kann hier ein wenig mehr Aufschluss bieten.

Affektaktivierung bedient), lässt sich manipulativ beeinflussen. Ein eindringliches Beispiel für eine solche Rede finden wir in einem anderen Drama Shakespeares, in dem sich die wohl »berühmteste persuasive Rede der Weltliteratur«[75] findet: *Julius Cäsar*. In der 2. Szene des dritten Aktes spricht Antonius zum römischen Volk, das er gegen Cäsars Mörder aufbringen möchte – allerdings ist dies aufgrund von Brutus' Ansehen nicht ohne Weiteres möglich. Antonius jedoch weiß in rhetorisch geschulter Weise einen Weg: Zunächst stimmt er scheinbar der allgemeinen Meinung zu, die Brutus etabliert hat:[76]

> Cäsar begraben will ich, nicht ihn preisen. / ›Das Böse, das ein Mensch tut, überlebt ihn, / Das Gute wird verscharrt oft mit den Knochen‹: / [...] Der noble Brutus / Hat euch erzählt, Cäsar war machtbesessen. / [...] Und Brutus ist ein ehrenwerter Mann.[77]

Refrainartig wird dieser letzte Satz vielfach wiederholt, während Antonius alles aufzählt, was Schlechtes über Cäsar gesagt wird – und es so mit Brutus' Namen verschränkt. Diese Vorwürfe lässt er schließlich als haltlos erscheinen, nicht nur durch die übertrieben zahlreichen Wiederholungen der Lobpreisung Brutus', die einen Kontrast zu Cäsars scheinbar korruptem Charakter darstellen sollen (aber eintönig ausfallen), sondern auch durch ein beständiges Spiel mit einer Form ernster, sozusagen mit einem Pokerface vorgetragener Ironie, ganz im Sinne von: Ich hab' es zwar so und so gesehen, aber Brutus sagt eben dies und das – »[u]nd der ist ganz gewiß ein ehrenwerter Mann. / Ich sprech hier nicht zu schmähn, was Brutus sprach, / Nein, ich sprech hier nur das aus, was ich weiß.«[78] Die Taten Cäsars, so erinnert sich endlich auch das Volk, waren dann aber irgendwie doch alles andere als ambitiös: »Er wollte die Krone nicht; / Und das beweist, er war *nicht* machtbesessen«,[79] heißt es von einem an Brutus' Aussagen zu zweifeln beginnenden Römer. Langsam wird also deutlich, dass Antonius' fulminante Rede (»Der

75 Ebd., S. 21 und 33.

76 Vgl. für eine ähnliche Interpretation ebd., S. 33 f.

77 William Shakespeare, *Julius Cäsar*, Zweisprachige Ausgabe, deutsch von Frank Günther, München 1998, S. 123.

78 Ebd., S. 125.

79 Ebd.

Ärmste! Hat vom Weinen feuerrote Augen.«[80]) ihre Wirkung entfaltet. Das Ende der Erzählung ist bekannt: Antonius bringt das Volk gegen die Mörder auf, sein beständiges, von den Zuhörern als aufrichtig und edel wahrgenommenes Understatement (»Ich will den Herrn nicht Unrecht tun; tu lieber / Dem Toten Unrecht, mir Unrecht und euch, eh ich / Unrecht tu an so ehrenwerten Männern.«[81]), die geschickt eingesetzte Suggestion der Tugenden Cäsars und die dann fast genial beiläufige Erwähnung, dass er das Testament Cäsars zwar habe, aber nicht zu verlesen gedenke (einige ältere Ausgaben setzen bei diesem Satz direkt eine Kunstpause am Ende: »Den ich, verzeiht's mir, nicht verlesen möchte [...]«[82]), obwohl er vermute, dass das Volk dem Toten dann zu Füßen läge, führen zum gewollten Ziel – denn er liest es, nach heftiger Aufforderung der Menschenmasse, am Ende natürlich doch vor und erreicht so die Römer affektiv, induziert Neugier, Mitgefühl, Enttäuschung ob des Betrugs und Rachelust, wiegelt sie auf und lässt sie so schließlich handeln. Und dies alles mit klug eingesetzten, auch mit der Rationalität der Zuhörer arbeitenden Worten.

Doch zurück zu Jago. Bei Antonius' Rede ist klar, dass die Rationalität der Zuhörer bewusst genutzt wird (wenngleich auch zur Erregung von Affekten); bei Jago geschieht dies zum Teil zwar auch, aber in ganz anderer Form: Die von ihm kreierten Handlungsabläufe lassen sich nun mit Noggle ganz grundsätzlich durch die Anwendung von Manipulation erklären, die er als Versuch bestimmt,

> die Überzeugungen, Emotionen und Wünsche einer Person hinter den Idealen zurückbleiben zu lassen, die in der Perspektive des Beeinflussenden die Überzeugungen, Wünsche und Emotionen des Manipulierten beherrschen.[83]

In diesem Sinne bedient der Manipulator Jago die »psychologischen Hebel«[84] der Personen, die manipuliert werden, in einer Wei-

80 Ebd.

81 Ebd., S. 127.

82 Ebd., S. 127. Die Bostoner *Julius Caesar*-Ausgabe von 1919 etwa verzeichnet hier am Satzende zwei Gedankenstriche.

83 Dies sind die Worte Barnhills, »What is Manipulation?«, S. 66. Die eigene Umschreibung Noggles findet sich in Noggle, »Manipulative Actions«, S. 43 f. Meine Übersetzung.

84 »Manipulative Actions«, S. 44. Meine Übersetzung.

se, die nicht den Idealen der Shakespeare'schen Charaktere entsprechen (auch bei Antonius wechseln die Zuhörer vom idealisierten Brutus zur Idealisierung des toten Cäsar). Diese hätten also ohne den Manipulationsversuch auf jeden Fall anders gehandelt (wie auch die Zuhörer Antonius' nicht aufständisch geworden wären). Beide Figuren erreichen also manipulativ – auf sehr unterschiedliche Weisen – die Handlungsveränderung der Manipulierten. Laut Noggle gibt es nun drei Wege, jemanden von seinen Idealen abzubringen: (1) mittels Täuschung wird das Denken in falsche Bahnen geleitet (dies tut Jago exzessiv); (2) mittels Konditionierung und der Veränderung der Entscheidungssituation werden Wünsche geformt (auch diese Taktik wendet Jago an); (3) mittels der Induktion von Schuldgefühlen und der Aktivierung anderer Reize wie der Begierde (hier lassen sich Jagos Mittel ebenfalls wiedererkennen).[85] Auch auf Noggles Ansatz trifft zu, was Franke bereits in den 1960er Jahren zur Manipulation sagt (wenngleich Noggles Ansatz elaborierter ist):

> Mit der Manipulation des Menschen ist meist eine Art der psychischen Beeinflussung gemeint, die heimlich und – was unwillkürlich damit gleichgesetzt wird – zum Schaden des Betroffenen erfolgt.[86]

Noggle geht aber noch weiter: Er findet es am schlimmsten, dass Manipulation die rationale Handlungsleitung verunmöglicht oder zumindest fehlleitet (wie bei einer Lüge), indem sie mit den Emotionen, Wünschen und Überzeugungen der Betroffenen spielt und sie fremdgeleitet »einstellt«: »Das Opfer wird so behandelt, als wäre es eine Art Objekt oder Maschine.«[87] Thomas Scanlon fasst die moralische Problematik noch genauer. Für ihn ist klar, dass es aus der Perspektive der Opfer von Manipulation immer verwerflich ist, wenn deren eigene Bemühungen und Ressourcen nicht zu der Ausführung einer selbstgewählten Handlung führen, sondern die Planungen kooptiert werden.[88]

Aus diesen Sichtweisen, lassen sich nun zwei Folgerungen ziehen: (1) Soweit die Rationalität eine Rolle in unserer Handlungsleitung spielt, wird Manipulation diese notwendigerweise zumindest

85 Vgl. ebd., S. 44 f.

86 Franke, *Der manipulierte Mensch*, S. 7.

87 Vgl. Noggle, »Manipulative Actions«, S. 52 f. Meine Übersetzung.

88 Vgl. Thomas Scanlon, *What We Owe to Each Other*, Cambridge MA 1998, S. 298.

zum Teil umgehen oder unterlaufen. (2) Der Eingriff in die Rationalität, also die uns von anderen Tieren unterscheidende und vielfach ins Zentrum unseres Verständnisses vom Menschen gerückte Charakteristik, wird unüberhörbar negativ aufgefasst.[89] Wenn unsere Rationalität nun der wesentliche Kern des Menschseins und zudem Quell unserer Freiheit und Würde ist, dann ist ihre Unterwanderung entgegen dieser Freiheitlichkeit und menschlichen Würde und somit moralisch unzulässig. Dies ist der *basso continuo* von kantianischen (wie bei Scanlon) und anderen Moralkonzeptionen (dazu mehr in Kapitel 3).

Diese negative Betrachtung kann nur dann gelockert werden, wenn (1) analytisch etabliert wird, dass Rationalität und Manipulation zusammen auftreten können (entweder als Nutzung von Rationalität durch manipulative Mechanismen, wie es Gorin

89 Sarah Buss stellt sich in einem wichtigen Aufsatz gegen diese These. Für sie ist der Zusammenhang zwischen der moralischen Problematik der Manipulation durch die Verletzung der Rationalität und vor allem unserer damit in Verbindung stehenden Autonomie nicht das wichtigste Problem: »[...] though our capacity to govern ourselves is surely very valuable, it cannot do the work that many moral and political philosophers have asked it to do.« (S. 196) Es ist eher normal, dass Manipulationen passieren und diese in Bezug auf die Handlungsleitung eines Akteurs oft auch weder verletzend noch respektlos sind: »It is [...] hard to see what justifies the conclusion that someone wrongs us when she places us in this position [of being manipulated] – especially since our necessary ignorance is no cause for regret. My point is not that a manipulator/deceiver does not wrong us but that if she does, this cannot simply be because she influences our reasoning in ways of which we are unaware.« (S. 219) Nach Buss ist es nicht einmal klar, ob es moralisch immer besser ist, ehrlich zu sein. Manipulation ist aus drei Gründen für sie problematisch: »There are, in particular, three reasons worth noting: manipulating/deceiving someone often prevents her from governing herself with an *accurate understanding* of her situation, [...] often prevents her from relating to the manipulator/deceiver as an *equal*, [...] is often incompatible with promoting, or even preserving, her *welfare*.« (S. 226 f.) Siehe: Sarah Buss, »Valuing Autonomy and Respecting Persons. Manipulation, Seduction, and the Basis of Moral Constraints«, in: *Ethics* 115/2 (2005), S. 195-235. Ich stimme mit Buss darin überein, dass unsere Rationalität und Autonomie wichtige Faktoren bei der moralischen Beurteilung darstellen, aber nicht jene prominente Position besetzen sollten, die sie gegenwärtig haben. Vielmehr gibt es andere wichtige Faktoren, die wir bei einer moralischen Analyse der Manipulation in Betracht ziehen sollten und die auch von Buss schon angedeutet werden. Aber mehr dazu in Kapitel 3.

vorschlägt,[90] oder im Sinne eines Nebeneinanders von Manipulation und Rationalität, anstatt der Auffassung, dass das eine durch das andere immer gänzlich übertrumpft wird) und (2) die grundlegende Annahme der Dominanz unserer Rationalität innerhalb unserer Handlungsleitung zumindest infrage gestellt wird. Eine kritische Betrachtung von Letzterem erfolgt vor allem im 2. Kapitel, während Ersteres im unmittelbar Folgenden adressiert werden soll.

Bisher wurde bereits klar, dass das Verständnis von Manipulation als notwendig täuschender, verschleierter und negative Zwecke verfolgender Beeinflussungsform nicht zwingend ist. Noggle vermeidet es zwar, eine immer vorhandene Täuschung und unumgänglich negative Ziele in sein Verständnis von Manipulation zu integrieren, doch liegen die Probleme seiner Definition in anderen Bereichen.[91] An dieser Stelle soll er uns aber zunächst als Beispiel

90 Siehe hierfür Moti Gorins Aufsatz »Do Manipulators always threaten Rationality?«.

91 Zunächst lässt sich mit Anne Barnhill, Marcia Baron und Allen W. Wood fragen, ob Manipulation wirklich immer intentional zu sein hat oder nicht vielmehr auch ohne volles Bewusstsein seitens eines Manipulators geschehen kann (vgl. Barnhill, »What is Manipulation?«, S. 52; Baron, »The *Mens Rea* and Moral Status of Manipulation«, S. 104 f.; und Wood, »Coercion, Manipulation, Exploitation«, S. 39). Für Baron beispielsweise kann Manipulation einfach »Sorglosigkeit« (S. 104) bedeuten. Dazu kann Noggles Ansatz keine Fälle einschließen, in denen Menschen durch situative Gestaltungen oder Institutionen (man denke an Supermärkte und Policystrategien) anstatt durch einzelne Personen manipuliert werden. Die Frage, wo die Grenzen zwischen Institution und Person und damit die Möglichkeit der Behauptung von Intentionalität liegt, ist allerdings an dieser Stelle noch nicht klärbar, wenngleich an ihr interessante Fragen von Verantwortlichkeit und der ethischen Beurteilung von Manipulation hängen. Wahrscheinlich lässt sich nämlich sagen, dass manipulative Methoden zum Beispiel innerhalb von gesunden partnerschaftlichen Beziehungen oder guten Freundschaften eher als weniger problematisch gelten können, gerade weil eine spezifische, bekannte und geschätzte Person als Manipulator auftritt und die Manipulation in einem von Vertrauen geprägten Rahmen stattfinden kann. Denken wir allerdings an situative Faktoren, Policystrategien oder Werbung, wird die Zuordnung des Initiators von Manipulation schwieriger und die Frage nach der Verantwortlichkeit nebulöser. Auch ist natürlich die Beziehung zwischen Institutionen und Individuen durch ihre Mittelbarkeit stärker von anderen Charakteristika durchsetzt als in unmittelbaren interpersonalen Verbindungen. Während Wood (»Coercion, Manipulation, Exploitation«, S. 39) kein Problem darin sieht, Institutionen als Manipulatoren zu bezeichnen, widerspricht Baron und meint: »It seems to me a stretch to claim that the institution manipulates;

für die Sicht dienen, dass Manipulation die Betroffenen in ihrer Rationalität unterminiert und – auch Noggle vermischt deskriptive und normative Komponenten – dadurch schädigt:[92] Schließlich geht es nach ihm stets darum, dass die Manipulation den Betroffenen von seinen Idealen wegmanövriert – alles andere falle nicht unter diese Kategorie.[93] Um nun zu verstehen, inwiefern die Rationalität von Akteuren angegriffen wird, ist eine Betrachtung seines Verständnisses von idealen Einstellungen hilfreich. Welche Art von idealen Settings hat Noggle hier im Sinn? Solche Einstellungen, die Betroffene besitzen, oder solche, die sie besitzen sollten? Das wird

rather, advertisers, or groups composed of advertisers, manipulate« (»The *Mens Rea* and Moral Status of Manipulation«, S. 105). Kritischer noch als die ungeklärten Fragen bezüglich der involvierten (oder nicht involvierten) Intentionen scheint jedoch, dass Noggles Verständnis von Manipulation so weit bleibt, dass (wie Barnhill deutlich macht) auch rein physische Einflussnahmen, beispielsweise mittels langfristig induzierter Medikamente oder Drogen, als Manipulation gezählt werden. Um dieser angeblichen Schwäche entgegenzuwirken (schließlich beginnt der Manipulationsbegriff hier wieder zu verschwimmen), fügt Barnhill den Passus »direkte Einlussnahme« hinzu. Hieran anschließend lässt sich jedoch wiederum die Frage stellen, ob Akte, die nicht als isoliert erkannt werden können, sondern sich indirekt und über längere Zeit entfalten (man denke hier an langfristige Effekte der Werbung), nicht auch Manipulation genannt werden können (Baron optiert in »The *Mens Rea* and Moral Status of Manipulation« auf S. 102 ganz richtig in dieser Richtung) – demnach muss ein Verständnis von direkter und indirekter Manipulation im Anschluss ebenfalls in die Definition einfließen. Manipulation wird daher im anschließenden Kapitel als »direkte oder indirekte« Beeinflussung charakterisiert werden.

92 Ein Großteil der Autoren stimmt ihm hier zu, wenn auch nach zum Teil gründlicheren Analysen. Siehe hierfür als aktuelle Beispiele Baron, »Manipulativeness«, S. 50; Tom L. Beauchamp, James F. Childress, *Principles of Biomedical Ethics*, New York, Oxford 2008, S. 133 f.; Eric Cave, »What's Wrong with Motive Manipulation?«, in: *Ethical Theory and Moral Practice* 10, 2 (2007), S. 129-144, hier S. 138; Patricia Greenspan, »The Problem with Manipulation«, in: *American Philosophical Quarterly* 40, 2 (2003), S. 155-164, hier S. 164; Claudia Mills, »Politics and Manipulation«, in: *Social Theory and Practice* 21, 1 (1995), S. 97-112, hier S. 100; Gorin, »Towards a Theory of Interpersonal Manipulation«, S. 96; oder Wood, »Coercion, Manipulation, Exploitation«, S. 36; Scanlon, *What We Owe to Each Other*, S. 298; und natürlich die ältere Literatur zur Manipulation aus den 1960er, 1970er und 1980er Jahren.

93 Vgl. hierzu: »[...] if I attempt to adjust your psychological levers but do not intend to move them *away from* their ideal settings, then on the analysis I am suggesting, I have not acted manipulatively toward you.« In: Noggle, »Manipulative Actions«, S. 49.

aus seinem Text nicht deutlich. Der Unterschied ist aber natürlich von Bedeutung, denn ein Manipulator könnte ja jemanden, wie bereits angesprochen, in einer paternalistischen Art und Weise dazu bringen, Ideale zu haben oder zumindest nach solchen zu handeln, die er – hier kommt erneut die Normativität ins Spiel – haben oder berücksichtigen *sollte*: menschen- und naturfreundliche Ideale zum Beispiel. In welchem Sinn wird einer Person mittels der Manipulation dann ein Schaden zugefügt? Oder könnte man sagen, dass Manipulation ein Weg sein kann, jemanden vielleicht zu einem besseren Menschen oder doch wenigstens zu einem positiv wirkenden Handelnden zu machen (wie es Thaler und Sunstein in *Nudge* anstreben)? Noggles angedeutete Schwierigkeiten mit der Manipulation lassen sich erneut mit Scanlon besser greifen. Dieser postuliert, dass das Verhindern der Erreichung unserer Ziele als negativ charakterisierbar erscheint. Dafür müssten wir jedoch davon ausgehen, dass unsere Handlungen immer von als gut zu charakterisierenden Idealen angeleitet sind – sonst wäre eine Evaluation der Manipulation auf der Basis der Ideale einer Person vorschnell. Barnhill integriert diesen Gedanken in ihre Definition und vermeidet die damit einhergehende Problematik:

> Manipulation ist die direkte Beeinflussung der Überzeugungen, Wünsche oder Emotionen einer Akteurin, so dass diese hinter den Idealen der Überzeugung, des Wünschens und der Emotionen zurückbleibt, in einer Art, die typischerweise nicht ihrem Selbstinteresse entspricht oder zumindest im gegebenen Kontext nicht ihrem Eigeninteresse entspricht.[94]

Die Korrekturen, die Barnhill in ihrer stark an Noggle angelehnten Definition von Manipulation vornimmt, sind wichtig: Es geht ihr darum, die Einschränkung zu machen, dass Manipulation eine »typischerweise« nichtideale Art und Weise ist, die das Eigentinteresse der manipulierten Person betrifft. Mit dem Begriff »Eigeninteresse« schafft sie Klarheit bezüglich der Ideale, die aus der Sicht der Betroffenen zu ermitteln sind. Zudem geht sie mittels des »typischerweise« nicht so weit zu sagen, dass es *immer* gegen die Ideale – und damit zum Schaden der Betroffenen gehen muss (wenngleich sich die Normativität dadurch wieder subtil in ihr Verständnis von Manipulation einschleicht). Vielleicht nämlich stimmen die Ideale der

94 Barnhill, »What is Manipulation?«, S. 52. Meine Übersetzung.

Akteurin mit den Zielen der Manipulatorin überein. Diese Einschränkung erlaubt, Manipulation in einem weniger evaluativen Sinne zu beschreiben – und die oben erwähnte Möglichkeit paternalistischer Manipulation einzuschließen (während sie das typische Gefühl subjektiver Ablehnung durch die Verletzung der Eigeninteressen weiter zu integrieren vermag). Würde der Akteur also im vollen Besitz seiner rationalen Kräfte handeln, wäre ein Verfolgen der in seinem Eigeninteresse vor dem Hintergrund bestimmter Ideale entwickelten Zwecke und deren Verwirklichung wahrscheinlich. Es bleibt weiter das Verständnis, dass die Manipulation diesen Prozess unterbricht, indem sie das Denken, Fühlen und Handeln der betroffenen Person beeinflusst. In den Worten Gorins noch einmal anders ausgedrückt: »Manipulation ist ein Prozess der interpersonalen Beeinflussung, der es absichtlich verfehlt, rationale Gründe zur Handlungsgrundlage zu machen.«[95] In der bisherigen Forschungsliteratur wird dieser Mechanismus als »Umgehungs- oder Untergrabungsauffassung« (*Bypass or Subvert View*) bezeichnet und weiter negativ konnotiert.[96] So bewertet Marcia Baron die personale Eigenschaft der »*manipulativeness*«, zu deutsch in etwa dem »manipulativen Charakter« Adornos entsprechend, als Form der Arroganz aufgrund eines Kontrollhungers über (rationale) Entscheidungsprozesse.[97] Auch Wood erklärt, dass Manipulation gerade deswegen bösartig sei, weil sie Betroffene »erniedrigt und unterminiert [...], indem sie deren rationale Kapazitäten missachtet, für sich selbst zu wählen, wie sie leben wollen«.[98] Grundsätzlich ist zuzugeben, dass die Manipulation die Rationalität manipulierter Personen wahrscheinlich zumindest zum Teil umgeht, um mittels sozusagen peripherer Wege einen größeren Effekt zu erzielen. Eine

95 Gorin, »Towards a Theory of Interpersonal Manipulation«, S. 97. Meine Übersetzung.

96 Ebd., S. 89, und John M. Fischer, »Responsibility and Manipulation«, in: *Journal of Ethics* 8.2 (2004), S. 145-177, hier S. 145. Wenn auch nicht in exaktem Wortlaut basieren hierauf auch die Manipulationsauffassungen von Wood, Cave sowie Jennifer Blumenthal-Barby, »A Framework for Assessing the Moral Status of Manipulation«, in: Christian Coons, Michael Weber, *Manipulation. Theory and Practice*, Oxford 2014, S. 121-134; Greenspan, Goodin, Ware, Mills, »Politics and Manipulation«, S. 100; Scanlon, *What We Owe to Each Other*, S. 298; Beauchamp/Childress, *Principles of Biomedical Ethics*.

97 Baron, »Manipulativeness«, S. 50.

98 Wood, »Coercion, Manipulation, Exploitation«, S. 36 f. Meine Übersetzung.

dagegen als ideal verstandene Beeinflussung entspricht dem Akt des *Überzeugens*, der so frei von Affekten wie möglich mit Argumenten operiert, die innerhalb eines fair ablaufenden Diskurses rational annehmbar sein sollen. Hier gilt es, »Überzeugungen einer Rechtfertigungspraxis zu unterstellen, Gründe zu geben und Gründe zu verlangen für das, was wir glauben, und Gründe für das, was wir tun.«[99] Dies ist eben genau nicht die Art, nach der Manipulation funktioniert. Sie daher aber stets negativ zu bewerten, greift zu kurz.

Im Vorgriff auf Kapitel 2 lässt sich zu diesem Kurzschluss zunächst sagen, dass Menschen nicht immer aus rationalen Beweggründen heraus agieren. Beispielsweise vertritt Haidt sogar die These, dass wir unsere Entscheidungen und Handlungen nur nachträglich rationalisieren und rechtfertigen. Man muss eine solch extreme Position nicht teilen, dennoch weist sie in eine wichtige Richtung: Wir werden geleitet durch Affekte, Automatismen und diese anreichernde Erfahrungen und Gewohnheiten[100] sowie situative und soziale Kontexte (und damit einhergehende Regeln). Wir helfen Verletzten, armen Menschen, Freunden oder Kindern aus Mitleid oder Zuneigung; wir essen, weil wir hungrig sind, folgen aus Pflichtgefühl oder Angst vor Strafe Regeln. Oft handeln wir einfach, weil wir es schon immer so gemacht haben – im Laufe

99 Anton Hügli, *Von der Schwierigkeit vernünftig zu sein*, Basel 2016, S. 39. Bei Hügli heißt es auch zur Definition der Überzeugung: »Überzeugt bin ich, [...] wenn ich unter dem Gewicht der Gründe, die für die Wahrheit der betreffenden Proposition zeugen, nicht anders kann, als sie für wahr zu halten.« (S. 38) In diesem Sinne liegt das Wesentliche der Überzeugung darin, dass man sich selber und den verpflichtenden Regeln der Vernunft treu bleibe, indem man seine Überzeugungen in ein vorhandenes Setting von anderen Überzeugungen und die ständige rationale Überprüfung dieser einbettet. Der klassisch verwendete Gegenbegriff »Überreden« bedeutet dagegen »treulos sein, gegenüber sich selbst; mich, ohne Rücksicht auf das, was für mich gegolten hat, den Verlockungen, Drohungen oder Versprechungen des Heute auszuliefern, dem für den Augenblick Erwünschten.« (S. 40)

100 Eine »Gewohnheit« ist zunächst einfach eine gleiche Handlungsweise Manche dieser Handlungen werden allerdings darüber hinaus zur Routine oder sogar zu einem Charakterzug. Dabei handelt es sich um durch Wiederholung stereotypisierte Reaktionsweisen, die mit ihrer Komplexitätsreduktion und der Mühelosigkeit eines Automatismus angenehm für uns sind und die durch bestimmte Stimuli angeregt werden können, die sich auch die Manipulation zunutze macht.

unseres Lebens entstehen durch Erfahrungen zudem *Triggerpunkte*, also Auslöser, die uns, affektiv angebunden, in eine bestimmte Handlungsrichtung zu stoßen vermögen. Diese Handlungen sind nun trotz ihrer nicht primär rationalen Grundlagen nicht intrinsisch schlecht. Also bleibt weiter die Frage offen, warum Beeinflussungsformen, die die Rationalität umgehen, automatisch moralisch verwerflich sein sollten. Dies berücksichtigend, ist der Zusammenhang zwischen nichtrationaler Beeinflussung und Bedrohung bzw. moralischer Verwerflichkeit aufzuheben. Gorin hat hierzu durch seine Korrektur von Claudia Mills' Verständnis von Manipulation einen interessanten Einblick geschaffen: Für Mills ist es so, dass

> ein Manipulator Gründe und Argumente nicht mittels deren inhaltlicher Qualität beurteilt, sondern aufgrund von deren Wirksamkeiten. Ein Manipulator interessiert sich für Gründe nicht als logische Rechtfertiger, sondern als kausale Hebel. Für den Manipulator sind Gründe Instrumente, und ein schlechter Grund kann genauso gut funktionieren wie ein guter – oder gar besser.[101]

Gorin stellt dagegen heraus, dass die Betonung schlechter Gründe und Argumente in dieser Form nicht zwingend ist. Vielmehr ist es so, dass ein Manipulator wie Jago auch gute Gründe und Argumente für seine Zielsetzung zu nutzen vermag, indem durch sie gezielt Affekte angesprochen werden.

Des Weiteren lässt sich sagen, dass die auf die Rationalität fixierten Autoren möglicherweise schlicht die Wirkung von Manipulation überschätzen. Oft scheinen sie in diesem Zusammenhang auch von einem einfachen Stimulus-Response-Modell auszugehen, in dem ein Stimulus – hier die spezifische Manipulation – immer direkt die gleiche Reaktion – nämlich die wie auch immer geartete angepeilte Handlungsweise – hervorruft.[102]) Nicht jede manipu-

101 Mills, »Politics and Manipulation«, S. 100 f. Meine Übersetzung.

102 Vgl. zum einfachen Modell, das übrigens wohl auch in der Vorstellung der antiken Rhetoriker vorgeherrscht hat, Harold D. Lasswell, *Propaganda technique in the World War*, London 1927, S. 630. Siehe zur Kritik an diesem Modell: Klaus Merten, »Wirkungen von Kommunikation«, in: Klaus Merten, Siegfried J. Schmidt, Siegfried Weischenberg (Hg.), *Die Wirklichkeit der Medien*, Opladen 1994, S. 291-328, hier S. 294-328. Merten geht von einer Kommunikationssituation aus, die Veränderungen beim Rezipienten auslöst. Dafür sind Kontexte

lative Beeinflussung unseres Denkens, Fühlens und Handelns ist so wirkmächtig in Bezug auf unser eigenes Wesen und im Herausstechen aus dem unendlichen Lärm der reizüberfluteten Welt, dass sie die rationale Handlungsleitung eines Akteurs übermäßig unterminiert.[103] Manipulation vermag zwar Handlungen zu initiieren, ohne rationale Gründe hervorzurufen, weil affektive Regungen aktiviert werden, doch ist hierdurch weder die Rationalität des Akteurs vollkommen ausgeschaltet noch die Degradierung zu einem »Objekt« oder einer »Maschine« erreicht.[104] Wäre dies der Fall, käme die Manipulation durch die auf die Handlung bezogene Ausweglosigkeit dem Zwang nahe – sie macht aber bestimmte Handlungen nur wahrscheinlicher. Jagos Versuche funktionieren

dieser Kommunikationssituation nicht außen vor zu lassen, und zudem dienen Symbole statt bloßer Stimuli sowie »die selektiven Operationen, die auf diese aufgesetzt werden« (S. 310), dem Erreichen einer Wirkung (vgl. S. 297 f.). Die Attraktivität des einfachen Stimulus-Response-Modells ergibt sich laut Merten aber daraus, dass, »[d]a die Annahmen dieses Modells einfach sind, [...] auch die Messung einfach [ist], so daß in der Praxis nach wie vor die Versuchung sehr groß ist, so zu verfahren.« (S. 303)

103 Die Manipulation ist also kein einfacher Stimulus, sondern vielmehr eine Art Kommunikationssituation, in der viele Faktoren zur Geltung kommen. Auch ist die gleiche Wirkung auf die gleiche Person nach einiger Zeit nicht mehr gesichert. Wir haben zwar allgemeine psychologische Gesetzmäßigkeiten gefunden, die uns Tendenzen des möglichen Resultats eines Beeinflussungsversuchs offenbaren, aber letztlich sind das Individuelle der betroffenen Akteure, das Kontextuelle und das Situative die entscheidenden Faktoren (mehr dazu im 2. Kapitel). Es geht bei der Manipulation also vielmehr um Einzelfallbetrachtungen als um messerscharf herausfilterbare, gesetzmäßige Wirkungsweisen (hier können wir nur den Mechanismus zu bestimmen versuchen, aber auch das im Sinne einer Annäherung, denn was detailliert im Moment der Manipulation in einem Akteur passiert, wissen wir auch nicht). Edward Bernays beschreibt in *Propaganda* etwas, das auch für uns zutrifft: »Ebenso wenig wie die Volkswirtschaftslehre und die Soziologie kann Propaganda keine exakte Wissenschaft werden, aus dem schlichten Grund, dass der Gegenstand ihrer Untersuchungen der Mensch ist.« (Bernays, *Propaganda*, S. 50)

104 Hier ließe sich auch die Frage stellen, ob vollkommen nichtrationale Wesen überhaupt manipulierbar sind – ob also unsere Fähigkeit zur Rationalität nicht konstitutiv ist für die Manipulation. Tiere beispielsweise unterlägen ihr so nicht, und auch bei kleinen Kindern wäre im Rahmen der Erziehung so nicht von Manipulation zu sprechen. Oder aber man müsste hier bei einer Beeinflussung *immer* von Manipulation reden? Es wird deutlich: Abgrenzungen zu machen, wird dann schwierig bis gar nicht mehr möglich.

vor allem auch deswegen, weil er eine dezidierte Kenntnis der Personen, ihrer Erfahrungen, Gewohnheiten und affektgebundenen Trigger besitzt – und auch eine situative Gelegenheit besteht (wie die, dass der soziale Kontext die Beeinflussung gerade zulässt). Dass seine Pläne so perfekt aufgehen, kommt allerdings daher, dass wir es hier nicht mit der komplexen, unvorhersehbaren Wirklichkeit, sondern mit einem Theaterstück zu tun haben.

Als weiterer problematischer Punkt lässt sich die Freiheit des Einzelnen in den Blick nehmen (auch wenn ein tiefergehendes Verständnis hiervon – auch vor dem Hintergrund der psychologischen Betrachtungen – erst noch etabliert werden muss), die durch Manipulationsversuche ebenfalls nicht notwendigerweise unterminiert wird. So wäre es beispielsweise übertrieben, die Musik, die den Kunden in der Shopping Mall einlullt, als Freiheitsminderung zu verstehen oder zu denken, dass eine bestimmte Platzierung von Produkten im Supermarkt automatisch zu deren Kauf führt. Auch Jagos Hinweis auf Desdemonas Taschentuch in Cassios Händen bedeutet nicht, dass Othello den Schluss ziehen *muss*, dass er betrogen wird.

Insgesamt bleibt also unklar, warum das Umgehen der Rationalität als größte Bedrohung gesehen wird: Das Interessante an der Manipulation ist nämlich gerade, dass Betroffene auch anders handeln können – genau deswegen können wir sie als Grauzone wahrnehmen und im oben schon angedeuteten Kontinuum als Typus zwischen rationaler Überzeugung und Zwang oder Gewalt verstehen. Wood scheint dies zu realisieren, wenn er schreibt: Manipulation »limitiert oder zerstört die freie Wahl nicht«.[105] Dennoch kommt er zu einer vollkommen ablehnenden Bewertung von Manipulation und hält Einflussnahmen, die nicht mal mehr um ihre Verschleierung bemüht sind, für sogar noch provokanter als subtile Varianten – eine Einsicht, die stark mit einem bestimmten Menschenbild und (wiederum) einem kantianischen Würdebegriff in Zusammenhang steht.[106] Zudem: Es muss zwischen guten und schlechten Einschränkungen unterschieden werden – einfach jede Einschränkung von Rationalität oder Freiheit als verwerflich zu bezeichnen, ist nicht nur methodisch höchst fragwürdig, sondern

105 Wood, »Coercion, Manipulation, Exploitation«, S. 31. Meine Übersetzung.
106 Vgl. ebd., S. 38 f.

auch für ein klareres Verständnis von Manipulation nur wenig hilfreich.

Das *Pleasurable-Ends-Modell* der Manipulation – zweiter Definitionsteil

Warum Menschen handeln – und was sie zur Handlung bringt

Auch wenn die Manipulation nicht einfach als Rationalität und Freiheit negierende, täuschende und schädliche Beeinflussungsform definiert werden kann, deuten die besprochenen Faktoren in eine wichtige Richtung: Die Betroffenen werden dazu gebracht, etwas zwar noch frei, aber ohne primär rationale Gründe zu wählen. Hieran lässt sich der Unterschied zu rationalen Überzeugungsversuchen erkennen, schließlich werden dort idealerweise gute, rationale Gründe präsentiert, die zu einem bestimmten Denken bzw. Handeln führen sollen. Manipulation hingegen stattet uns mit, so könnte man sagen, affektiven Beweggründen aus, die durch bestimmte Automatismen, Gewohnheiten und Erfahrungen anhängige, affektiv rückgebundene (und zum Teil auch situativ und kontextuell unterstützte) Trigger erzeugt werden können. Eine in hohem Maße ausgeübte Rationalität und unsere damit verbundene Urteilskraft scheinen also tatsächlich teilweise umgangen zu werden (was als hinterhältig, täuschend, verschleiernd und schädlich verstanden werden kann) – aber dies ist eine noch unvollständige Beschreibung der Manipulation. Sie sagt uns nicht, *wie genau* die Manipulation jemanden letztlich dazu bringt, etwas zu tun. Eine der Schwächen der bisherigen Ansätze von Manipulation liegt so auch darin, dass die Frage nach den Vorgängen, die uns zu Handlungen bringen, nicht gestellt wird. Ohne leugnen zu wollen, dass wir es hier mit einer immens schwierigen Frage zu tun haben, muss dennoch ein Verständnis vom Menschen ausgewiesen werden, um angemessen über die Funktionsweise der Manipulation und anschließend auch ihre ethische Beurteilung sprechen zu können. Es reicht nicht, lediglich über Resultate von bestimmten Beeinflussungsprozessen zu sprechen (wie es die Psychologie zum Beispiel meist tut), sondern es müssen vielmehr die Prozesse selbst in den

Blick genommen werden – nur so können wir diese besser verstehen und mit den Resultaten zu einem einheitlichen Bild zusammensetzen. Um also die Wirkung der Manipulation, die in bisherigen Konzepten kaum beschrieben wird, besser greifen zu können, müssen wir zunächst allgemeiner, nämlich handlungstheoretisch fragen: Warum handeln (menschliche) Akteure überhaupt in bestimmten Weisen? Warum bevorzugen sie (frei) eine Option gegenüber einer anderen?[107] (Das nächste Kapitel betrachtet dies mit Hilfe anthropologischen und psychologischen Wissens dann vertiefter.)

Wenn wir Handeln grundsätzlich mittels der Formel »Ich tue X zur Erfüllung des Zwecks E« verstehen, dann können wir annehmen, dass jemand handelt, weil er etwas Gutes in dem Zweck, der Zielsetzung seiner Wahl, sieht.[108] Ein Handeln[109] (in Kontrast zu bloßem Verhalten) ist so eine Realisierung einer positiven Einstellung zu einem Zweck, der durch den Akteur freiheitlich unter mehreren Optionen ausgewählt wurde. Diese Grundform unseres Verständnisses von Handlungsleitung wurde von Aristoteles in seiner *Nikomachischen Ethik* entwickelt, von Thomas von Aquin in seiner *Summa Theologica* vertieft und in jüngerer Zeit von Autoren wie Alan Gewirth, Elizabeth Anscombe oder Candace Vogler aufgegriffen.[110]

Wie führt der gewählte Zweck E zur Handlung X? Mit Aristoteles und seinen lateinischen Kommentatoren kennen wir die Beschreibung dieses Prozesses unter der Bezeichnung »praktischer Syllogismus«:[111] Der *Obersatz* enthält hier das zu Erstrebende, den

107 Ziel dieses Buches ist es nicht, eine Theorie der Rationalität vorzulegen bzw. generell zu klären, ob Personen wirklich frei sind oder ob diese Vorstellung nur eine große Illusion ist (auch wenn einige Problemstellungen und Thesen sich immer entlang dieser großen Frage bewegen). Vielmehr lässt sich mit Derek Beyleveld sagen: »We can't categorically know that we are PPAs [prospective purposive agents]. However, the phenomenology of our […] agency [also] makes it, in practice, impossible to assume that we are not.« Vgl. hierfür Derek Beyleveld, *The Dialectically Necessity of Morality. An Analysis and Defense of Alain Gewirth's Argument to the Principle of Generic Consistency*, Chicago 1991, S. 118.

108 Vgl. hierzu Alan Gewirth, *Reason and Morality*, Chicago 1981, S. 22 und 26 f., Zitat von S. 49.

109 Für eine kurze Erklärung, was ich unter »Handeln« verstehe, siehe erneut die Fußnote 46.

110 Siehe hierfür Gewirth, *Reason and Morality*, a. a. O., G. E. M. Anscombe, *Intention*, Oxford 1957 und Candace Vogler, *Reasonably Vicious*, Cambridge 2002.

111 Vgl. Aristoteles, *De motu animu*, 7, 701a7-36, wo Aristoteles den Syllogismus

gewählten Zweck. Der *Untersatz* beschreibt eine konkrete Situation, in der ein gewählter Zweck durch eine bestimmte Handlung erfüllt werden kann. Die *Konklusion* ist sodann eine Proposition über diese Handlung (oder, mit Aristoteles, manchmal eine Handlung selbst). Ein Beispiel dazu ist folgendes:

Ich möchte etwas Süßes zu mir nehmen. (Obersatz)
Im Kühlschrank finde ich etwas Süßes. (Untersatz)
Das Süße aus dem Kühlschrank zu nehmen, ist erstrebenswert, denn es wird mein Bedürfnis befriedigen. (Konklusion)

Der wählenswerte Zweck (etwas Süßes, auf das ich Lust habe) ist hier der Startpunkt der praktischen Erwägung (Obersatz); so erklärt sich, warum die Konklusion handlungsrelevant ist. Solange die Handlung nicht mit anderen Zwecken (einer Diät zum Beispiel) in Konflikt steht oder andere Umstände die Handlung unmöglich machen (ein gebrochenes Bein zum Beispiel, das den Gang zum Kühlschrank verhindert), kann uns die praktische Erwägung ausreichend dazu motivieren, die zielführende Handlung auszuüben: Man geht zum Kühlschrank und nimmt sich etwas Süßes, um es anschließend zu verspeisen.

Was sind aber die wählenswerten Zwecke, die unsere Handlungen motivieren? Während Aristoteles hauptsächlich die grundlegenden Verständnisse des »Guten« sowie moralische Regeln diskutiert, lässt sich auch ein allgemeiner gehaltener Ansatz von wählenswerten Zwecken ausweisen. Schließlich ist es so, dass Akteure alle möglichen Zwecke durch Handlungen realisieren – gute und schlechte genauso wie objektive und zutiefst subjektive Zwecke, die sie wählen, einfach weil sie mögen (wie das Verspeisen von Süßem für den süßen Geschmack auf der Zunge und ein damit verbundene Glücksgefühl). Können wir noch mehr über die Typen wählenswerter Zwecke sagen? Hierfür ist es gewinnbringend, Thomas von Aquins allgemeinere Beschreibung des praktischen Syllogismus heranzuziehen, in der er drei generelle Obersätze herausstellt. Thomas spricht von verschiedenen Zielen (*fines*, die als

zur Erklärung von Tierbewegungen heranzieht. In der *Nikomachischen Ethik* (III.5) erklärt Aristoteles auch menschliches Handeln anhand des Praktischen Syllogismus‹. Für eine differenzierte Betrachtung siehe: Klaus Corcilius, »Aristoteles' praktischer Syllogismus in der zweiten Hälfte des 20. Jahrhunderts«, in: *Logical Analysis and History of Philosophy* 11 (2008), S. 101-132.

etwas Gutes – *ut bona/sub ratione boni* – erstrebt werden), die Akteure haben können, die Güter oder Zwecke bedingen, nach denen gestrebt wird. Es gibt demnach entweder Zwecke, die

(1) *um ihrer selbst willen anzustreben* sind (wie Wahrheit, um der Wahrheit willen),
(2) *nützlich* für uns sind (wie gesundes Essen) oder
(3) *angenehm* für uns sind (affektiv angenehm im Sinne des Wohlgefühls oder, noch basaler, ganz einfach physiologisch angenehm wie der Schokoriegel aus dem Kühlschrank, der zum Beispiel Glückshormone auszuschütten vermag).

Der erste Typ von Zwecken, also etwas, das um seiner selbst willen gewählt wird, war bisher meistens der Fokus von Diskussionen und ethischer Reflexion. In ihrer Verteidigung von Thomas' handlungstheoretischem Ansatz hat Vogler diese Zwecke als »ultimativ« und »passend« für das Leben der Akteure bezeichnet (man könnte vielleicht auch von »passenden Idealen« sprechen, nach denen bestimmte Handlungen ausgerichtet werden):

> Was zur Unterstützung der Erreichung ihres ultimativen Zweckes gesagt werden kann, wird die übergeordnete praktische Ausrichtung ihres Lebens beinhalten [...]. In diesem Sinne wird ein bloßes Verlangen, das dem entgegenstehen mag, was um seiner selbst willen gewollt wird, dadurch gestoppt, dass dieser ultimative Zweck generell zu der Akteurin passt, vor dem Hintergrund dessen, was für ein praktisches Wesen sie ist und sein möchte. Solch ein Streben ist dann gut in dem Sinne, dass es passend ist.[112]

Nützliche Zwecke gemäß (2) sind dann all jene, die anderen Zwecken, die wir haben, in direkter oder indirekter Weise zuträglich sind (zum Beispiel Essen, das uns gesund hält). Angenehme Zwecke (3) sind zu guter Letzt solche, die uns ein Wohlgefallen affektiver Art bringen. Alle drei Zwecke können in einigen Fällen gemischt werden (zum Beispiel kann auch gesundes Essen Wohlgefallen auslösen). Zudem ist es nicht selten so, dass Akteure sich ihrer Zwecksetzungen nicht bewusst sind. Doch auch, wenn uns der letzte klärende Blick in die Köpfe beobachteter Personen verwehrt

112 Vogler, *Reasonably Vicious*, S. 32. Meine Übersetzung.

bleibt und nur Einzelfallbetrachtungen der Individualität der Akteure Rechnung tragen mögen, kann uns der vorgestellte Ansatz dabei helfen, intentional ausgeführte Handlungen in einem allgemeinen Sinne transparenter zu machen.

Auf dieser handlungstheoretischen Grundlage kann der Blick nun erneut auf die Manipulation gelenkt werden. Im Unterschied zur allgemeinen Frage: Warum handelt ein Akteur wie?, wird der Blickwinkel dabei angepasst und gefragt: Wie kann eine Akteurin beeinflusst werden, um auf bestimmte Art und Weise zu handeln? Basierend auf dem aristotelisch-thomasischen Handlungsmodell lassen sich dafür nun zwei Möglichkeiten denken: Eine Einflussnahme ist möglich via der Inhalte des Obersatzes oder aber des Untersatzes. Entweder wird ein neuer wählenswerter Zweck nach der Art von (1), (2) oder (3) präsentiert, oder aber der Kontext der Handlungssituation wird so modifiziert, dass einer der bereits im Akteur vorhandenen wählenswerten Zwecke mit höherer Wahrscheinlichkeit realisiert wird. Mittels dieses grundlegenden Verständnisses lässt sich dann eine Typologie der Beeinflussung skizzieren:

(1) Erstens können wir einem Akteur Zwecke als *um ihrer selbst willen erstrebenswert* präsentieren. Dies kann über rationale Begründung und Überzeugung geschehen. Beispiele hierfür sind vielfältig: So kann der Versuch gestartet werden, Fleischesser davon zu überzeugen, dass es moralisch falsch ist, Tiere für den Verzehr zu töten, da ihnen aufgrund ihrer Fähigkeiten eine Würde zugesprochen werden muss. Ist der Überzeugungsversuch erfolgreich, verändert sich der Inhalt des Obersatzes des Überzeugten. Mit Voglers allgemeinem Verständnis dieser Art von Zwecken könnte man auch das Argument bemühen, dass die zu überzeugende Person kein Fleisch essen sollte, weil das mit ihrem Selbstbild (zum Beispiel als Umweltschützer) insgesamt in Konflikt steht. Die Einflussnahme ist des Weiteren über den Inhalt des Untersatzes denkbar, indem zum Beispiel der Kontext einer Handlung modifiziert wird: Die zu beeinflussende Person kann darüber informiert werden, dass der Konsum des Fleisches bestimmter servierter Arten zum Aussterben einer anderen Tierart beiträgt. Wenn akzeptiert wird (als Obersatz), dass (bestimmte) Tierarten schützenswert sind, wird die Handlung überdacht werden.

(2) Zweitens können wir einen Zweck als *nützlich* präsentieren.

Wenn jemand Schokolade haben möchte, können wir den Hinweis auf den Kühlschrank geben. Dadurch wird ein neuer *nützlicher* Zweck induziert, nämlich zum Kühlschrank zu gehen und ihn zu öffnen. Die Beeinflussung von nützlichen Inhalten in Obersätzen passiert ständig in ökonomischen Kontexten: Uns wird ein guter Preis für eine Ware offeriert, und wir müssen entscheiden, ob wir für sie für diesen Preis erstehen wollen (anders gesagt: ob der nützliche Zweck ausreichend wählenswert ist, um den Kauf zu tätigen). Normalerweise wird einfach ein Preis geändert (und so mittels des Inhalts des Untersatzes beeinflusst), damit ein bestimmtes Gut gekauft wird. Diese Form der Einflussnahme zeigt sich in der Form von Sonderangeboten, Strafen oder Gebühren.

(3) Drittens kann ein Zweck als *angenehmer* Zweck (im affektiven Sinne) oder ein bereits vorhandener Zweck als attraktiver (und so mit dem Angenehmen verbunden) präsentiert werden. So können uns neue Befriedigung auslösende Süßigkeiten (die unseren Stress verringern und uns so gut fühlen lassen) vorgestellt werden, nach denen wir umgehend ein Verlangen entwickeln. Die Präsentation eines Produkts und die damit einhergehende Erhöhung seiner Attraktivität kann beispielsweise auch durch eine angenehme Gestaltung eines Geschäfts geschehen: So werden einige amerikanische Einkaufszentren beispielsweise wie eine europäische Einkaufsstraße und mit viel Licht und ansprechenden Fassaden gestaltet, um die Aufenthalts- und Kauffreudigkeit der Konsumenten zu erhöhen. Wir haben es hier also mit zwei Stufen zu tun: Einerseits kann ein Zweck selbst mit einem angenehmen Ziel verbunden sein, andererseits kann etwas in einem bestimmten angenehmen Kontext als attraktiv (mit der Folge eines angenehmen Gefühls) erscheinen. Auch in interpersonaler Aktion kann zum Beispiel durch den gezielten Einsatz von Charme, Schuld, sozialem Druck und anderen affektiv angebundenen zwischenmenschlichen Wirkmechanismen ein bestimmter Zweck als angenehmer markiert werden (wenn es zum Beispiel um das Rauchen geht oder um die Wahl einer bestimmten politischen Richtung). Als Unterkategorien des Angenehmen/Unangenehmen können zudem die bereits erwähnten Faktoren der Gewohnheiten, Automatismen und Erfahrungen bestimmter Art, aber auch konkrete situative und kontextuelle Faktoren verstanden werden.

In Fällen nun, bei denen ein Zweck selbst oder durch einen

modifizierten Kontext als *angenehm* (oder *unangenehm*) präsentiert wird, lässt sich von Manipulation sprechen – zumindest soll das hier vorgeschlagen werden.

Damit können wir das angekündigte dritte Kriterium zu unserer Definition von Manipulation hinzufügen, die mit dem Namen *Pleasurable-Ends-Modell* näher bestimmt werden kann:

Jemand *manipuliert* eine andere Person (oder sich selbst) genau dann, wenn die oben genannten Kriterien (1) und (2) erfüllt sind und

(3) *der Manipulator direkt oder indirekt*[113] *und gezielt die affektive Anziehungskraft von Zwecken betroffener Akteure ändert, so dass diese geneigt sind, auf deren Grundlage zu handeln. Dies geschieht entweder durch die Einführung neuer angenehmer Zwecke oder durch die Schaffung eines situativen Kontextes, in dem ein bereits vorhandener Zweck verstärkt angenehm oder unangenehm erscheint.*

Dieses Kriterium ist wesentlich für das Verständnis von Manipulation und ermöglicht es uns, sie von anderen Beeinflussungsarten zu unterscheiden. Sie funktioniert nicht mittels rationaler Überzeugung und guter, rationaler Gründe: Wenn ich rational von etwas überzeugt bin, dann habe ich bestimmte Gründe, etwas zu tun (es zeigt sich eine von unserer Urteilskraft abhängige, zielgerichtete, rationale Handlungsleitung). Akzeptiere ich ein günstiges Angebot oder einen Handel, wäge ich Gründe (Interessen, Vorteile, Nachteile usw.) gegeneinander ab (hier ist eine instrumentelle Form von Rationalität am Werk) und ermittle den Nutzen für mich. Nur der dritte Typ von Einflussnahme operiert ohne solche rational ausweisbaren Gründe. Das hier vorgestellte dritte Kriterium hat einen prominenten Vorgänger in Marcuses bereits zitierter Beobachtung, dass Manipulation »die sozialen und politischen Bedürfnisse [...] in individuelle, triebmäßige Bedürfnisse« umwandelt. Doch Manipulation geht über die »sozialen und politischen Bedürfnisse« hinaus und erschafft mehr als »triebmäßige Bedürfnisse« – dieses Bild ist zu simpel. Marcia Baron kommt unserem Verständnis am nächsten, wenn sie »Druck zur Einwilligung« und »sich die emo-

113 Für eine Diskussion der Faktoren direkt/indirekt siehe erneut Fußnote 91.

tionalen Bedürfnisse oder Schwäche des Charakters zunutze machen« (»das Nutzen von Fakten bezüglich der Psyche des Subjekts und dessen Emotionen [...] oder Wünsche«)[114] als manipulativ ausweist (auch Rudinow sieht das Ausnutzen von »angenommenen Schwächen« als manipulativ an[115]). Allerdings sehen beide Autoren die Möglichkeiten manipulativer Einflussnahme stark auf die interpersonale Sphäre beschränkt und lassen so außer Acht, dass Manipulation auch Mittel großangelegter Werbekampagnen oder Policystrategien sein kann. Beide identifizieren dennoch richtige Methoden der Manipulation. Dies wird aber erst vor dem Hintergrund der aristotelisch-thomasischen Handlungstheorie deutlich, denn es geht hier um Mittel, die die Attraktivität verschiedener Zwecke verändern. »Druck zur Einwilligung« lässt betroffene Akteure mit einem unangenehmen Gefühl zurück, wenn sie nicht mit etwas übereinstimmen; das Nutzen von Emotionen trägt ebenfalls (wahrscheinlich am wesentlichsten) dazu bei, Zwecke attraktiver (oder unattraktiver) zu machen.

In diesem Sinne lässt sich nun auch *Othello* besser verstehen: Zwar erinnert uns das Stück daran, dass Manipulation in absolut fragwürdiger Art und Zielsetzung genutzt werden kann, doch zeigt es uns auf eindringliche Weise, was im Rahmen der Manipulation passiert: Roderigo, der bereits in Desdemona verliebt ist und daher einen damit verbundenen Zweck »in sich trägt«, wittert nach Jagos Eingriff erst recht die Chance, seine Liebe erfüllen zu können. Die Zeichen, die Desdemona vermeintlich aussendet, scheinen dies zu bestätigen. Von Jago in diese neue Situation gesetzt, ordnet Roderigo alle anderen Sorgen und Zwecke dem einen Zweck unter, nämlich Desdemona für sich zu gewinnen. Ist dies einmal geschehen, kann Jago Roderigo ohne Probleme lenken, vorausgesetzt, er arbeitet mit der priorisierten affektiven Zwecksetzung Roderigos, die ein Hebel für sämtliche anderen Zwecke wird, die Jago erfüllt sehen möchte.

114 Baron, »The *Mens Rea* and Moral Status of Manipulation«, S. 127. Meine Übersetzungen.

115 Rudinow, »Manipulation«, S. 346.

Die Stärken des *Pleasurable-Ends-Modells*

So können wir also die spezifischen Charakteristika der Manipulation erklären. Das *Pleasurable-Ends-Modell* bietet uns die Möglichkeit, die Manipulation präziser auf der Landkarte der verschiedenen Beeinflussungsformen zu platzieren. Es zielt darauf ab, die fundamentalen Mechanismen der Manipulation zu erklären und Startpunkt für eine fundierte ethische Analyse des Phänomens zu sein.

Die Stärken des vorgeschlagenen Modells liegen so *erstens* in der Möglichkeit zu erklären, warum Manipulation die betroffenen Akteure nicht notwendigerweise ihrer Freiheit beraubt (siehe Definitionskriterium [2]): Einen Zweck angenehm und damit attraktiv erscheinen zu lassen, kann bedeuten, dass eine Entscheidung gegen diesen unangenehm oder anstrengend ist. Dennoch ist der Betroffene hierdurch *nicht gezwungen*, den neuen Zweck zu akzeptieren und dementsprechend zu handeln. Um zu wirken, muss die Manipulation so entweder stark genug sein (erotische Attraktion oder die Induktion von Schuld können wirken, auch wenn sich betroffene Akteure der angestrebten Manipulation bewusst sind) oder unerwartet auftreten, so dass sich Zielpersonen nicht entziehen und in ein kritisches Nachdenken zurückziehen können. Das heißt nun auch, dass es sinnvoll bleibt, Manipulation zwischen den zwei Polen der rationalen Überzeugung und des Zwangs zu verorten. Werden innerhalb dieses Kontinuums die äußeren Ränder erreicht, wird die Manipulation entweder zu rationaler Argumentation oder schlägt in Zwang oder Gewalt um. Des Weiteren kann Manipulation in einer Situation auftreten, in der Betroffene keine starken Gründe für oder gegen eine Handlung haben. Auch hier bleibt die manipulierte Person aber frei in der Entscheidung – sie wird nur mittels affektiver Beeinflussung in eine bestimmte Richtung »gestupst«.

Zweitens kann das Modell erklären, dass Zwecke mittels Manipulation erreicht werden können, wenn diese bestimmte Schwächen oder affektive Reaktionsmuster (geprägt durch Erfahrungen, ausgedrückt in Gewohnheiten, sozial und situativ abhängig) und Automatismen in Individuen oder auch Gruppen nutzt. So ist es möglich, eine Wählerschaft via Angst oder Hoffnung (»Yes we can«, »Make America Great Again«, »America First«, »Wir schaffen das«) manipulativ zu beeinflussen, die sich zum Beispiel von Eliten vernachlässigt oder auf irgendeine Weise bedroht fühlt (also das, was wir typischerweise mit »Populismus« assoziieren, in dem ich auch das Phänomen der Manipulation am Werk sehe). Für Gruppen mögen hier massenpsychologische Gesetzmäßigkeiten eine Richtung weisen. Bei Individuen wird die Wirkung der Manipulation aber noch spezifischer deutlich: Je besser man ein Individuum kennt, desto besser lässt es sich manipulieren, weil man sich dessen spezifische Trigger, die individuellen affektiv geleiteten Reaktionen zunutze machen kann. Das *Pleasurable-Ends-Modell* macht also plausibel, wie Manipulation über gröbere Gruppendynamiken bzw. individuelle Eigenschaften funktionieren kann. Wie von Baron und Rudinow angemerkt, ist es für Manipulatoren von immensem Vorteil, die Schwächen der zu manipulierenden Akteure zu kennen, da bestimmte Handlungsänderungen in diesem Bereich spezifisch durch das Ansprechen der uns leitenden Affekte erreicht werden können. Diese Schwächen lassen sich als ein Verlangen nach etwas verstehen – es ist zum Beispiel nicht immer leicht, einem Angebot zu widerstehen. Sie können aber auch unangenehme, uns mit negativen Gefühlen flutende Regungen sein, die uns schuldgetrieben etwas Bestimmtes tun (oder nicht tun) lassen. In vielen Fällen sind diese Schwächen also eine Bedingung dafür, dass wir dazu tendieren, auf der Basis von Affekten im Gegensatz zu guten, rationalen Gründen zu handeln – auch wenn »Schwächen« diese Grundlage nicht ausreichend zu fassen vermag. Vielmehr müssen wir von affektiv angebundenen Triggern, Automatismen, Erfahrungen und Gewohnheiten sowie einem günstigen situativen und sozialen Kontext sprechen. Rationale Überzeugung basiert auf intellektuellen Kapazitäten, der Qualität von Argumenten und der Offenheit für Gründe. Auch die Beeinflussung über nützliche Zwecke beruht eher auf rationalen Kapazitäten der beeinflussten Person, sind nützliche Zwecke doch ein Bestandteil instrumentell-rationaler Abwägungen.

Drittens kann die vorgeschlagene Definition erklären, warum Manipulation normalerweise an der Rationalität vorbeisteuert, wenngleich sie nicht vollkommen unterminierend ist, sondern sie mitunter zu involvieren vermag.[116] Wenn jemand manipuliert wird,

116 Vgl. Rudinow, »Manipulation«, S. 343.

wird der Zweck affektiv angenehmer/unangenehmer; man handelt also, weil es angenehm (oder unangenehm) ist, so zu handeln. Die Handlung basiert dann nicht mehr auf der rationalen Evaluation eines Zwecks (wie in den Fällen intrinsisch guter oder nützlicher Zwecke). So lässt sich Thomas Hills Verständnis von Manipulation erklären:

> Manipulation in einem weiten Sinne kann vielleicht als das intentionale Verursachen oder Verhindern bestimmter Entscheidungen verstanden werden, die man die Betroffenen treffen/nicht treffen lassen möchte, indem man aktiv eine Art und Weise der Entscheidung befördert, die rationale Personen nicht als die richtige Art und Weise ansehen würden.[117]

Viertens kann das *Pleasurable-Ends-Modell* transparent machen, warum die Manipulation nicht mittels Täuschung und Verschleierung arbeiten muss. Es gibt viele andere Weisen, mittels derer wir die affektive Anziehungskraft von Zwecken beeinflussen können. In bestimmten Fällen können diese beiden Zutaten sicher helfen, doch nur, indem sie den Durchblick des Manipulierten bezüglich der Quelle des neuen attraktiven, weil angenehmen Zwecks trüben. Realisiert der manipulierte Akteur, dass ihm ein neuer Zweck untergeschoben wurde, mag ihn das diesem gegenüber kritischer stimmen. Dennoch sind Täuschung und Verschleierung keine notwendigen Bestandteile von Manipulation. Im Übrigen können Täuschung und Verschleierung auch Bestandteile rationaler Überzeugung oder des Handels sein – weswegen sie keine guten Abgrenzungskriterien für Beeinflussungsmechanismen darstellen.

Fünftens kann die vorgeschlagene Beschreibung die spezielle Bedeutung biologischer und anthropologisch-psychologischer Dispositionen für die Manipulation einschließen. Vor dem Hintergrund unserer biologischen Verfasstheit haben wir »automatische Verhaltensmuster«, die von »einem Bestandteil der in einer Situation relevanten Information«[118] getriggert werden können. Diese Muster kennen wir von vielen nichtmenschlichen Tieren; sie erlauben es ihnen, schnell und effizient auf bestimmte Reize oder Situationen zu reagieren. Auch im Menschen scheinen diese Muster starke Wir-

117 Thomas Hill, »Autonomy and Benevolent Lies«, in: *Journal of Value Inquiry* 18 (1984), S. 251-267, hier S. 251. Meine Übersetzung.

118 Robert B. Cialdini, *Influence. Science and Practice*, Boston u. a. 2001, S. 16. Meine Übersetzung.

kung zu haben und vor allem im unbewussten und vorbewussten Affektiven zu arbeiten. Sie sind dabei noch elaborierter und können Erfahrungs- und Gewohnheitshintergründe involvieren, die uns auf bestimmte Art und Weise handeln lassen. Und natürlich ist es auch im evolutionären Interesse von Menschen, in bestimmten Situationen zum Beispiel einen bestimmten Affekt zu haben und ihm gemäß zu handeln.[119] Diese in uns vorhandenen Trigger und das Potential des Affektiven sind die Basis für manipulative Akte. All diese Einsichten sind gerade deshalb so interessant, weil wir festgestellt haben, dass das Verständnis vom Menschen gerade im Rahmen der Besprechung von Manipulation nicht nur wesentlich für das Verständnis des aktiven Mechanismus der Manipulation ist, sondern auch Einfluss auf die ethische Bewertung haben könnte. Daher soll das Vorgestellte im Folgenden anthropologisch unterfüttert und an Ergebnisse der psychologischen Forschung angeschlossen werden, um das Verständnis vom menschlichen Handeln und natürlich der Manipulation weiter zu vertiefen.

119 Vgl. John Tooby, Leda Cosmides, »The past explains the present. Emotional adaptions and the structure of ancetrial environments«, in: *Ethology and Sociobiology* 11 (1990), S. 375-424.

2. Die philosophisch-anthropologischen und psychologischen Hintergründe der Manipulation

Lord what fools these mortals be!
Shakespeare, *A Midsummer Night's Dream*

Vorbemerkungen: Manipulation praktisch

Unser Verständnis davon, wie Individuen handeln und Entscheidungen treffen, und damit verbunden von den vielen Arten und Weisen, auf die Menschen beeinflussbar sind, wird durch die empirischen Wissenschaften immer weiter vertieft. Im Verbund dieser Disziplinen mit der philosophischen Arbeit liegt nun ein Schlüssel zu einem umfassenderen Verständnis des hier untersuchten Phänomens der Manipulation. Ein generelles Problem bei der Erkundung von Beeinflussungstypen wie diesem sind die Sachverhalte, dass (1) eine Feststellung des spezifischen Mechanismus der Beeinflussungsform in der Regel fehlt (hier sollte das Vorhergehende Abhilfe geschaffen haben); (2) das, was passiert, wenn wir von Manipulation sprechen, selbst hochkomplex und bisher nicht direkt beobachtbar ist – wir können die Entscheidungsmechanismen und Handlungsleitungen des Menschen nur im Sinne einer asymptotischen Annäherung fassen – und (3) die Rede von Manipulation meist vor dem Hintergrund eines nicht explizit gemachten Menschenbildes stattfindet. Daraus ergibt sich, dass oft nicht nur unklar bleibt, wie wir uns den Menschen zu denken haben, auf den sich die jeweilige Forschung bezieht – sei es die philosophische, psychologische oder sonst wie geartete. Genauso bleibt oft unklar, was im Rahmen einer menschlichen Handlung eigentlich alles involviert ist (und wo hier dann die manipulative Beeinflussung ins Spiel kommen kann). Für ein möglichst umfassendes Verständnis der Manipulation soll sie hier in interdisziplinärer Weise zusammengedacht werden, wofür mehrere Schritte vonnöten sind. Während die Philosophie Begriffe klären (wie es gerade mit »Manipulation« geschah) und stillschweigend vorausgesetzte Prämissen offenlegen kann, um so das Bild vom Menschen und seinem Handeln (und allem, was zu diesem

Handeln führt) aufzuschlüsseln und zu konzeptualisieren, kann die Psychologie auf jenem theoretischen Fundament, das Wirklichkeitsbereiche zu beschreiben sucht, die sich der direkten Beobachtung entziehen, ihre empirischen Erkenntnisse aufbauen.

Mit dem Ziel eines umfassenderen Bildes von der Manipulation sollen im Folgenden also psychologische Erkenntnisse in den konzeptuellen Rahmen eingespannt werden, der mit dem handlungstheoretischen Modell der Manipulation etabliert wurde.

Um zu verstehen, wie wir zu unseren Denkhintergründen gekommen sind, sollen in einem philosophisch-anthropologischen Blickwinkel kurz die prominentesten Menschenbilder betrachtet und zumindest andiskutiert werden. Bei diesem Gang ins Ideengeschichtliche wird auffallen, dass die Vernunft in unserer »auf Rationalität begründete[n] Gesamtkultur«[1] eine große Rolle im Theater der Menschlichkeit zugeteilt bekam. Zusammen mit der von dieser Rationalität abhängigen Freiheit als Autonomiefähigkeit und auch der damit einhergehenden Würde wurde sie zur dominanten Vorstellung vom Wesen Mensch – für die Psychologie genauso wie für die Philosophie (die selbst »theoretisches Fundament« der Rationalität wurde und ist[2]), ihre Unterdisziplinen wie die Ethik sowie andere Wissenschaften. In Konkurrenz zu diesem Bild des *animal rationale* stehen nun jüngere Ergebnisse psychologischer Forschung, die den Menschen dagegen stärker als ein, so könnte man sagen, *animal affectivum* zeichnen. So viel aber vorweg: Am aufschlussreichsten erscheint bei näherem Besehen der Raum zwischen den beiden Polen des Kontinuums. Menschen lassen sich am besten als *animal rationale et affectivum* verstehen, in dem Rationalität und die Affekte in ein Wechselspiel treten, in dem sich die Elemente schlicht nicht sauber trennen lassen und das Rationale und Affektive integrierende Gewohnheiten und Erfahrungen entstehen, mitunter Automatismen walten und soziale sowie situative Kontexte die Handlungsleitung mitzubestimmen vermögen. Vor diesem Hintergrund, der selbst in der modernsten Forschung noch vielfach dunkel und streitbar bleibt, bietet es sich an, ein möglichst erklärungskräftiges Modell vorauszusetzen, um überhaupt voranzukommen.

So möchte ich vorschlagen, den Menschen als ein Wesen zu ver-

1 Vietta, *Rationalität,* S. 36.

2 Ebd., S. 10.

stehen, das meist entlang eines *Narrativs* lebt, das im Akt einer reflexiven Einholung ein Kohärenz- und Konsistenzbedürfnis befriedigt (anders gesagt: Dissonanz vermeidet[3]), innerhalb dessen individuelle, lebensweltliche Rationalitäten entwickelt werden (was aber nicht heißt, dass die Ergebnisse rationaler Prozesse rein subjektiv und willkürlich sind) und Handlungen vor einem nicht unbedingt logisch-rationalen Hintergrund getätigt werden, mit anderen Worten: Das Zusammenspiel von rationalen Überlegungen, Affekten, Automatismen, situativen und sozialen Kontexten und individuellen Gewohnheiten und Erfahrungen spielt eine wesentliche Rolle. Das Narrative ist die »Explikation eines Sinnhorizontes«, die Handeln verstehbarer macht.[4] So lassen sich Sinnzusammenhänge ausleuchten, die von den Tatsachenwissenschaften nicht hinreichend erfasst werden können, und unter Einbezug der oben genannten Faktoren und Dimensionen lässt sich ein Handlungskonzept integrieren. In diesem vermischen sich also rationale, affektive, von Erfahrungen und Automatismen abhängige Handlungsleitungen sowie die daran anhängigen und sie mitprägenden Gewohnheiten in ihrem situativen und sozialen Kontext, die zumeist narrativ, also im Akt des Erzählens, möglichst konsistent und kohärent in das eigene Denken und Fühlen einsortiert werden. Wie auch immer geartetes Handeln fügt sich so in einen Sinnhorizont ein, der sich durch Stimmigkeit und Verlässlichkeit auszeichnet und ein wesentlicher Aspekt eines kohärenten und konsistenten Lebensentwurfs

3 Auch bei dem Begriff »Dissonanz« werden wir mit den tiefen Fragen nach unserer Wesenheit konfrontiert. Ich verstehe den Begriff hier wie bereits erwähnt als affektiven Spannungszustand, der generell unangenehm ist. Wie wird dieser nun ausgelöst? Das kann viele Gründe haben – auch sehr individuelle. Beispielsweise verhält man sich zu den eigenen Überzeugungen konträr, man bemerkt, dass etwas anstrengender ist als gedacht, man merkt, dass Überzeugungen rational nicht zusammenpassen, man bemerkt, dass man einen Fehler begangen hat, oder man kann sich nicht zwischen vielen attraktiven Optionen entscheiden. Dissonanzen können dabei sogar existentielle Züge annehmen, wenn man zum Beispiel Informationen erhält, die das Selbstbild massiv infrage stellen. Ohne nun genau klären zu können, wie Dissonanzen zustande kommen (hier sind eben ungeklärte Fragen über unsere generelle Wesenheit als Menschen anhängig), ist für uns zunächst einmal wichtig, dass es das Phänomen der Dissonanz gibt, dass dieses unangenehm ist und unser Handeln insofern bestimmen kann, als wir es zu vermeiden suchen.

4 Marcus Düwell (Hg.), *Handbuch Ethik*, Stuttgart 2006, s. v. Hermeneutische Ethik/Narrative Ethik, S. 231-242, hier S. 233.

ist.[5] Der rationale Nachvollzug dieses Ordnungsprozesses erweckt dann den Anschein, dass es rationale Gründe für eine Handlung gab (manchmal können diese aber tatsächlich handlungsleitend gewesen sein). Jonathan Haidt beispielsweise argumentiert für eine solche, letztlich nur sekundäre rationale Reflexion, wenngleich er die Rationalität für die Möglichkeit eines »sauberen Schnitts« zwischen Rationalität und Affekt in seiner Theorie zu voreilig opfert. Diese Vorstellung hat dann auch Auswirkungen darauf, wie wir uns die Wirkungsweise der Manipulation vorstellen müssen: Statt sie als einen einfachen Stimulus zu verstehen, der eine immergleiche Wirkung erzielt,[6] ist die Manipulation vielmehr Teil einer Kommunikationssituation, an der mehrere dynamische Faktoren beteiligt sind: (1) die spezifische Ausgestaltung der Manipulation (der Stimulus), die beim Rezipienten (mitunter verschieden) ankommt, (2) der interne Kontext des Rezipienten bezüglich des eigenen Narrativs sowie der Affekte, Erfahrungen, Gewohnheiten etc. sowie (3) der externe Kontext, also situative Faktoren, bestimmte soziale Konstellationen usw.[7] Aus diesen Faktoren heraus entsteht dann eine Wirkung der Manipulation.

Im Anschluss an die Feststellung einer ganz wesentlich im Wechselspiel von Rationalität, Affekt, Automatismen, Gewohnheiten, Erfahrung und in einem sozialen und situativen Kontext verankerten Konstitution des menschlichen Wesens (wobei auch vermeintlich irrationale, also nicht der Rationalität gemäß erscheinende Entscheidungs- und Handlungsmuster eine Rolle spielen), auf das die Manipulation einzuwirken vermag, lässt sich dann nicht nur die Frage nach unserer Freiheit erneut adressieren, die im Zuge eines »*Expansionismus* der Rationalität, dem auch ein neues Gefühl von Freiheit korrelierte«, mit der Rationalität verschränkt wurde (das Gleiche gilt für den damit zusammenhängenden Würdebegriff[8]); auch die Konsequenzen für die Ethik, die zum Teil auf dem Konnex von Rationalität-Freiheit-Würde beruht, müssen im Anschluss bedacht werden. Denn wir müssen uns vor Augen führen,

5 Vgl. ebd., S. 233 f.

6 Siehe zur Kritik am einfachen Stimulus-Response-Modell erneut die Fußnoten 102 und 103 im vorherigen Kapitel.

7 Vgl. Merten, »Wirkungen von Kommunikation«, S. 311 f. Merten nennt dieses Modell »Trimodales Wirkungsmodell«.

8 Vietta, *Rationalität*, S. 10.

dass »*das Imperium der Rationalität*«,[9] wie es Silvio Vietta nennt, »eine neue, auf ihr gegründete, in vieler Hinsicht einseitige Kultur« bedingt hat – auch in der Ethik. In dieser rationalen Kultur sind in vielerlei Hinsicht und in vielen Bereichen Korrekturen nötig, von denen ich hier lediglich ein paar Skizzen zeichnen kann.

Von dem philosophisch-anthropologischen Boden dieser weitgreifenden Feststellungen und streitbaren Thesen aus können wir dann psychologische Gesetzmäßigkeiten der Beeinflussung so gut wie möglich zu begreifen versuchen, mit unserem kleinen Lichtkegel ausleuchten und in das oben etablierte handlungstheoretische Verständnis von Manipulation integrieren. Manipulation fungiert so als ein Typus der Beeinflussung des Menschen, der verschiedene psychologische Instrumente subsumiert. Der Vorteil dieser interdisziplinär ausgerichteten Betrachtung liegt darin, dass sich so auch konkreter über manipulative Mechanismen sprechen lässt – was für eine überzeugende und in der Praxis verwurzelte ethische Betrachtung elementar ist. Genauer: Wenn wir theoretisch und empirisch wissen, wonach wir schauen müssen, wenn wir die Manipulation bestimmen und beurteilen wollen, können wir uns an einer in Prinzipien verwurzelten Ethik entlang an eine anwendungsorientierte Betrachtung konkreter Fälle machen.

Kurz zur Einbindung der Psychologie

So wünschenswert ein umfassendes, abgesichertes und definitiveres Verständnis von Manipulation sein mag: Die Psychologie kann die Sicherheit der Aussagen über das Phänomen lediglich erhöhen. Selbst nach einer umfassenden Sichtung der psychologischen Forschung werden einige blinde Flecken bleiben. Ganz grundsätzlich ist es schon umstritten, welcher Weg zur Erkenntnis über das Wesen Mensch der richtige ist: derjenige der heute dominanten positivistischen Psychologie, die eine Betrachtung von Resultaten psychologischer Experimente mittels statistischer Aussagen bevorzugt, oder derjenige einiger theoretischer Psychologen, Psychoanalytiker und anderer, die, gewissermaßen von Aristoteles ausgehend, psychologische Prozesse in den Blick nehmen und konzeptualisieren, die individuelle Einzelfallbetrachtungen bevorzugen und diese –

9 Ebd.

sobald sie sich ähneln – für generalisierbar halten. Nur so viel dazu: Beide Zugänge sind erkenntnisfördernd und meines Erachtens gerade in der Kombination und Integration gewinnbringend.[10]

Allein dieser Grundsatzstreit und die Schwächen der jeweiligen Blickwinkel bedingen, dass es weiter eine Menge blinder Flecken in der Betrachtung des Menschen gibt, auch ganz grundsätzliche Dinge teilweise nicht klar sind (und wir hier auch bescheiden bleiben müssen, was die Sicherheit der Erkenntnisse anbetrifft) und nur annhäherungsweise ein Wissen zustande kommt.[11] Wir stellen also

10 Um die Problemstellungen beider Perspektiven deutlich zu machen und das Plädoyer für eine integrative Perspektive zu stärken, möchte ich ein Beispiel meines Kollegen Holger Kellermann heranziehen und ergänzen, das er im Zusammenhang unseres gemeinsamen Seminars zum Thema Propaganda erwähnte: Würde ein Alien aus den Weiten des Universums auf unserem Planeten landen und lediglich statistisch ermitteln, wie der Mensch aussieht (zwei Ohren, zwei Augen, Nase, Mund usw.), dann sähen für ihn alle Menschen im Prinzip gleich aus. Würde das Alien jedoch nur einzelne Menschen in ihrem individuellen Aussehen beschreiben, wäre es für ihn und seine Spezieskollegen in der extraterrestrischen Heimat auch schwierig, sich ein Bild zu machen. Es könnten Zweifel daran aufkommen, ob das wirklich eine adäquate Beschreibung des menschlichen Aussehens ist (woran soll man sie überprüfen?), usw. Kurz: Eine Annäherung beider Zugangsweisen ist erstrebenswert. Das Individuelle darf nicht zu kurz kommen, allerdings sind generalisierbare, statistisch ausdrückbare Erkenntnisse ebenso interessant – dies ist ein immer wieder mit kritischem Blick auszuhandelndes Verhältnis. (Es erübrigt sich fast, auch zu sagen, dass, wenn die Außerirdischen das menschliche Handeln beschreiben sollten, die bloße Beobachtung im Labor natürlich auch ein eher fraglicher Weg ist.)

11 Um ein Beispiel des Unklaren zu nennen, das uns auch im Fall der Manipulation begegnet: Es ist nach wie vor höchst umstritten, inwiefern interne Faktoren wie Einstellungen, Wissen oder moralische Überzeugungen (ganz abgesehen davon, was diese – oftmals in psychologischen Studien nicht geklärten – Begriffe heißen sollen) überhaupt Einfluss auf ein Handeln haben – von den Potentialen aus dem Reich des Unbewussten ganz abgesehen. Insgesamt ist die Befundlage zum Einstellung-Verhalten-Zusammenhang uneinheitlich (wie auch das Begriffsverständnis der einzelnen Bestandteile). Sämtliche Ergebnismöglichkeiten (hier am Beispiel von Umweltverhalten) sind zu finden: moderater Einfluss (vgl. Stephen M. Smith, Curtis P. Haugtvedt, Richard E. Petty, »Attitudes and recycling. Does the measurement of affect enhance behavioral prediction?«, in: *Psychology and Marketing* 11 (1994), S. 359-374), schwacher Zusammenhang (vgl. David Scott, Fern K. Willits, »Environmental attitudes and behavior. A Pennsylvania survey«, in: *Environment and Behavior* 16 (1994), S. 239-260), starker Zusammenhang (vgl. Florian G. Kaiser, P. Wesley Schultz, Hannah Scheuthle, »The theory of planned behavior without compatibility? Beyond method bias and past trivial

fest, dass es innerhalb der Psychologie schon vielfältige Uneinigkeiten bezüglich einiger Grundfragen gibt (deren Diskussion stärker in den Fokus rücken muss). In der Folge mangelt es so zwar nicht an spezifischen Theorien,[12] dafür aber an einer die verschiedenen Teilbereiche und Disziplinen umfassenden Perspektive, einer gemeinsamen Linie, was – letztlich aus dem Grundsatzstreit entstehend – bedingt, dass wir blinde Flecken zu verkraften haben.[13] Während es zum Beispiel die Evolutionstheorie als umfassenden Theoriebau in der Biologie gibt, sucht man Vergleichbares in der Psychologie vergebens. Deutlich wird dies eben gerade bei einer der grundlegenden Fragen der Philosophie (und natürlich für uns hier), die in den bereits erwähnten Worten Kants lautet: »Was ist der Mensch?«; oder den spezifischeren anhängenden Fragen: »Was ist Handeln?«, »Wie und wodurch ist es bestimmt?« Hier bekommen wir eine Vielzahl von Teilantworten, doch Bemühungen ganzheitlicher Art sind weit seltener. Dies ist nun auch der stark ausgeprägten Individualisierung des Menschen, seinem »blackboxhaften« Wesen und der steten Interaktion mit Objekten und Umwelten geschuldet, was die Klärung der Fragen mehr als anspruchsvoll macht.[14] Theoriegebäude wie das der Freud'schen Psychoanalyse

associations«, in: *Journal of Applied Social Psychology* 37 (2007), S. 1522-1544) oder gar kein Zusammenhang (vgl. Stuart Oskamp, Maura J. Harrington, Todd C. Edwards et al., »Factors influencing household recycling behavior«, in: *Environment and Behavior* 23 (1991), S. 494-519).

12 Und hier besteht natürlich die alte Gefahr, dass immer mehr über immer weniger gewusst wird, bis man alles über nichts weiß – wie es Helmut Glück in seiner Abschiedsvorlesung an der Uni Bamberg formulierte.

13 Im Prinzip könnte man sagen, dass das eigentlich kein Drama ist. Wo schließlich gibt es diese Uneinigkeiten nicht? Allerdings wäre dies nur kein Drama, wenn es einen fairen Diskurs der konkurrierenden Bereiche gäbe. Dies ist, auch aufgrund externer Faktoren wie der immer stärkeren Ökonomisierung mancher Fachbereiche und dem Druck, Output zu generieren, derzeit scheinbar nicht möglich. Eher hat man es offenbar mit verfeindeten Lagern zu tun, die mit den jeweils anderen gar nicht oder nur ungern in einen kritischen Dialog treten.

14 Vgl. Gerd Gigerenzer, *Simply Rational. Decision Making in the Real World*, Oxford 2015. Siehe hier insbesondere das Kapitel »Personal Reflections on Theory and Psychology« sowie ders., »Surrogates for Theory«, in: *Theory & Psychology* 8/2 (1998), S. 195-204. In letzterem Aufsatz geht Gigerenzer vor allem auf spezifischere Probleme psychologischer Forschung ein und ermittelt »Surrogate«, die anstelle eines fundierten theoretischen Ansatzes als vermeintliche Theorien eingeführt werden. Darunter finden sich laut Gigerenzer »Circular Restate-

oder das der Behavioristen um Watson, Skinner et al. haben sich weitestgehend überlebt – wenngleich sie deswegen nicht immer zu ignorieren sind, schließlich weisen sie in die Richtung eines ganzheitlichen Versuchs (obwohl diese beiden Beispiele letztlich auch als reduktionistisch zu qualifizieren sind[15]). Gerd Gigerenzer stellt vor dem Hintergrund der heutigen regelrechten Theoriescheu der Psychologen etwas konsterniert fest:

Nur wenige Psychologen ziehen eine theoretische Integration von Ergebnissen überhaupt in Erwägung. Ein Lehrbuch in der Ökonomie startet mit ersten Prinzipien, die zu einer übergreifenden Theorie führen, und diskutiert, wie die Realität in dieses Bild integriert werden kann. Ein Lehrbuch der Psychologie listet dutzende von Theorien auf – in Kapiteln über Rationalität, Intelligenz, Problemlösen, zu Urteils- und Entscheidungsthemen,

ments«, »One-Word Explanations«, »Lists of Dichotomies«, die als »obstacles to building rich and precise theories« zu qualifizieren sind und sogar »a step away from already existing theories« darstellen (Gigerenzer, *Simply Rational*, S. 257 f.). Für diese Arbeit ist vor allem die große Theoriefrage interessant, um zu verstehen, mit welchen Schwierigkeiten eine interdisziplinäre Zusammenarbeit von Philosophie und Psychologie konfrontiert ist. Gleichzeitig soll ein Versuch der Offenlegung verschiedener Prämissen bezüglich des menschlichen Handelns, der Ausweisung eines Menschenbildes und der Zusammenführung der Erkenntnisse beider Disziplinen einem besseren Verständnis der Manipulation auf begrifflicher, handlungstheoretischer, sozialer, politischer, ethischer und empirischer Ebene zuarbeiten.

15 Letztlich sind Theorien natürlich immer reduktionistisch, insofern sie niemals die ganze Welt in all ihren Facetten erfassen können; es sind der Grad an Reduktion und die gleichzeitige Erklärungsreichweite, die bestimmen, wann eine Theorie überzeugend ist. Kritisch ist es also m. E., wenn zu stark die Verflechtungen im Ganzen außer Acht gelassen werden. So zum Beispiel die Gleichsetzung von Affekt mit Erregung, die Erklärung von jedwedem Handeln durch unterdrückte sexuelle Wünsche (auch wenn Freuds Theorie nicht *nur* das ist), die Annahme von bloßen Reiz-Reaktions-Abläufen im Handeln des Menschen oder die Vorstellung unbegrenzter Rationalität. Freud ist ein übrigens sehr interessanter Fall in Bezug auf die Kritik von Theorie oder die Frage nach Wissenschaftlichkeit, denn seine Theorie, so kritisierte es Karl Popper, ist letztlich wohl nicht widerlegbar. Alles kann aus den im Kleid des Unbewussten das Handeln beherrschenden Gedanken heraus erklärt werden. Dennoch hat Popper die Bedeutung von Freuds Denken erkannt und die Möglichkeit der Wissenschaftlichkeit für die Zukunft in Aussicht gestellt. Damit haben wir hier den interessanten Fall einer reduktionistischen Theorie, die alles erklären will – und damit natürlich problematisch ist. Vgl. Karl R. Popper, *Realism and the Aim of Science. From the Postscript to the Logic of Scientific Discovery*, London 1983, S. 168 f., 172.

die alle eng miteinander verbunden zu sein scheinen, aber von verschiedenen Forschern beackert, in verschiedenen Zeitschriften veröffentlicht und als voneinander unabhängige Unternehmungen präsentiert werden.[16]

Das Problem, das sich ergibt, wenn Psychologen nicht integrativ vorgehen, liegt in der Tatsache, dass wir es bei der Betrachtung psychologischer Forschung in der Folge mit »einem Flickwerk aus kleinen Hoheitsgebieten«[17] zu tun haben. Dieses wiederum ist aufgrund vielerlei verdeckter (und oft unterschiedlicher) Prämissen und Begrifflichkeiten nur noch schwer zu einem ganzheitlichen, kohärenten und konsistenten Bild integrierbar. Die Problemstellungen sind aber nicht nur methodischer, sondern auch wissenschaftssoziologischer Art: Mit der fortlaufenden Entwicklung der Psychologie als Disziplin erfolgte eine immer stärkere Spaltung in verschiedene Unterdisziplinen, die mit eigenen Zeitschriften, Programmen und Studiengängen ausgestattet sind. So kann es kommen, dass eine Sozialpsychologin in diesem Feld Karriere macht, ohne dabei auch ausgiebig mit den anderen Disziplinen der Psychologie in Berührung zu kommen.[18] Die Forschung innerhalb der verschiedenen psychologischen Disziplinen konkurriert daran anschließend um die Deutungs- und Vorhersagehoheit. Während Sozialpsychologen, welche die wohl vielfältigsten Ergebnisse im Bereich der Beeinflussungsforschung hervorbringen, denken mögen, dass die Persönlichkeitspsychologie die immens wichtige Rolle des sozialen Einflusses unterschätzt, dreht sich der Vorwurf in der anderen Richtung oft einfach um: Viele Persönlichkeitspsychologen halten die Untersuchung externer Faktoren für überbetont. Dabei sind beide Ansätze, wie schon Freud betonte, für ein umfassendes Verständnis zu berücksichtigen. Als weitere Disziplinen kommen unter anderen – die folgende Auswahl ist blind herausgegriffen – die Differentielle Psychologie, die Kulturpsychologie, die Neuropsychologie, die Klinische Psychologie, die Umweltpsychologie hinzu.

Eine weitere Problematik stellt das skizzierte Wissenschaftsverständnis bezüglich des uns hier interessierenden Phänomens dar:

16 Gigerenzer, *Simply Rational*, S. 253. Meine Übersetzung. Ein Beispiel für eine die Methoden der rationalen Theorie und Empirie integrierende Disziplin ist auch die Physik. Nach der Konzeptualisierung eines Phänomens wird der Nachweis über Experimente oder andere Formen der Beobachtung gesucht.

17 Ebd., S. 253. Meine Übersetzung.

18 Gigerenzer, »Surrogates for Theory«, S. 201.

Das Begreifen der Manipulation ist auch deshalb so schwierig, weil uns die Intuition zwar suggeriert, dass eine Beeinflussung vermeintlich einfach und alltäglich ist, die psychologische Forschung jedoch nicht allzu viel über den konkreten Prozess, den Mechanismus der Manipulation, weiß und die Spekulation oft scheut (eine Aufgabe, die durch die Philosophie übernommen werden kann). Viele Modelle der Psychologie versuchen bloß, das beobachtbare Verhalten von Akteuren vorherzusagen, statt Modelle rationaler und affektiver Prozesse und deren Wechselwirkung zu entwickeln, die uns genauer beschreiben könnten, was zum Beispiel im Moment der Manipulation passiert. Mit Bezug auf die Vorhersagemodelle wird es dann kompliziert, wenn man bedenkt, dass Manipulation nicht nur ein Stimulus ist, aus dem sich dann ein gradliniger, bestimmter und garantierter Effekt entwickelt, sondern berücksichtigt, dass viele modularisierende Faktoren, die ein Eigenleben entwickeln, in den Prozess der Manipulation eingerechnet werden müssen. Genauer: Die Schwierigkeit bei der Betrachtung und Vorhersage längerfristiger Effekte liegt darin, dass wir nicht von einem einfachen Stimulus-Response-Modell ausgehen sollten, sondern Dynamiken hinzukommen, die eine in der Zukunft liegende Handlung nicht gewiss, sondern nur wahrscheinlich machen.

Die unterschiedlichen Forschungsansätze innerhalb der psychologischen Teilbereiche bedingen so einen Zustand der Isolation, der oft auch für die Arbeit mit anderen Fachdisziplinen gilt.[19] So wird beispielsweise oft über die Sprachfähigkeit des Menschen geforscht, ohne die Linguistik hinzuziehen. Genauso geraten Fragestellungen bezüglich der logischen Denkfähigkeit in den Blick, ohne die Logik als Disziplin hinzuziehen. Doch der Vorwurf gilt auch für die Philosophie, denn genauso lassen zum Beispiel Betrachtungen der Manipulation innerhalb der Philosophie beständig

19 Vgl. Gigerenzer, »Surrogates for Theory«, S. 201 f. Vgl. zur Problemstellung mit Bezug auf die Umweltpsychologie mit ähnlichen Einschätzungen etwa Gerhard de Haan, Udo Kuckartz, *Umweltbewußtsein. Denken und Handeln in Umweltkrisen*, Opladen 1996, oder Hannah Scheuthle, Jacqueline Frick, Florian G. Kaiser, »Personenzentrierte Interventionen zur Veränderung von Umweltverhalten«, in: Volker Linneweber, Ernst-Dieter Lantermann, Elisabeth Kals (Hg.), *Spezifische Umwelten und umweltbezogenes Handeln*, Göttingen 2008, S. 643-667. Ein guter Überblick über die konkurrierenden Modelle, Definitionen und Operatoren innerhalb *einer* psychologischen Disziplin findet sich bei: Jürgen Hellbrück, Elisabeth Kals, *Umweltpsychologie*, Wiesbaden 2012, S. 99-112.

den Anschluss an die Ergebnisse der Psychologie vermissen. Nur die interdisziplinäre Forschung bietet die Möglichkeit, ein ganzheitlicheres Verständnis eines Phänomens zu erlangen. Auf diese Art wird es möglich, psychologische Erkenntnisse nicht nur unter einem oder jedenfalls einem nur sehr weiten Begriff (»Beeinflussung«) mit sozialen Phänomenen zu verbinden, sondern ein neues Erkenntnislevel zu erreichen. Gleiches gilt für die hier betrachtete Manipulation: Während die Philosophie mit dem Versuch der Erarbeitung begrifflicher Klarheit, der typologischen Einordnung und der Modellierung eines Handlungsmodells die theoretische Grundierung zur Verortung dieses Phänomens in der Welt leisten kann, können die psychologischen Erkenntnisse, die oftmals in formalen Modellen fehlen, ein auf dem theoretischen Fundament aufbauendes Verständnisgebäude komplettieren und so unser Wissen erweitern und konkretisieren. Einer ethischen Analyse sollte das im Grunde genommen immer vorausgehen, wenn sie nicht in Abstraktion verbleiben möchte, sondern – und das sollte die Ethik immer – praktisch werden will.

All diesen kritischen Anmerkungen zum Trotz soll nun über die Wesenheit des Menschen und sein Handeln nachgedacht und allgemeine psychologische Gesetzmäßigkeiten ausgemacht werden, die unser Verständnis der Manipulation im Anschluss an das im vorherigen Kapitel vorgestellte Modell vergrößern können. Ich werde versuchen, wenigstens einige Schlaglichter zu werfen und grundsätzliche Ergebnisse der psychologischen Disziplin zum konkreteren Nachvollzug des Handlungsmodells aus Kapitel 1 bereitzustellen.[20] Bevor es aber an die Betrachtung der relevanten Ergebnisse der psychologischen Beeinflussungsforschung geht, soll, wie angekündigt, zunächst geklärt werden, vor welchem anthropologischen Debattenhintergrund das vorgestellte Handlungsmodell verstehbar ist: Wir müssen einen Blick auf das Verständnis des Menschen als

20 Wie schon weiter oben erwähnt, stellt Bernays in seinem Buch *Propaganda* ebenfalls fest, dass die Betrachtung von Beeinflussungsphänomenen eher nicht als exakte Wissenschaft verstanden werden kann. Zwar wird versucht, aus der Beobachtung eindeutige Erkenntnisse abzuleiten (und dies oft auch auf Grundlage vorher theoretisierter Muster), aber »[w]issenschaftliche präzise Ergebnisse sind bei dieser Recherche nicht zu erwarten, da sich viele Elemente der Ausgangssituation einer Kontrolle entziehen«. Das gilt auch heute noch, auch wenn wir vielleicht etwas exakter in der Beschreibung zu sein vermögen (Bernays, *Propaganda*, S. 49 f.).

Homo sapiens werfen. In Bezug auf Entscheidungen, Handlungen und die in ihnen enthaltenen Zwecksetzungen sind nämlich Fragen nach unserem Konzept des Menschen entscheidend, vor allem bezüglich der Rationalität und eben auch der Irrationalität oder der Affekte[21] (die Verwendung der Wörter ist nicht immer synonym) sowie einer damit verbundenen Vorstellung von Freiheit und Würde. Nun ist jede Ideengeschichte stets ein Stück weit problematisch, da man (1) immer selber Deutungsschwerpunkte setzen muss und sich (2) die Gedanken im Laufe der Geschichte nicht in naturwissenschaftlicher Präzision herausschälen lassen. Dennoch versuche ich, einen roten Faden deutlich zu machen, der unser heutiges (auch dichotomisches) Denken zumindest plausibilisieren und eine Revision des Bildes vom Menschen und seiner Freiheitlichkeit (und damit verbunden ein Überdenken – nicht Verabschieden – des damit verzahnten Würdebegriffs) anstoßen kann.

Die Psychologie zeigt nicht nur, dass das Denken der vergangenen Jahrtausende nicht zufällig ist, sie versucht zudem, die im Laufe der Zeit entstandenen Konzepte überprüfbar zu machen, das heißt, sie zu bestätigen, zu widerlegen und/oder zu integrieren. Insbesondere die Überprüfung der menschlichen Irrationalität (hier wie mehrfach gesagt als affektive, automatische, Gewohnheiten und Erfahrungen sowie situative und soziale Kontexte integrierende und letztlich meist unbewusst ablaufende Handlungsleitung verstanden) wird uns ein vertieftes Verständnis der Manipulation ermöglichen.

21 Bruce E. Kaufman schreibt, dass dies eine Sichtweise von »authors and playwrights from the time of the Greeks to the present« ist, auch wenn es Psychologen gibt, die dies mittlerweile differenzierter sehen und Affekte zumindest als Bestandteile funktionaler Art im menschlichen Handeln sehen, die wenigstens dafür da sind (und über die Aufgabenskala gibt es eben Streit), die physischen und mentalen Kapazitäten für das Angehen und Lösen von Problemen zu aktivieren (das Wegrennen bei Bedrohung oder die ›gesunde‹ Aufregung vor einer Prüfung wären hier Beispiele). Siehe Bruce E. Kaufman, »Emotional Arousal as a Source of Bounded Rationality«, in: *Journal of Economic Behavior and Organization* 38 (1999), S. 135-144, hier S. 136.

Das Wesen Mensch: *animal rationale – et affectivum*

Ideengeschichtlicher Problemaufriss: Die Entwicklung der Rationalität als menschliche *differentia specifica*

Woher der Begriff des *animal rationale* stammt und auf welcher Grundlage unsere heutigen Betrachtungen des Menschen und seiner Wesenheit stattfinden, soll nun kurz ideengeschichtlich thematisiert werden. Dadurch wird nicht nur die Entwicklung der Rationalität als »im Laufe der Geschichte immer stärker angewachsene Schubkraft, [...] Motor unserer Gegenwart und damit auch der Zukunft«[22] nachvollziehbar. Es wird ebenfalls deutlich, inwiefern wir es hier mit einer *differentia specifica* des *Homo sapiens* zu tun haben und wie ein oftmals dichotomisches Verständnis der menschlichen Rationalität und Irrationalität sowie die enge Verschränkung von Rationalität, Freiheit und Würde grundiert wurden. Dieser Nachvollzug ist vor allem deswegen wichtig, da sich aus der Frage nach dem Ausmaß unserer Rationalität und einem damit verbundenen, möglicherweise zu modifizierenden Freiheits- und Würdeverständnis Konsequenzen für die Ethik ergeben, die wiederum wichtig sind in Bezug auf die Manipulation, die sich ja gerade primär unsere nichtrationalen Kapazitäten zunutze macht. Mit diesen Erkenntnissen wird auch deutlich werden, warum klassische ethische Ansätze keine angemessene Beurteilung der Manipulation zu leisten vermögen; alternativ soll eine an ein realistischeres Menschenbild angeschlossene Ethik skizziert werden, die das vermag (Kapitel 3).

Beginnen wir unsere Betrachtung des Menschen nun erneut mit Shakespeare. In *Hamlet* gewährt er uns auf seine unnachahmliche Weise Einblick in die *conditio humana*:

> Welch ein Meisterwerk ist doch der Mensch, wie groß an Vernunft, wie unbegrenzt an Fähigkeiten, an Gestalt und an Geste wie wunders harmonisch verschmolzen, im Tun wie gleich einem Engel, im Begreifen wie gleich einem Gott: das Schmuckstück der Welt, die Vollendung alles Lebendigen und dennoch, für mich, was ist diese Quintessenz des Staubs? Ich hab keine Lust am Menschen [...].[23]

22 Vietta, *Rationalität*, S. 9.

23 William Shakespeare, *Hamlet*, Zweisprachige Ausgabe, deutsch von Frank Günther, München 1995, S. 109.

Hamlet drückt hier eine Ambivalenz aus, die bis heute Gültigkeit besitzt: Das Urteil über die menschliche Natur reicht vom »Meisterwerk« bis zur »Quintessenz des Staubs«. Hamlets sich im Laufe des Stücks verändernde Einsicht kann unserer ideengeschichtlichen, anthropologischen Betrachtung einen Rahmen geben: Er weiß, dass der Mensch zu Besonderem, insbesondere zur Freiheit fähig ist – und doch beginnt er an diesem Urteil, zuallererst der Überhöhung zur Engels- und Gottgleichheit, zu zweifeln, je mehr er menschliche Akteure – darunter auch sich selbst – bei ihren Handlungen und den diese begleitenden Entscheidungsprozessen beobachtet: Die Rationalität sitzt auf einem wackligen Thron.

Doch zunächst bleibt es ein Thron: Im wortwörtlichen Verständnis unserer Selbst als *Homo sapiens* drückt sich die erste Einschätzung Hamlets aus: Wir sind verstehende, gescheite, kluge, vernunftbegabte Wesen, sorgfältig und bedacht geschnitzt – würdevoll –, um selbst sorgfältig und bedacht schnitzen zu können, was uns beliebt – also autonom und frei in der Wahl. Die Rationalität und unsere damit verbundenen Fähigkeiten und Freiheiten sind es, die uns hervorheben und unsere Kultur fundieren.[24] Zumindest sind dominierende Auffassungen vom Menschen meist an etwas gebunden, das so etwas wie Rationalität voraussetzt, ob wir nun wahrheitssuchende oder kreative Wesen sind, fragende, sich im Kierkegaard'schen Sinne selbst erkennende, symbolerfindende, sprachbegabte oder in Metaphern sprechende Wesen sind.[25] Den durchaus kritisch gegen die Rationalität ins Spiel gebrachten irrationalen Seiten des Menschen, vornehmlich in Affekten und Automatismen dargestellt, und einer so stärker dem Tierreich verpflichteten Wesenheit – die die Ansatzpunkte für die Manipulation bietet – wurde in der Malerei des Menschenbildes eher selten und ungern Aufmerksamkeit geschenkt, wie auch Walter Lippmann feststellt: »Die Kritiker [der menschlichen Rationalität] waren ungefähr genauso willkommen wie ein kleiner Junge mit einer lauten Trommel.«[26] Das verwundert nicht, denn schließlich droht hier nicht nur der Verlust eines gloriosen Selbstbildes, auch eine wissen-

24 Vgl. Vietta, *Rationalität*, S. 9 f.

25 Bei Hans Lenk findet sich eine ausführliche Sammlung von im Umlauf befindlichen Bezeichnungen des Menschen, die auch die Rationalität als Kern beinhalten: Vgl. ders., *Konkrete Humanität*, Frankfurt/M. 1998, S. 49-71.

26 Walter Lippmann, *Public Opinion*, Miami 2008, S. 205. Meine Übersetzung.

schaftliche Betrachtung der Irrationalität und des damit verbundenen »Sumpfs« des Unbewussten ist ungleich schwerer zu besorgen (ein Punkt, den schon Freud bei der Erklärung der Widerstände gegen die Psychoanalyse hervorhebt[27]). Eine Dichotomie, die Rationalität und Irrationalität als voneinander getrennte und entfernte Pole sieht, fiel so auf fruchtbaren Boden, sie

> gehört bereits zur Gründungsurkunde der Kultur der Rationalität, [die] sich selbst *abspaltet* von anderen kognitiven Vermögen des Menschen: von der *Sinnlichkeit* und den *Gefühlen* des Menschen insbesondere.[28]

Die Debatte um die Natur des Menschen, speziell seine Rationalität und die dichotomische Denkbewegung, wird in der (westlichen) Philosophie von Beginn an geführt. Um die Grundlagen der heute diversen Verständnisse von Rationalität und Irrationalität nachvollziehbar zu machen, sollen wesentliche Stationen, auch mit Bezug auf den für die Manipulation relevanten Bereich der (freiheitlichen/unfreiheitlichen) Handlungen von Akteuren, kurz betrachtet werden. Hieran wird dann ein Übertritt in die Psychologie und eine Auseinandersetzung mit den aktuellen Konzepten der Rationalität (und Irrationalität) angeschlossen.[29] Es geht dabei sowohl um praktische als auch um theoretische Rationalität, sofern man die praktische Rationalität auf Handlungen und die theoretische

27 Sigmund Freud, »Die Widerstände gegen die Psychoanalyse«, in: ders., *Gesammelte Werke*, Bd. 5, Frankfurt/M. 1942, S. 99-110.

28 Vietta, *Rationalität*, S. 11.

29 In diesem Buch ist es kaum möglich, eine zufriedenstellende Übersicht über dieses vieldiskutierte und kontroverse Thema zu bieten. Ich bin mir bewusst, dass auch die einzelnen Verständnisse der Rationalität bei den erwähnten Autoren diskutabel bleiben, muss diese Diskussion aber für den Moment anderen überlassen. Für eine ausführliche Kulturgeschichte der Rationalität, verquickt mit der These, dass die Rationalität als eigene Denkschule erfunden wurde und so ihre Wirkung entfaltet hat, siehe Vietta, *Rationalität.* Ein Manko von Viettas Text liegt aber sicherlich darin, dass er den Anschluss an die aktuelle Debatte nur bedingt wagt. Hier soll dagegen Letztere betont und daher nur grundsätzlich deutlich gemacht werden, über welche ideengeschichtlichen Momente unsere heutige Diskussion des Verständnisses von Rationalität entstanden ist. Zu Interpretationen der hier vorgestellten philosophischen Rationalitätsbegriffe siehe zusätzlich auch: Nicholas Rescher, *Rationalität. Eine philosophische Untersuchung über das Wesen und die Begründung der Vernunft*, Würzburg 1992, sowie Herbert Schnädelbach (Hg.), *Rationalität. Philosophische Beiträge*, Frankfurt/M. 1984.

Rationalität auf die (für Handlungen grundlegenden) Überlegungen eines Akteurs bezieht.[30]

Schon während der Anfänge des westlichen Denkens wird durch die Vorsokratiker (die durchaus Erben des Wissens der Babylonier, Lyder und Ägypter sind) der Weg vom Mythos zum Logos geebnet.[31] In Milet geht es nicht mehr um mythische Erklärungen des Seins und der Weltentstehung, sondern um »einen *neuen Denkstil* der Rationalität: Er verabschiedet sich von der Erscheinungswelt der Dinge und wendet sich *abstrakten Seinsprinzipien dahinter* zu.«[32] In der Logifizierungs- und Quantifizierungstendenz der Pythagoreer lassen sich sodann bereits erste Ansätze eines differenzierten Rationalitätsverständnisses finden.[33] Doch wie so oft ist es Platon, der uns ein elaboriertes Konzept anbietet. Ihm zufolge ist Rationalität die den Menschen genuin auszeichnende Verstandeskraft und Vernunftfähigkeit, die Einsichten in objektive Wahrheiten oder Ideen ermöglicht. Die Rationalität ist sozusagen eine Wagenlenkerin, welche die Rösser Wille und Begierde steuert: Das Rationale steht oben, während die anderen Eigenschaften des Menschen wie das Sinnliche und das Affektive nur – und das ist durchaus abwertend zu verstehen – die unteren Plätze besetzen und sogar geführt, an die kurze Leine genommen werden müssen. Die sinnlich wahrnehmbare Welt enthält zwar die Abbilder der Ideen, aber ihre Urbilder – und damit auch die Wahrheit – sind mit den Sinnen eben nicht begreifbar. Verlassen wir uns auf unseren Körper, insbesondere die Sinne, dann erwarten uns bloß »Krankheiten [...], auch [...] Gelüste und Begierden, Furcht und mancherlei Schattenbilder[] und viele[] Kindereien«[34] – die Suche nach wahrer Erkenntnis wird verunmöglicht. Die Ausbildung der Rationalität, die weitgehende Loslösung vom Körper ist so das

30 Auch um das Verständnis der Unterschiedenheit von praktischer und theoretischer Rationalität gibt es eine größere Debatte. Siehe hierzu einführend: R. Jay Wallace, *Stanford Encyclopedia of Philosophy*, s.v. Practical Reason ⟨https://plato.stanford.edu/entries/practical-reason/⟩, letzter Zugriff 9.1.2017, sowie Julian Nida-Rümelin, *Praktische Rationalität. Grundlagenprobleme und ethische Anwendung des rational-choice-Paradigmas*, Berlin, New York 1994.

31 Vgl. Vietta, *Rationalität*, S. 10.

32 Ebd., S. 51.

33 Vietta hält die Quantifizierung sogar für *das* Charakteristikum der Rationalität, siehe zum Beispiel ebd., S. 11.

34 Platon, *Phaidon*, Berlin 2016, 66b-c (S. 13).

Ziel für den Menschen, der zwar die Ideen an sich niemals erblicken kann, doch der göttlichen Sonne der Rationalität sehr nah zu kommen vermag. Bekanntermaßen hat Friedrich Nietzsche das hier beginnende Einsetzen der Abwertung des Sinnlichen kritisiert, denn für Platon ist natürlich das rationale Vermögen der wichtigste Seelenteil. Akteure sind mittels der von Platon vorgestellten Rationalität nun grundsätzlich zur Freiheit befähigt, Pläne zu schmieden und die notwendigen Mittel und das notwendige Wissen zu ihrer Erfüllung zu ermitteln – ein Verständnis, das grundlegend für die Debatte um die Rationalität wurde und ist.

Auch das Rationalitätsverständnis von Aristoteles stellt den Menschen in der *Nikomachischen Ethik* als vernunftfähiges Wesen mit Verstand (*zōon logon echon*) dar. Das *animal rationale* vereint die Handlungsmacht in seinem Verstand, hat die verführende Sinnesseele im Griff und kann daher tugendhaft sein. So kann der Mensch »gut überlegen«, was anders sein könnte, und dann eine Veränderung willentlich anstreben.[35] Dabei gibt es die Überlegungen praktischer Vernunft, die ein gutes Mittel für einen Zweck hervorbringen,[36] und solche theoretischer Art, die eine Handlung als einem Allgemeinen, zum Beispiel dem Guten, zugehörig evaluieren kann.[37] Für Platon und Aristoteles ist so die Fähigkeit zur Rationalität mit einem guten Leben verbunden, das über die kontemplative Schau der Ordnung des Kosmos und ein entsprechendes vernünftiges Handeln erreicht wird. In der Folgezeit wird diese natürliche Ordnung durch eine göttliche Ordnung ersetzt und das Verständnis von Rationalität und Freiheit so einer Modifikation unterworfen. Für Augustinus bedeutet Rationalität (die wiederum die praktische und theoretische Komponente umfasst) nun vor allem auch die Fähigkeit, mit Hilfe der Vernunft biblische Gebote umzusetzen.[38] Durch den bereits erwähnten Thomas von Aquin wird dann der Versuch unternommen, Glauben und Vernunft in einem Rationalitätsverständnis konsistent zu vereinen. Zwar kann der Mensch mittels der Rationalität die Eigenschaften Gottes nicht erkennen, aber doch seine Plausibilität verstehen und – im An-

35 Vgl. Aristoteles, *Nikomachische Ethik*, VI.5, 1140a 1-1 und 26.

36 Ebd., III.5-7.

37 Ebd., IV.

38 Vgl. Augustinus, *De vera religione – Über die wahre Religion*, Paderborn 2007, V.8, 26.

schluss an Aristoteles – Gut und Böse unterscheidend, praktisch zur richtigen Handlung und theoretisch zur richtigen Entscheidung und Überzeugung kommen.[39] Mit der Rationalität vermag der Mensch festzustellen, welche Handlungen der Vernunft widersprechen; er kann mit ihr sogar bis zum Wesen der Dinge vordringen und die *universalia* in ihnen erkennen, wie sie von Gott vor der Schöpfung gedacht wurden. Zudem ist er fähig, etwaige Widersprüche (die zum Beispiel sein Gewissen hervorbringt) aufzulösen. Auch hier wurzelt die Freiheit in der Vernunftfähigkeit des Menschen.[40] Neben dieser Vertiefung des aristotelischen Verständnisses bietet Thomas ein ausführlicheres Tableau an Motivationsgründen und Bedürfnissen, das aus der den Menschen verrationalisierenden Tendenz herauszuführen vermag. So bietet Thomas das Potential, das Rationale und das Irrationale stärker zusammenzudenken, wenngleich die Rationalität weiter die *via regia*, der Königsweg des menschlichen Handelns in Freiheit, bleibt. Schon nach der kurzen Betrachtung dieser älteren Konzepte wird deutlich: Ihnen zufolge handelt der Mensch frei, wenn er rational geleitet vorgeht. Kommt etwas anderes ins Spiel, ein Affekt zum Beispiel, verlässt er das Feld der freien Entscheidung und handelt damit auch unfrei.

Am Übergang zur Neuzeit entfernen sich Konzepte der Rationalität von der Rückbindung an eine göttliche Ordnung. Die bei Aristoteles und Thomas angelegten analytischen und logisch-systematischen Charakteristika der Rationalität werden weiter ausgefeilt und durch die quasinaturwissenschaftlichen Auffassungen René Descartes', für den jede mentale Aktivität bewusst sein musste (wogegen Freud heftig opponieren wird), oder die Baruch de Spinozas auf einen Höhepunkt getrieben. Doch zunächst ist es Machiavelli, der in seiner politischen Philosophie deutlich und konsequent (vielleicht zu konsequent) mit der Vorstellung des vernunftfähigen, verstandesgeleiteten rationalen Menschen bricht – ganz in Frontstellung zu Pico della Mirandola, der ebenfalls in Florenz wirkte. Machiavelli bezieht sich wie seine Vorgänger auf den »natürlichen Menschen«, der nun aber weniger rational, sondern vielmehr von

39 Vgl. Richard Heinzmann, »Thomas von Aquin und die Autonomie der Vernunft«, in: Norbert Kutschki (Hg.), *Der Streit um den rechten Glauben*, Zürich 1991, S. 169-183.

40 Vgl. Wolfgang Kluxen, *Philosophische Ethik bei Thomas von Aquin*, Hamburg 1998, S. 206 f.

blinder Leidenschaft und seinen Affekten bestimmt wird.[41] Er tut dies Frederick Scott Olivers zufolge unaufgeregt, wie ein »Dozent, der über Frösche spricht, um zu zeigen, wie ein beherzter und scharfsinniger Herrscher die Ereignisse zu seinen Gunsten modellieren kann«.[42] Ergebnis der Beobachtungen ist der Mensch als Inbegriff des Irrationalen: wankelmütig, ängstlich und gierig[43] – er funktioniert auf Grundlage von mit Affekten, Gewohnheiten und Erfahrungen verbundenen automatisierten Handlungen. Mit seiner Rationalität ist es nicht weit her; er beurteilt die Dinge mehr nach situativem Augenmaß und in Relation zum sozialen Kontext als mit Sorgfalt und Bedacht (eine Einschätzung, die sich, wenn auch noch begrifflich unscharf, durchaus an heutige Studien der Psychologie anschließen lässt). So ist der Mensch nicht nur unfrei, Sklave seiner Affekte und Automatismen, sondern auch noch leicht zu beeinflussen. Nicht nur individuell, sondern erst recht in der Masse. Die von Machiavelli ausgemachte Anlage hat politisches Potential: Ein berechnender Fürst vermag sie für sich auszunutzen. Gleichzeitig muss er die gefühlte Balance zwischen Zuneigung und Ablehnung vonseiten der Bevölkerung im Griff haben, indem er »durch List die Menschen zu umgarnen [weiß]«.[44] Der strebsame Fürst »muß [...] verstehen, sich zu drehen und zu wenden nach dem Winde«,[45] um so die Bevölkerung mittels der Affekte, dem Empfinden zu lenken. Machiavelli begründet hier Diskussionen, die nicht nur Montaignes skeptischer Auffassung vom Menschen oder der Kritischen Theorie in der Debatte um Manipulation zugrunde liegen. Einerseits geht es um Arten der Beeinflussung einer Bevölkerung durch einen Staat (dazu später mehr), andererseits um die angesprochene dominante Auffassung westlichen Denkens –

41 Vgl. Lauri Huovinen, *Machiavellis Bild vom Menschen*, Helsinki 1951, S. 12.

42 Zit. n. Lippmann, *Public Opinion*, S. 212. Meine Übersetzung.

43 Vgl. Niccolò Machiavelli, *Der Fürst*, Stuttgart 1961, S. 101 f. und 104 f. Wenngleich Machiavellis Anthropologie ähnlich wie die von Augustinus (deren Richtigkeit hier nicht zur Debatte steht, die aber sicher als Überbleibsel einer Umbruchsphase vom mittelalterlichen Denken in die Neuzeit hinein zu lesen ist) stark ins Negative tendiert, ist natürlich dennoch die Abkehr des Florentiners vom vernunftgeleiteten Wesen des Menschen und das gezielte Ausnutzen seiner Beeinflussbarkeit für den Kontext von Manipulation interessant.

44 Ebd., S. 103.

45 Ebd., S. 105.

nämlich dass die so genannte *anthropologische Differenz*[46] gerade in der Rationalität des Menschen, in der dem *Homo sapiens* gemäßen Vernunftbegabung liegt. Wenngleich die Fähigkeit zur Vernunft eine evidente Tatsache ist, wird sie in vielen hieran angebundenen Rationalitätskonzepten überbetont (auch dazu später mehr). Der Mensch bleibt nämlich immer an seine Biologie und an die vielen ihn beeinflussenden Kontexte und Erfahrungen gebunden. Freilich drücken Machiavelli oder Montaigne an der Schwelle zur Neuzeit zumindest begrifflich noch nicht die Weite der psychologischen Dimension dieser Seite des Menschen aus – doch bahnen ihre Ansätze einen paradigmatischen Weg, den Nietzsche und dann Freud weiter planieren werden: »Wie dem Reiter, will er sich nicht vom Pferd trennen, oft nichts anderes übrig bleibt, als es dahin zu führen, wohin es gehen will, so pflegt das Ich den Willen des Es in Handlung umzusetzen, als ob es der eigene wäre.«[47]

In der Nachfolge von Descartes, der bekanntlich die Einheit von Körper und Geist durchtrennt und Grundzüge des von Skinner rezipierten menschlichen Automatenseins konzipiert (obwohl Menschen eine gottgegebene Seele haben, die auch über Automatismen hinausgehende Handlungen ermöglicht), beginnen die Empiristen und Rationalisten, diese Debatte fortzuführen und die philosophische Anthropologie und Handlungstheorie mit weiteren Annahmen zu füttern, die in der Forschung der verschiedenen Disziplinen vom Menschen und seinem Funktionieren heute ebenfalls eine Rolle spielen. Spinoza gesteht in seinem *Tractatus politicus* zwar zu, dass das durch die Rationalität bedingte Vernünftige des Menschen »bei der Zügelung und Mäßigung der Affekte zwar viel vermag«,

46 Hier haben wir es mit einer Diskussion zu tun, die nach wie vor extrem lebhaft ist. Siehe hierzu Publikationen, welche die Rationalität des Menschen verorten in seiner Fähigkeit zur Imitation (Susan Blackmore, *The Meme Machine*, Oxford 1999), zur Identifikation (Michael Tomasello, *The Cultural Origin of Human Cognition*, Cambridge 1999), zur Repräsentation zweiter Ordnung (Dan Sperber, »Intuitive and Reflective Belief«, in: *Mind and Language* 12 [1997], S. 67-83) oder zu Zweck-Mittel-Überlegungen (David Papineau, »Die Evolution des Zweck-Mittel-Denkens«, in: Dominik Perler, Markus Wild (Hg.), *Der Geist der Tiere. Philosophische Texte zu einer aktuellen Diskussion*, Frankfurt/M. 2005, S. 244-291). Sie alle heben diese Eigenschaften als uns essentiell von den Tieren unterscheidende Fähigkeiten hervor.

47 Sigmund Freud, »Das Ich und das Es«, in: ders., *Gesammelte Werke*, Bd. 13, Frankfurt/M. 1940, S. 237-289, hier S. 253.

behält aber die Stärke der Affektebene beständig im Blick: »Menschen sind notwendigerweise Affekten unterworfen und so verfaßt, daß sie die Unglücklichen beklagen und die Glücklichen beneiden, daß sie mehr zur Rache als zum Mitgefühl neigen.«[48] Wer sich dann trotz des Glaubens an die Vernunftfähigkeit des Menschen

> einredet, eine Menschenmenge oder diejenigen, die in öffentlichen Angelegenheiten zerstritten sind, könnten dazu gebracht werden, nach einer bloßen Vorschrift der Vernunft zu leben, der träumt vom goldenen Zeitalter der Dichter oder von einem Märchen.[49]

Gottfried Wilhelm Leibniz teilt in diesem sich weiter ausdifferenzierenden Rahmen im Vorgriff auf Freud das Bewusstsein in bewusste und unbewusste Wahrnehmungen auf.[50] David Hume wird die heute wieder stark rezipierte nonkognitivistische Position prägen (siehe Haidt), also die Auffassung, dass »[d]ie Vernunft [...] nur ein Sklave der Affekte [ist] und [...] es sein [soll]; sie darf niemals eine andere Funktion beanspruchen als die, denselben zu dienen und zu gehorchen«.[51] Hume beginnt das dichotomische Verständnis zu lockern und teilt der Rationalität eine untergeordnete Funktion zu: Sie ruft entweder Affekte hervor, oder sie zeigt uns die Mittel, um Affekte zu bestätigen.[52] Regiert werden wir aber von Letzteren, womit die Möglichkeit zur Freiheit zumindest erklärungsbedürftig bleibt.[53] Auch Voltaire stimmt einen skeptischen

48 Baruch de Spinoza, *Politischer Traktat, Tractatus politicus*, in: ders., *Sämtliche Werke*, Bd. 5.2, Hamburg 2010, S. 11.

49 Ebd., S. 13.

50 Leibniz und Freud meinen allerdings recht unterschiedliche Dinge, wenn sie vom »Unbewussten« sprechen. Für Leibniz gibt es unbewusste Wahrnehmungen, die das bewusste Denken und Handeln beeinflussen, aber zu schwach sind, um selbst wahrgenommen werden zu können, die also die Schwelle zur Aufmerksamkeit nicht überschreiten. Für Freud hingegen sind seelische Vorgänge an sich zu einem Gutteil unbewusst. Im Unbewussten tummeln sich verdrängte und abgewehrte Erlebnisse, Affekte und Wünsche (sogenannte »Triebrepräsentanzen«, also psychische Vorstellungen, die an die Triebe angebunden sind), die nicht unmittelbar bewusst werden können. Diese Inhalte des Unbewussten beeinflussen dann das Denken, Fühlen und Handeln der jeweiligen Individuen.

51 David Hume, *Ein Traktat über die menschliche Natur*, II.III.3, Hamburg 1978. S. 153.

52 Vgl. ebd., III.I.1., S. 210 f. Vergleiche auch die jüngere Diskussion um Jonathan Haidt und sein Buch *The Righteous Mind*.

53 Der Hume'sche Ansatz erfreut sich in den letzten Jahren wieder größerer Be-

Ton an, wenn er schreibt (im Vorgriff auf Freuds berühmte Metapher?), dass »[u]nsere Verstandeskraft [...] sehr begrenzt [ist], ebenso wie die Kraft unseres Körpers«, und dass die Annahme, »daß ich nicht eingesperrt sei, daß ich den Schlüssel zu meinem Zimmer besäße, daß ich also vollkommen frei sei«, somit illusorisch ist: »Ich spüre bei tausend Gelegenheiten, daß der Wille nichts vermag; wenn mich Krankheit heimsucht, wenn Leidenschaft mich fortreißt, wenn die Dinge, die mir dargeboten werden, meiner Urteilskraft verschlossen bleiben«[54] – »[d]er Mensch ist in allem ein abhängiges Wesen, wie die Natur ganz und gar abhängig ist, und er kann von den übrigen Wesen nicht ausgenommen sein«.[55] Immanuel Kant stellt zu den beiden gerade skizzierten Positionen einen Gegenpol dar. Im Zuge seines aufklärerischen Programms postuliert er eine praktische Vernunft und fragt danach, wie die Pädagogik die sittlichen Anlagen so entwickeln kann, dass sie nicht mehr im Widerstreit mit der Natur stehen. Wenn Hume die Vernunft so versteht, dass sie »einen Affekt ins Dasein« ruft, bedeutet das nicht, dass sie uns Zwecke an die Hand gibt; sie erweckt lediglich Affekte, die zu einem Zweck befähigen können. Rationalität kann ohne Affekte niemals zum Handeln motivieren, Motivation braucht also ein nonkognitivistisches Element. Weder rationales Denken noch die Affekte allein sind hinreichend für ein Handeln. Für den Kognitivisten Kant hingegen ist die Vernunft allein hinreichend für rationale Handlungsfähigkeit, wenngleich er die natürlichen Triebfedern im Menschen nicht unterschlägt.[56] Freiheitlichkeit besteht jedoch nie in einem von diesen Triebfedern getriggerten Handeln, sondern wird durch den Gebrauch der rationalen Kapazitäten ermöglicht. Beide Verständnisse sind extrem einflussreich, und viele der heutigen Auffassungen lassen sich zumindest in Grundzügen auf sie zurückführen. Während für Hume die Grenzen von Rationali-

liebtheit, einige Moralphilosophen haben mittels seiner Thesen zum Beispiel die Mitleidsethik erneuert. Siehe hierfür beispielhaft: Michael Slote, *Moral Sentimentalism*, Oxford 2010.

54 Voltaire, »Der unwissende Philosoph«, in: ders., *Erzählungen, Dialoge, Streitschriften*, Bd. 3, Berlin 1981, S. 280-339, hier S. 286 und 290 f.

55 Ebd., S. 292.

56 Auch weist Kant zumindest auf die menschliche Fehlbarkeit hin, die ihren Grund zum Beispiel in mangelnden Informationen zur Einschätzung der äußeren Situation oder in der nicht gegebenen inneren Einsicht in alle Bedingungen des Handelns hat.

tät bei der Motivation liegen, zeigt Kant Grenzen auf, indem er den Menschen bezüglich seiner Erkenntnis und seiner Handlungen an sich selbst und seine Erfahrung zurückbindet und jede sinnliche Erfahrung als durch den Verstand begrifflich vorstrukturiert darstellt. Rationalität wird bei Kant als die Fähigkeit verstanden, sich des eigenen Verstandes im Rahmen seiner Grenzen zu bedienen (statt bloßer spekulativer Vernunft zu gehorchen), Zwecke einer rationalen Prüfung zu unterwerfen und in unserer Teilhabe an der intelligiblen Welt selbstgesetzgebend freiheitlich zu sein. Der Mensch ist so ein *animal rationabile*, das sich zu einem *animal rationale* befähigen kann. Spätestens mit dem Zeitalter der Aufklärung wird die Rationalität regelrecht zum »life-style«, wie Gellner feststellt,[57] und mit der Annahme verbunden, dass sie uns mit universell gleichen Verstandesfähigkeiten ausstattet, die ein Denken auf gleiche Weise in allen Individuen ermöglicht – auf Grundlage eines immer bewussten Denkprozesses und einer buchstäblichen Abbildung der Welt.

Direkt gegen Kant richtet sich dann die moderne Kritik Nietzsches, die gleichzeitig am Beginn der Herausbildung der modernen Disziplin namens Psychologie steht und sich wiederum an Arthur Schopenhauer anlehnt, der einen unbewussten Willen, einen blinden Impuls und die Ohnmacht der Vernunft postuliert.[58] Nietzsche diagnostiziert eine Überbetonung der anthropologischen Differenz

57 Gellner, *Reason and Culture*, S. 136.

58 Von Schopenhauer inspiriert, entsteht auch der damalige Bestseller *Philosophie des Unbewußten* (1869) von Eduard von Hartmann, der von Nietzsche wiederum harsch kritisiert wurde. Von Hartmann geht von einer unbewussten Wahrnehmung aus, von der nur die Ergebnisse im Bewusstsein erscheinen. Zudem arbeitet dieses Unbewusste beständig in uns und stellt die Ordnung für unser Denken und Fühlen her, ja, strukturiert alles bereits vor (siehe hierfür hauptsächlich Kapitel 3 und 5 in: Eduard von Hartmann, *Philosophie des Unbewußten, Versuch einer Weltanschauung*, Berlin 1872). Hier findet sich so auch eine Wurzel der psychoanalytischen Assoziationstechnik: Gerade für Freud (im Gegensatz zu Reich, der vielmehr das »Wie« der Assoziationen, also deren Darstellung durch den Patienten spannend findet) nämlich werden die Assoziationen und auch ihre Strukturierung interessant, die gemäß von Hartmann eben vom Unbewussten »ausgewählt« werden. Allerdings geht dieser noch viel weiter und teilt dem Unbewussten einen umfassenden Status zu, wie ihn das absolute Ich im System Fichtes oder die Idee im System Hegels haben. Dies wiederum wurde dann mitunter als Weg ins Mythologische kritisiert (zum Beispiel von William James), wenngleich wir es hier nun mehr mit Metaphysik zu tun haben.

aufgrund der rationalen Vernunftfähigkeit[59] (wiederum Freud, aber auch Michel Foucault und andere werden sich daran anschließen) und beschwört das vielzitierte »Menschen-Thier« herauf, das sich in krankhafter Erkenntnissucht bloß gefangen nimmt und das eigentliche Innere, die Affekte, Instinkte und Triebe dabei vergisst.[60] Freud wird das Verständnis der Irrationalität des Menschen auf einen Höhepunkt führen, indem er die grundlegende Schwäche der Rationalität gegen die Stärke des Unbewussten diagnostiziert. Er stellt fest, dass Denkprozesse auch unbewusst sein können, »daß das Ich nicht Herr sei im eigenen Haus«,[61] und er versucht, seine Erkenntnisse in eine sich immer weiter entwickelnde Psychologie zu überführen – ohne das große theoretische Ganze aus den Augen zu verlieren. Freuds Ansätze liefern weitere Erklärungen für die nicht immer den traditionellen rationalen Konzepten entsprechende Wesenheit des Menschen: Nicht nur wird mit ihm das Unbewusste als Sphäre voller verdrängter Wünsche, Traumata und Triebfedern menschlicher Handlung deutlich, die sich auch in die bewussten Denkprozesse einschleichen (man denke nur an Freud'sche Versprecher) und den Menschen ganz grundsätzlich als Subjekt mit konfligierenden Affekten greifbar machen; Freud erhellt auch die Wirkung von Erfahrungen und Gewohnheiten, den Einfluss des sozialen und politischen Umfelds auf das Individuum und damit, freilich im Anschluss an Le Bon, auch die Wirkung der Masse auf den Einzelnen, die diesen »impulsiv […] und reizbar« und vor seinem affektiven Hintergrund und vor allem aufgrund der in der Masse herrschenden Affektivität auch »wandelbar«

59 Martha Nussbaum sieht auch heute eine Überbetonung des Rationalen und eine Leugnung des Tierischen am Menschen im Gange und spricht in diesem Zusammenhang durchaus trefflich von einem »anthropodenial« (S. 4), den sie als »the tendency of humans to define themselves as above the animal world and its bodily vulnerabilities« (S. 18) beschreibt; demnach erfahren Menschen im Rahmen dieser Selbstverleugnung eine Art primitiver Scham: »It is a shame that takes as its object the shortcoming of not being omnipotent.« (S. 18) Siehe Martha Nussbaum, »Compassion. Human and Animal«, *IDSK Special Lecture 4*, ⟨http://idsk.edu.in/wp-content/uploads/2015/07/SL-4.pdf⟩, letzter Zugriff am 6. 1. 2017.

60 Siehe hierzu beispielsweise: Friedrich Nietzsche, *Jenseits von Gut und Böse. Zur Genealogie der Moral. Eine Streitschrift*, München 1999, 1. Abhandlung.

61 Sigmund Freud, »Eine Schwierigkeit der Psychoanalyse«, in: ders., *Gesammelte Werke*, Bd. 12, Frankfurt/M. 1955, S. 3-14, hier S. 14.

macht (Wilhelm Reich hat die Frage nach der Rolle des Irrationalismus und der menschlichen Sexualökonomie bei der Entstehung politischer Regime, insbesondere Diktaturen, in den 1930er Jahren bekanntermaßen in Freuds Nachfolge weiter vertieft).[62] Gerade der in der Philosophiegeschichte als Sphäre der Irrationalität – und damit die Affekte umfassende – wahrgenommene Bereich tritt also mit Machiavelli und Hume über Nietzsche bis hin zu Freud als Wirkungsfeld der im vorhergehenden Kapitel etablierten Vorstellung von Manipulation hervor. Insbesondere Machiavelli, Spinoza, Kant und auch Freud transportieren den Bereich der menschlichen Handlungsleitung dabei bereits in den politischen Einflussbereich.

Die heutige psychologische Forschung hat die Kenntnis vom Menschen weiter vertieft und führt die Debatte um Rationalität, Irrationalität und deren Einflussmöglichkeiten weiter – bis hin zu einem Nutzungspotential für die Komposition manipulativer Strategien. Die daran anhängige Diskussion um Freiheit, Würde und Ethik sowie das Einordnen der Erkenntnisse in ein übergreifendes Konzept bleiben aber der Philosophie vorbehalten. Um ein aktuelleres Bild von den Einflussmöglichkeiten von Menschen zu gewinnen, interpersonal und im weiteren, politischen Rahmen, soll die hier bloß schlaglichtartig vorgestellte jahrtausendealte Debatte an aktuelle Forschungen angeschlossen werden. Mittels dieser Erkenntnisse bezüglich der Prämissen der Psychologie und unserer Handlungsleitung lassen sich im Anschluss dann die konkreten Ansatzpunkte und Mechanismen der Manipulation, die bisher lediglich theoretisch bestimmt wurde, einführen.

Von der Philosophie zur Psychologie: Empirische Dimensionen der Rationalität und Irrationalität

Vor dem skizzierten ideengeschichtlichen Hintergrund der Vorstellung von menschlicher Rationalität wird nachvollziehbarer, aus welchen anthropologischen Grundannahmen (genauer: aus welchem Verständnis des Menschen) heraus die modernen psychologischen Erkenntnisse erwachsen. Es galt und gilt die Dominanz des Ratio-

62 Sigmund Freud, *Massenpsychologie und Ich-Analyse. Die Zukunft einer Illusion*, Frankfurt/M. 2005, S. 16. Vgl. auch Wilhelm Reich, *Die Massenpsychologie des Faschismus*, Köln 1986.

nalen und der Dichotomie von Rationalem und Irrationalem, die zum Fundament vieler Theorien aus verschiedensten Disziplinen wurde. Schon im ersten Kapitel klang immer wieder an, dass von unserem Verständnis der Rationalität (und einer damit verbundenen Rolle bezüglich der Freiheit und Würde) für das Menschliche und die Funktionsweise von Akteuren viel abhängt – theoretisch und praktisch, denn unsere Normen, also unsere moralischen, sozialen und intellektuellen Urteile, sind besonders im westlichen Denken stark an Konzepte von Rationalität und Irrationalität gebunden.[63] Aus der besprochenen (westlichen) philosophischen Tradition heraus haben sich mit der Psychologie Konzepte entwickelt, die versuchen, das theoretische Verständnis von Rationalität und Irrationalität stärker an die Empirie anzubinden (insbesondere die Ergebnisse der Verhaltensökonomie, die ich als Unterdisziplin der Psychologie verstehe, spielen hier eine größere Rolle). Die wesentliche Herausforderung besteht darin, das geheimnisvolle *Zusammenspiel* unserer in der Tierwelt einzigartigen Fähigkeit zu rationalen Denkleistungen, unserer irrationalen Regungen, sowie der zusätzlichen, unser Handeln bestimmenden Faktoren von Gewohnheit, Erfahrung und situativer und sozialer Bedingtheit zu erklären und eine dafür angemessene Methodik zu finden.

Diese uns eigene komplexe Wesensstruktur bildet den Ausgangspunkt der Frage nach der Beeinflussbarkeit des Menschen, denn die jeweilige Verfasstheit der Einflussbereiche bedingt die Methoden der Beeinflussung. Zur Verdeutlichung: Mit dem Begriff »Kognition« lassen sich solche psychischen Vorgänge zusammenfassen, die ein rationales Aufnehmen, Verarbeiten, Speichern, Abrufen und Verwenden von Information bezeichnen.[64] Diese kognitiven

63 Die Einschränkung »im westlichen Denken« ergibt sich aus der Tatsache, dass es Forschungen gibt, die darauf hindeuten, dass Entscheidungen in unterschiedlichen Kulturen vor unterschiedlichen Hintergründen getroffen werden. Während in der westlichen, von Individualismus und Kapitalismus geprägten Welt die Möglichkeit der freien Wahl dominiert, haben beispielsweise einige asiatische Gesellschaften andere Prämissen: Das übergeordnete Ziel der Harmonie ist bestimmender als das der Individualität. Siehe hierzu beispielsweise: Sheena S. Iyengar, Mark R. Lepper, »Rethinking the Value of Choice. A Cultural Perspective on Intrinsic Motivation«, in: *Journal of Personality and Social Psychology* 76 (1999), S. 349-366; Sheena S. Iyengar, *The Art of Choosing*, New York, Boston 2010.

64 Vgl. Heinz Wimmer, Josef Perner, *Kognitionspsychologie*, Stuttgart 1979, S. 11.

Prozesse (normalerweise mit »Denken« assoziiert), deren genauer Ablauf bereits nebulös ist (Denken wir in Wörtern? Bildern? Einer Kombination? Wie spielen diese Bestandteile zusammen?), werden als grundlegender Einfluss auf das Handeln und Erleben verstanden und bedingen, wie ein Individuum seine Umwelt »wahrnimmt, diese gedanklich verarbeitet, beurteilt und bewertet«.[65] Um unsere Erkenntnisse bezüglich der Beeinflussbarkeit zu vertiefen, müssen wir also lernen zu verstehen, wie Menschen ihr soziales Umfeld wahrnehmen, interpretieren und sogar verzerren. Kognitive Strukturen geben dem Menschen

> sowohl die Freiheit der Entscheidung als auch Beschränkungen des Handelns – Freiheit, weil es ihm erlaubt, sich mit der Bedeutung von Ereignissen auseinanderzusetzen, statt ihn zu zwingen, ihnen hilflos ausgeliefert zu sein und sich von ihnen an die Wand drücken zu lassen, und Beschränkungen, weil er keine Wahlen außerhalb der Welt der Alternativen treffen kann, die er für sich errichtet hat.[66]

Schon hier deutet sich an, dass der rationale Entscheidungsprozess nicht *direkt* Gegenstand manipulativer Mechanismen zu sein scheint (wenngleich eine indirekte Beeinflussung möglich sein mag), da es hier zu sehr um bewusstes, unmittelbares Denken geht. Das Konzept des Affektiven hingegen, noch dunkler als das der Kognition, ist nun nicht als bloßer Widerpart derselben zu verstehen, sondern als weiterer *basaler Bestandteil eines Ganzen* – so wie Kognitionen affektive Zustände beeinflussen können, können Affekte auch kognitiv geleitete Prozesse wie Entscheidungen und letztlich das Handeln beeinflussen und zum Teil unterlaufen.[67] Versteht man Menschen als narrative Wesen, kann die ursprüngliche Dichotomie aufgebrochen und es können beide Anteile an Handlungen und diese bedingende Entscheidungsprozesse nachvollziehbar werden – doch dazu später mehr.

Ein dichotomisches Bild, das oft noch suggeriert wird, wenn wir Titel wie *Predictably Irrational* von Dan Ariely oder den Widerpart *Predictably Rational?* von Richard B. McKenzie lesen, ist also eher zu verabschieden – allein schon aufgrund seiner der menschli-

65 Hermann Hobmair, *Psychologie*, Troisdorf 2008, S. 38.

66 Lawrence A. Pervin, Daniel Cervone, Oliver P. John, *Persönlichkeitstheorien*, München, Basel 2005, S. 481.

67 Hobmair, *Psychologie*, S. 169 f.

chen Komplexität entgegenstehenden »sauberen« Trennung. Unser Verständnis davon, dass und wie Rationalität und Affekte zusammenspielen und sich gegenseitig bedingen, wächst stetig weiter – wenngleich wir von einem genauen, detaillierten und somit sich der Vollständigkeit zumindest annähernden Verstehen noch weit entfernt sind.

Um nun zu verstehen, in welchen Rahmen der menschlichen Handlungsleitung die Manipulation eingepasst werden kann, sollen die in der aktuelleren Forschung und den unterschiedlichen Disziplinen dominierenden Konzepte von Rationalität und Irrationalität im Folgenden vorgestellt werden (ohne deren Wechselwirkung zu vergessen). In Anbetracht der vielen variierenden Konzepte und der überbordenden Forschungsliteratur kann es hier allerdings nur in einem bescheidenen Sinne darum gehen, zusammenfassende Verständnismodelle zu entwickeln.

So viel vorweg: Vorstellungen, in denen die Rationalität des Menschen betont wird, sind weiter dominant. Die Gründe dafür sind verschieden und üblicherweise methodischer und/oder, wie angedeutet, doktrinärer Art: So lässt sich erstens mittels der Vorstellung des rationalen Handelns eines Menschen so manche Blackbox aus dem Weg räumen. Die Unklarheiten bezüglich anderer als pur rationaler Einflussfaktoren müssen dann nicht in einen Forschungszusammenhang einbezogen werden. Erklärungen im Sinne einer rationalen Wahl sind klar, zielführend, ergebnisorientiert und damit attraktiv. Zweitens kommt ein anderer gewichtiger Faktor für das Festhalten an der Rationalität hinzu (auf einen dahin gehenden menschlichen Narzissmus oder vielleicht sogar eine Scham, wie es Martha Nussbaum nennt,[68] gehe ich hier nicht weiter ein): Verwerfen wir das Konzept rationalen menschlichen Verhaltens, dann scheinen wir notwendigerweise auch die individuelle Freiheit – und damit auch unsere Würde – versteckten Kräften zu opfern, die in Wirklichkeit unsere Handlungen bestimmen. Hier haben wir es mit einer Annahme zu tun, die nicht nur im Bereich der Forschung, sondern auch in der Öffentlichkeit starke Befürworter hat. Dennoch bleiben andere Wissenschaftler wie Jonah Lehrer dabei: »Es gibt nur ein Problem mit der verbreiteten Vorstellung

68 Siehe zur Erklärung und als Nachweis Fußnote 59 in diesem Kapitel. Diese Scham bedingt laut Nussbaum die weitere Vertiefung des Dualismus von Rationalität und Affekt.

der menschlichen Rationalität: Sie ist falsch«[69] – oder wie es Carl Gustav Jung ausdrückt:

> Man darf sich […] nicht mit der Vernunft selber identifizieren; denn der Mensch ist nicht bloß vernünftig und kann und wird es nie sein. Das sollten sich alle Kulturschulmeister merken. Das Irrationale soll und kann nicht ausgerottet werden.[70]

Trotz der Sorge vor den Konsequenzen für unser Freiheits-, Selbst- und sogar Lebenskonzept wird in manchen Bereichen der Forschung mittlerweile aber doch immer deutlicher, dass die Rationalität bei weitem nicht die alleinige Dominanz im Prozess der menschlichen Entscheidungsfindung und Handlung beanspruchen kann. Sehen wir uns nun an, mit welchen Auffassungen wir es zu tun haben. In der gegenwärtigen Diskussion lassen sich drei Positionen zum Verständnis von Rationalität und Irrationalität unterscheiden:[71]

69 Jonah Lehrer, *How We Decide*, New York 2009, S. xv. Meine Übersetzung.

70 Carl Gustav Jung, *Über die Psychologie des Unbewussten*, Frankfurt/M. 1975, S. 73 f. »Vernunft« meint hier natürlich die gebündelte Fähigkeit des Rationalen oder, psychoanalytisch gesprochen: des Bewussten. Interessant ist das »soll« am Ende des Zitats. Es braucht nach Jung gute *irrationale* Sinnstiftungspotentiale, sonst könnte dieser Raum, wenn er nicht beispielsweise von einem Glauben an Gott besetzt wird, mit allem möglichen ausgefüllt werden, also auch Gefährlichem – den Glauben an Diktatoren zum Beispiel.
Jung trifft damit einen wichtigen Punkt: Natürlich muss unsere Gesellschaft auch mittels rationaler Grundlagen funktionieren, und am Ende sollte es nie bloß um den Affekt des einen oder anderen gehen, sondern um das bessere Argument. Diese Fähigkeit sollte daher auch geschult werden. Allerdings sind affektive Sinnstiftungspotentiale bzw. die Möglichkeit, einen affektiven Anschluss an das, was in der Gesellschaft geschieht, wie sie gestaltet ist etc., niemals zu vernachlässigen und sollten stets mitbedacht und positiv ausgefüllt werden (mit dem Bestärken der Gemeinschaft zum Beispiel), sonst droht die von Jung beschriebene Gefahr (die sich ja in Ansätzen derzeit, so könnte man sagen, in Form eines wiedererstarkenden Rechtspopulismus zeigt).

71 Vgl. hierzu Herbert A. Simon, »Rational choice and the structure of the environment«, in: *Psychological Review.* 63, 2 (1956), S. 129-138, Gerd Gigerenzer, »Bounded and Rational«, in: Robert J. Stainton (Hg.), *Contemporary Debates in Cognitive Science*, Oxford 2006, S. 115-133, Gerd Gigerenzer, *Rationality for Mortals. How People Cope with Uncertainty*, Oxford, New York 2008 (besonders die Kapitel 1-4), Gigerenzer, *Dorsch. Psychologisches Wörterbuch*, s. v. Rationalität, sowie allgemein Herbert A. Simon, *Models of Thought*, New Haven 1979.

(a) Unbegrenzte Rationalität

Der unbegrenzten Rationalität zufolge sind dem Menschen »alle für ein Problem relevanten Alternativen, Konsequenzen und Wahrscheinlichkeiten bekannt«, und er ist sich seiner rationalen Denkprozesse stets bewusst.[72] Entscheidungen kommen so zum Beispiel auf Basis der Maximierung eines erwarteten Nutzens zustande (siehe hierfür die Rational Choice-Theorie, die dies zur Grundannahme macht). Die Vorstellung einer solchen Rationalität bezieht sich auf Entscheidungsfälle, in denen Kalkulationen zur Bestimmung der besten Wahl durchgeführt werden und das Handeln dementsprechend angepasst wird.[73] Die kognitiv-rationalen Kapazitäten sind nach diesem Modell nicht nur dominant, sondern auch unbegrenzt. So wird in entsprechenden Theorien letztlich von vollständigem Wissen, unbeschränkter Zeit, der Möglichkeit der Affekt- und Situationsausblendung, der Ignorierbarkeit von Gewohnheiten, Erfahrungen und Sozialität sowie einem perfekten Gedächtnis ausgegangen. Hieran wird natürlich deutlich, dass die mit dieser Prämisse arbeitenden Ansätze einen bloßen modellhaften Charakter besitzen. Daher lässt sich in diesem Rahmen mit Gigerenzer von »Als-ob-Theorien« (statt konkreten Theorien über kognitive Prozesse) sprechen:[74] »In diesem Forschungsprogramm ist die Frage: Wenn Personen allwissend wären und all die nötige Zeit und Rechenleistung für eine Optimierung hätten, wie würden sie sich dann verhalten?«[75] Der Mensch ist hier von seinen natürlichen Wesenszügen und auch dem sozialen Rahmen unabhängig, stets bewusst und letztlich auch frei. Unbewusstes, Automatismen, Affekte, damit verquickte Gewohnheiten und Erfahrungen sowie situative und soziale Kontexte spielen keine Rolle. Gerade diese Faktoren aber können rationalen Zwecken immer auch entgegenwirken. Grundsätzlich ist der Erklärungswert dieser Theorien also

72 Gigerenzer, *Dorsch. Psychologisches Wörterbuch*, s. v. Rationalität, S. 1380.

73 Siehe hierfür beispielhaft Jon Elster, *Ulysses and the Sirens*, Cambridge 1979 (obwohl Elster sich schon in *Sour Grapes. Studies in the Subversion of Rationality*, Cambridge 1983, von der Rational Choice-Theorie deutlich distanziert) oder James M. Buchanan, Gordon Tullock, *The Calculus of Consent. The Logical Foundations of Constitutional Democracy*, Ann Arbor 1987.

74 Ebd., S. 1380; vgl. auch Gigerenzer, *Rationality for Mortals*, S. 5 f.

75 Gigerenzer, *Rationality for Mortals*, S. 5. Meine Übersetzung.

anzuzweifeln, lassen sie doch zu viele Faktoren außen vor, die eine perfekte Rationalität unterlaufen. Natürlich handelt es sich hier um ein idealisiertes Erklärungsmodell; dennoch ist zu fragen, wie stark der Erklärungswert wirklich ist, wenn er nur in der Sphäre des »Als-ob« verbleibt. Binden wir diese Vorstellung von Rationalität an das im vorhergehenden Kapitel vorgestellte Handlungsmodell zurück, wird schnell klar: Diese Vorstellung von dem, weswegen wir etwas wählen und danach handeln, ist viel zu eng. Wir wählen eben aus mehreren Gründen: Nicht nur, weil es instrumentell-rational *nützlich* ist (wie oben erwähnt, haben wir es hier mit einer Standardvorstellung innerhalb eines unbegrenzt-rationalen Kontextes zu tun), sondern auch, weil wir es schlicht (und nicht gemäß einer Kosten-Nutzenkalkulation) für *gut* oder *richtig* halten, etwas zu tun (zum Beispiel ein fair gehandeltes Produkt zu kaufen), oder weil wir ein *Wohlbefinden* (oder das Gegenteil) *empfinden* – aber auch hier sei noch mal der Hinweis wiederholt: Gemischte Motivationen sind immer denkbar (es bleibt eben doch ein Stück weit unordentlich, wenn wir den Menschen beschauen). Wir wählen aus vielerlei Handlungsleitungen, die aus Prinzipien, Idealen, Werten, Gewohnheiten und Erfahrungen wie auch aus affektiv angebundenen Wünschen (die auch unbewusst sein mögen), Ängsten und Bedürfnissen bestehen oder durch einen situativen oder sozialen Kontext bedingt werden. Eine Vorstellung der unbegrenzten (ökonomischen) Rationalität versimplifiziert so nicht nur Akteure, die letztlich endliche Wesen sind, sondern auch den gesamten Entscheidungsprozess. Zu oft wählen wir nicht das Nützlichste, denn wir entscheiden uns aus einem bunten Strauß der gerade aufgebotenen Zwecke heraus. Des Weiteren ist die Vorstellung unbegrenzter Rationalität in noch einer weiteren Hinsicht eindimensional, da sie nicht einrechnet, dass Akteure Entscheidungen, nachdem sie getroffen wurden, auch aufrechterhalten müssen.[76] Natürlich machen alle diese als Einwände angeführten Faktoren eine Betrachtung von Entscheidungen schwierig und unordentlich. Doch ohne sie ist ein angemessenes Verständnis unserer Handlungsleitung und auch die Frage nach der Weite unserer Freiheit schlichtweg nicht zu erreichen. Der Erklärungswert dieses Ansatzes für die Manipu-

76 Vgl. Mark D. White, *The Manipulation of Choice. Ethics and Libertarian Paternalism*, New York 2013, S. 1-15.

lation ist in Anbetracht seiner vielfältigen Schwächen also nur begrenzt, schließlich nimmt sie auf alles andere als die Rationalität einen stärkeren Bezug. Mehr noch: Manipulation könnte bei einer makellosen Rationalität vermutlich keinerlei Wirkung erzielen.

(b) Unbegrenzte Rationalität mit Randbedingungen

Die zweite große Klasse von Rationalitätsverständnissen versucht das Ideal der unbegrenzten Rationalität aus (a) so weit wie möglich zu erhalten, gibt aber zu, dass realistischere Bedingungen berücksichtigt werden müssen. Dies ist meist auch das Verständnis derer, die vom Glauben an die unbegrenzte Rationalität abfielen bzw. deren Modellcharakter für zu weit von der Realität entfernt hielten.[77] So werden Akteure intern (zum Beispiel durch ein endliches Gedächtnis) und extern (zum Beispiel aufgrund von Kosten für Informationen) begrenzt – wenngleich ihnen stets klar ist, was zur »unbegrenzt rationalen Wahl« noch fehlt. Was hier also berücksichtigt werden kann, sind zum Beispiel Situationen, in denen Informationen erst gefunden werden müssen, sowie weitere Umstände, die eine Auswirkung auf das Handeln haben (wenngleich nicht ganz klar ist, ob und wie interne und externe Begrenzung zu trennen sind, da zum Beispiel externe Faktoren immer auch eine interne Wirkung entfalten können). Entsprechende Modelle legen also offen, welche Informationen bei welchen Teilschritten zur Verfügung standen, um hieraus Handeln zu erklären und abzuleiten (vgl. hierfür die sequentielle Entscheidungstheorie[78]), und versuchen, weitere Randbedingungen in die Analyse zu integrieren. Diese Methode erweist sich jedoch als aufwändig und ineffizient, da es zu viele und vielfältige Randbedingungen gibt. Es ist eben schwierig, den nichtrationalen Anteil in uns einzurechnen. Aufgrund der Komplikationen, die aus der Betrachtung realer Umstände erwachsen, erfreuen sich die Modelle dieser zweiten Richtung also keiner allzu großen

77 Vgl. beispielhaft Raymond Boudon, »Beyond Rational Choice Theory«, in: *Annual Reviews Sociology* 29 (2003), S. 1-21, oder Katie S. Steele, »What are the minimal requirements of rational choice? Arguments from the sequential-decision setting«, in: *Theory and Decision* 68, 4 (2010), S. 463-487.

78 Vgl. Steele, »What are the minimal requirements of rational choice?«, Drew Fudenberg, Jean Tirole, *Game Theory*, Cambridge, London 1993.

Beliebtheit, weswegen oft wieder auf (a) zurückgegriffen wird.[79] Dennoch: (b) rückt näher an die Realität heran und ermöglicht uns, das etablierte Verständnis von Manipulation in folgendem Sinne anzuschließen: Sie lässt sich als eine Art interner Herausforderung denken, die eine affektive Reaktion im Akteur hervorruft, der dann durch diesen Umstand einen anderen Handlungsweg einschlagen könnte.[80] Auch als Art externer Herausforderung ist sie denkbar, indem eine kontextuelle, strukturell manipulative Veränderung dann immer eine wiederum interne Begrenzung auslöst. Eingeschränkt bleibt der Erklärungswert dieses Modells letztlich aber trotzdem, da erstens nicht klar ist, wo die Grenze zwischen unbegrenzter Rationalität und Irrationalität zu ziehen bzw. wie deren Wechselspiel zu zeichnen ist, und zweitens die erwähnten »Randbedingungen« meist unterbestimmt bleiben.

(c) Begrenzte Rationalität und systematische Irrationalität[81]

Entgegen den ersten beiden Modellen gibt es auch solche, die die basale Annahme, dass der Mensch rational sei, ganz grundsätzlich infrage stellen und das spezifisch Menschliche im Gegenzug ins Irrationale verlegen. Irrationalität ist dabei nicht im Sinne der vollkommenen Vernunftwidrigkeit (oder im Sinne Erich Fromms als höchst subjektive Weltsicht) zu verstehen, sondern als ein Prozess, der mit der Ratio im akuten Moment nicht fassbar ist und dem

79 Vgl. Gigerenzer, *Dorsch. Psychologisches Lexikon*, s. v. Rationalität, S. 1380.

80 Vgl. zu diesem Verständnis auch das ideomotorische Modell von Eder und Rothermund in: Andreas B. Eder, Klaus Rothermund, »Emotional Action. An Ideomotor Model«, in: Changiz Mohiyeddini, Michael Eysenck, Stephanie Bauer (Hg.), *Handbook of Psychology of Emotions. Recent Theoretical Perspectives and Novel Empirical Findings*, Bd. 1, New York 2013, S. 11-38.

81 Der paradox wirkende Ausdruck »systematische Irrationalität« ist bewusst gewählt, da gerade Forscher wie Dan Ariely von einer vorhersagbaren Irrationalität ausgehen, der also wiederum eine Systematik zugrunde liegt – womit sie letztendlich wieder so was wie den Anstrich der Denkmodelle unbegrenzter Rationalität bekommt (vgl. Ariely, *Denken hilft zwar, nützt aber nichts*, S. 21 f.). Es liegt wahrscheinlich gerade an der unzureichenden Ablösung von dominanten Rational Choice-Modellen und dem Festhalten am Vorhersagbarkeitsbestreben der Psychologie, dass selbst irrationale Regungen systematisch eingeordnet werden – und der Schritt zu einem Neudenken des Verhältnisses von zum Beispiel Rationalität und Affekten als Zusammenspiel oft nicht getan wird (und dieser natürlich auch extrem anspruchsvoll ist).

klassisch als rationales Denken (samt der daran angeschlossenen Selbstreflexion) verstandenen Prozess so zunächst verschlossen bleibt. Hier lassen sich die Begriffe »Unbewusstes«, »Affekt«, »Gewohnheit«, »Erfahrung«, »situativer und sozialer Kontext« und auch »Automatismus« wieder ins Spiel bringen. Sie alle stehen im Bereich des Irrationalen im Zuge der Handlungsleitung im Vordergrund, genauso wie situative und soziale Kontexte mit hineinspielen und in ihrer Wichtigkeit nicht zu unterschätzen sind, da sie Entscheidungsmomente spezifisch anreichern können. Kognitiv-rationale Prozesse kreieren, so die modernen Theoretiker der Irrationalität, im Anschluss die Illusion, rational entschieden zu haben, indem das unbewusst Ablaufende konsistent und kohärent in unsere Interpretation der Welt einsortiert und mit unserer Affektpalette stimmig und möglichst harmonisch synchronisiert wird, so dass es befriedigt und genügt.[82] Herbert Simon hat dafür den Begriff »begrenzte Rationalität« (*bounded rationality*) geprägt, der keinen Mangel, sondern den Standardmodus menschlichen Verarbeitens, Entscheidens und Handelns unter den Voraussetzungen einer begrenzten Rationalität beschreiben soll.[83] Selbst wenn Akteure darauf aus wären, ihren Nutzen zu maximieren, wie es Rational-Choice-Modelle postulieren, könnten sie sich gemäß Simon nicht gegen die oben genannten Beschränkungen der rationalen Berechnung durchsetzen. Die oben genannten Faktoren beeinflussen den Ent-

82 Zur weiteren modernen Forschung zum Vorhandensein und Funktionieren unbewusster Denkweisen vgl. Ran R. Hassin, James S. Uleman, John A. Bargh (Hg.), *The New Unconscious*, Oxford 2005, oder Timothy D. Wilson, *Strangers to Ourselves. Discovering the Adaptive Unconscious*, Cambridge 2004. Herbert Simon benennt die stimmige und möglichst harmonische Einordnung mit einer Wortneuschöpfung: »satisficing« – aus *satisfying* (befriedigend) und *suffice* (genügend). Damit wird das Gegenteil einer Optimierung ausgedrückt. Akteure wählen demnach oft die erste befriedigende und genügende Möglichkeit, einen angestrebten Zweck zu erfüllen, und nicht den optimalen, bestmöglichen Weg. Dabei ist ein sogenanntes »Anspruchsniveau« ausschlaggebend, das gemäß den situativen und sozialen Kontexten und auch deren Erfahrungen, Gewohnheiten und Affekten gefunden wird (vgl. Herbert A. Simon, »A Behavioral Model of Rational Choice«, in: *Quarterly Journal of Economics* 69 (1955), S. 99-118, sowie Helmut Laux, *Entscheidungstheorie*, Berlin, Heidelberg, New York 2005, S. 54 f.). Dieses Anspruchsniveau lässt sich an das narrative Modell zurückbinden – siehe weiter unten.

83 Vgl. Herbert A. Simon, »Theories of decision making in economics and behavioural science«, in: *American Economic Review* 49, 3 (1959), S. 253-283, hier S. 279 f.

scheidungsprozess nicht nur permanent, Menschen nutzen selbst bei guter Informationslage Heuristiken, die nicht alle verfügbaren Informationen verwenden. Heuristiken sind innere Prozesse, die trotz unvollständiger Informationen, bestimmter Affektlagen und Erfahrungswerte sowie situativer und sozialer Einbettung Handlungen möglich machen, indem sie die in uns vorhandene Mischung aus »Bewegern« spezifisch bündeln und in eine Handlungsfähigkeit gießen – dies kann stark automatisiert sein oder im Sinne einer spontaneren Strategiefindung verstanden werden. Es handelt sich um eine Art Platzhalterbegriff, der deutlich machen soll, dass sich all die vielfältigen und komplexen Faktoren immer noch zu einer Handlungsleitung bündeln lassen. Vor Rational-Choice-Hintergründen ist hierfür die Rationalität zuständig, die eine Heuristik logisch-quantifizierender Art bedingt. Die systematischen Irrationalitätsverfechter sehen dagegen bestimmte ausschlaggebende, abseits des Rationalen bestehende Abläufe am Werk.[84] Bekannt geworden ist in der Nachfolge Simons der Ansatz von Autoren wie Kahneman und Tversky, in dem »Heuristiken und Verzerrungen« als dominante Grundlage unserer Handlungsleitung gesehen werden.[85] Sunstein und Thaler treiben die Vorstellung einer begrenzt rationalen Funktionsweise der Akteure schließlich bis hin zu einer wesentlich dominierenden Irrationalität, die systematisch ist. Dieses Lager will zeigen, dass kognitive Prozesse sowohl valide als auch invalide Urteile hervorbringen können.[86] Ein klassisches Beispiel für ein invalides Urteil ist der Stab, der im Wasser »geknickt« aussieht – eine unmittelbare Wahrnehmung, die wir erst rational einholend verstehen können. Das angestrebte Ziel ist es, die invaliden, fehlerhaften Urteilsprozesse aufzuzeigen, die als systematische Ab-

84 Die bekanntesten Heuristiken sind wohl das *Trial-and-error*-Verfahren sowie das Ausschlussverfahren. Es gibt aber auch elaboriertere Heuristiken, die unter vielen verschiedenen Namen firmieren, so etwa Affektheuristik, Rekognitionsheuristik, Ankerheuristik oder Verfügbarkeitsheuristik. Die Liste hat sich im Laufe der Jahre stark vergrößert und wird fortlaufend erweitert.

85 Vgl. hierzu Daniel Kahneman, Amos Tversky, »On the Reality on Cognitive Illusions«, Thomas Gilovich, Dale W. Griffin, Daniel Kahneman (Hg.), *Heuristics and Biases. The Psychology of Intuitive Judgment*, Cambridge 2002. Meine Übersetzung.

86 Die Kategorien valide/invalide sind hierbei bereits problematisch, weil die Frage aufkommt, in welchem Sinne zum Beispiel »valide« gemeint ist – hierzu weiter unten mehr.

weichungen von der paradigmatischen Rationalität identifiziert werden können. Die Gründe für die Abweichung sind verschiedene: Statt einer logischen und nutzenmaximierenden Denkweise nutzen Akteure natürlich vorhandene, schnell arbeitende und energetisch sparsame Heuristiken (die dann einen »bias«, eine Verzerrung, verursachen). Der Einsatz der Heuristiken kommt daher, dass unsere Rationalität eben nicht unbegrenzt ist, sondern beispielsweise durch die Komplexität einer Entscheidungssituation erschwert wird.[87] Interessant für die Manipulation sind also nicht nur direkt die Affekte, damit verquickte Erfahrungen, Gewohnheiten, konkrete situative und soziale Kontexte und unbewusste Inhalte, sondern auch all jene Ordnungen dieser Faktoren in Heuristiken. So bezeichnet die Affektheuristik etwas, das wir bestens kennen: In Entscheidungssituationen werden schlicht Affekte als Grundlage herangezogen. Hierfür kommt vor allem das in Kapitel 1 vorgestellte, innerhalb unseres Manipulationsmodells hochrelevante Wohlgefallen (oder das Gegenteil) infrage. Eine Entscheidung und die an sie angeschlossene Handlung wird also durch ein oft diffuses Gefühl geleitet – und das in alltäglichsten Situationen: »[D]er […] Einsatz von Affekten als Informationsquelle durchzieht das tägliche Leben und ist nicht auf irgendeinen speziellen Bereich limitiert.«[88] Wir kennen diesen Prozess von sehr vielen spontanen Entscheidungen: bei der Auswahl von Restaurants, des dortigen Essens, der ersten Beurteilung von Personen (sei es privat oder im politischen Rahmen) oder eben aus der Werbung, die oftmals ein diffuses Gefühl in uns induzieren kann, das zum Kauf einer Ware führt, die wir – ohne rational verarbeitend darüber nachzudenken – im Laden irgendwie gefühlt als qualitativ hochwertiger beurteilen (man könnte vorsichtig behaupten, dass unser Set an Heuristiken, stetig durch Erfahrung jeglicher Art erweitert, wesentlich das konstituiert, was wir »Intuition« nennen). Affektheuristiken sind also schnell und vor allem effizient. Sie haben zudem die große Stärke, dass Akteure normalerweise davon ausgehen, dass sie sich auf ihre Gefühle verlassen können und so das rationale Hinterfragen zunächst hintangestellt bleibt. Durch ihre Struktur bieten sie eine

87 Vgl. Gigerenzer, *Rationality for Mortals*, S. 6.

88 Norbert Schwarz, »Feelings-as-Information Theory«, in: Paul A. M. Van Lange, Arie W. Kruglanski. E. Tory Higgins (Hg.), *The Handbook of Theories of Social Psychology*, Bd. 1, Los Angeles 2012, S. 289-308, hier S. 289. Meine Übersetzung.

gute Grundlage für die Analyse einer Handlung, wenngleich ihnen durch unser nur teilweises Verständnis einzelner Individuen und der in ihnen ablaufenden affekt-, gewohnheits- und erfahrungsgebundenen und unbewusst ablaufenden Prozesse und nicht zuletzt aufgrund situativer und sozialer Faktoren immer etwas Spekulatives anhaftet – womit sie mitunter wieder zu einer Blackbox werden, was viele Ansätze von Rationalität eigentlich vermeiden wollen. Gleichzeitig erhöht eine solche Integration jedoch das Erklärungspotential für das Zustandekommen von Handlungen. So berichtet Ariely von Mark Twain, dem zufolge Tom Sawyer ein tiefes Gesetz der menschlichen Handlungsweise entdeckt hatte – nämlich, dass man, um jemanden etwas begehren zu lassen, dieses Etwas schlicht als schwer erreichbar darstellen muss.[89] Wenn ein Gegenstand also schwer zu bekommen ist, steigt das Begehren, der Wunsch danach, ihn zu besitzen: »Ausgestattet mit dieser neuen ›Information‹, entdecken seine Freunde die Freuden des Zaunstreichens. Bald bezahlen sie Tom nicht nur für dieses Privileg, sondern es macht ihnen auch wirklich Spaß.«[90] Hier wurde also ein eigentlich als unangenehm eingestuftes Erlebnis zu einem angenehmen.[91] Es hilft auch, dass Menschen nach »beliebiger Stimmigkeit« streben, einer Form von Kohärenz- und Konsistenzbestreben, die verhindert, dass wir dem negativen Empfinden von Dissonanz ausgesetzt sind und uns stattdessen weiter wohlfühlen können. Im Rahmen dieses Vorganges werden unsere Entscheidungen und Handlungen möglichst kohärent und konsistent mit unseren über Erfahrungen und rationales Nachdenken gewonnenen Prinzipien, Wertvorstellungen, Überzeugungen sowie unseren Gewohnheiten, Affekten und spezifischen situativen und sozialen Faktoren übereingebracht. Die Manipulation kann nun insbesondere bei dem ansetzen, was die Rationalität begrenzt (bis hin zum Irrationalen). Mit dem Axiom der Irrationalität in unserem Wesen, wie es von Machiavelli, Montaigne, Nietzsche, Freud und anderen postuliert wurde, und der Annahme einer stets begrenzten Rationalität ist der Hintergrund für die Manipulierbarkeit des Menschen im Sinne des

89 Vgl. Dan Ariely, *Predictably Irrational. The Hidden Forces That Shape Our Decisions*, New York 2008, S. 25. (Dt. Ausgabe: *Denken hilft zwar, nützt aber nichts. Warum wir immer wieder unvernünftige Entscheidungen treffen*, München 2008.)

90 Ariely, *Denken hilft zwar, nützt aber nichts*, S. 64.

91 Vgl. ebd., S. 66.

Pleasurable-Ends-Modells gegeben. Diese Hintergrundfolie, also der bereits erwähnte interne, begrenzt rationale Kontext des Rezipienten, aber auch externe Kontexte, also situative oder soziale Konstellationen, bedingen letztlich die Ausgestaltung der Manipulation als Stimulus innerhalb einer Kommunikationssituation.

Da die verschiedenen existierenden Ansätze[92] in der Betonung des Ausmaßes der Begrenzung von Rationalität und Irrationalität variieren, möchte ich zur Stärkung des Vorschlags der Annahme einer Konzeption der begrenzten Rationalität noch kurz auf die Problemstellungen der »systematischen Irrationalisten« eingehen. Als Beispiel kann uns hier Dan Ariely dienen, der das Irrationale als so allgegenwärtig ansieht, dass Akteure eben als systematisch, als vorhersagbar irrational gesehen werden können – schließlich seien wir alle letzten Endes eigentlich eher ahnungslose Gänslein.[93] (So weit würden Herbert Simon und seine Nachfolger – darunter ich selbst – allerdings nicht gehen.) Arielys Konzept ist dann auch speziell: Eigentlich versucht er, die Vorhersehbarkeit, die auch das Ziel von Ansatz (a) gewesen ist, unbedingt zu erhalten, während er gleichzeitig das Konzept der Rationalität vollkommen infrage stellt. Genauso wie die Ansätze (a) und (b) bringt das einige Probleme mit sich: Obwohl Irrationalitätskonzepte nun in direkter Opposition zu den Konzepten (a) und weitestgehend auch (b) stehen, erhalten sie doch deren Normen. Als Kahneman und Tversky also feststellten, dass Akteure gegen die Gesetze der Logik verstießen (statt »validen« also »invalide« Urteile fällten), beließen sie es dennoch bei der Norm logischer Standards als korrekte Folie für das Studium menschlichen Handelns.[94] Wenn also auch die Implikation, dass Akteure nicht nach den Gesetzen unbegrenzter Rationalität handeln, korrekt sein mag, wurden weitergehende notwendige Konsequenzen, also eine Korrektur unseres Verständnisses von »valide« und »invalide« oder eine Vertiefung unseres Verständnisses des Zusammenspiels von Rationalität und Irrationalität, daraus nicht

92 Vgl. auch Jon Elster, *Sour Grapes*; Gary S. Becker, »Irrational Behavior and Economic Theory«, in: *Journal of Political Economy* 70 (1962), S. 1-13; Raymond Boudon, »Beyond Rational Choice Theory«; Jennifer Church, »Reasonable Irrationality«, in: *Mind* 96 (1987), S. 354-366.

93 Vgl. hierzu allen voran Ariely, *Predictably Irrational*, S. 28.

94 Vgl. Daniel Kahneman, Paul Slovic, Amos Tversky, *Judgment under uncertainty. Heuristics and biases*, Cambridge 1982, S. 493.

gezogen.[95] Auch Gigerenzer kritisiert vor diesem Hintergrund, dass die Forscher um den *heuristics and biases*-Ansatz zögern, den notwendigen Schritt der Verabschiedung bisheriger Normen zu gehen und testbare Theorien der Heuristiken bereitzustellen. So würde das Bild einfach nur umgedreht, statt eine neue ganzheitliche Theorie zu entwickeln. Und auch der Heuristik-Ansatz droht, als immer weiter fortzuschreibende Liste von *post hoc*-Erklärungen zu enden, deren Überprüfbarkeit ohne eine sich von den bestehenden Ansätzen lösende Theorie fragwürdig bleibt.[96] Die dominierenden Ansätze, die die Irrationalität zu erklären versuchen, sind so gewissermaßen in der gleichen Problematik gefangen wie die Vertreter der unbegrenzten Rationalität: Es wird versucht, Vorhersagen zu machen und Effekte zu messen; die Konzeptualisierung von Prozessen sowie entscheidende Faktoren unserer endlichen Bedingtheit aber bleiben außen vor – auch hier, um gemäß positivistischer Wissenschaft das bloß Sichtbare zu beleuchten und damit dem Spekulativen aus dem Weg zu gehen.

Es erübrigt sich fast, festzustellen, dass die meisten Ansätze aus (a) und (c) die Möglichkeit eines Zusammenspiels von Rationalität und Irrationalität zu wenig in Erwägung ziehen und (b) diese Vorstellung nicht ausformuliert.[97] Wie so oft scheint die Wahrheit letztlich irgendwo in einem mittleren, dynamischen Verhältnis von Rationalität und Irrationalität zu liegen, dem das Konzept von begrenzter Rationalität wohl am nächsten kommt.

Zwischenfazit – Rationalität und Irrationalität im Verbund und die Konsequenzen für unser Freiheitsverständnis

Wie können wir also das in uns wirksame wechselseitige Verhältnis von Rationalität und Irrationalität ausgewogen fassen, ohne dass es allzu schwammig bleibt (wie gelingt uns sozusagen die Quadratur des Kreises)? Wir haben uns gefragt, wie wir unsere offensichtliche Fähigkeit, rational zu sein, verstehen können. Dabei sind wir auf drei Modelle eingegangen. Im ersten Modell (a) wird unsere

95 Vgl. auch White, *The Manipulation of Choice*, S. 23 f.

96 Vgl. Gigerenzer, *Rationality for Mortals*, S. 7.

97 Vgl. Richard B. McKenzie, *Predictably Rational? In Search of Defenses for Rational Behavior in Economics*, Berlin, Heidelberg 2010, S. 260.

Rationalität als optimal, allumfassend und unbegrenzt verstanden, wie eine Art Computer, der mit dem Vorhandensein sämtlicher Informationen für jedes Problem die richtige Strategie erarbeitet, die richtigen Mittel wählt und die Ausführung überwacht. Diese Vorstellung einer unbegrenzten Rationalität hat etwas Majestätisches an sich, sie ist ein Bild, in dem wir uns zu gefallen scheinen, sie betont das bewusste Agieren, die Sphäre der objektiven und buchstäblichen Erkenntnis der Welt, ermöglicht eine Form vollkommener Freiheit inklusive freier Wahl und Autonomie, als Ausdruck der reinen, von allem Individuellen, Situativen und Affektiven gereinigten praktischen Vernunft – und ist ohne Anbindung an die Realität.[98] Modell (b) versucht dagegen zwar verschiedene Faktoren einzuführen, die eine unbegrenzte Rationalität einschränken, wie eine erschwerte Suche nach Informationen oder unser fehleranfälliges Gedächtnis, bleibt aber dem Verständnis des unbedingten Optimierens der Rationalität verbunden. Diese beiden Modelle repräsentieren einen Gutteil der dominanten Vorstellungen in den Wirtschafts- und Sozialwissenschaften, der Psychologie und auch in der Philosophie. Durch die mittlerweile beliebten Konzepte (c) wurden diese Vorstellungen angegriffen. Hier gilt, dass wir meist irrational entscheiden und handeln. Um fair zu bleiben: Jedes Modell, das versucht, einen Aspekt der Realität herauszugreifen, egal ob philosophisch oder psychologisch, lässt notwendigerweise Details außen vor, so auch meines. Es gibt gewissermaßen nur die Entscheidung für ein sauberes, aber unterkomplexes Modell, oder aber das Wagnis eines integrativen Ansatzes, der zwar der Realität näher steht, aber eben auch die mangelhafte Beschreibung von Prozessen riskiert. Bei den genannten Modellen sollte klar geworden sein, dass nicht die vernachlässigbaren Dinge für ein Verständnis von Entscheidungen und Handeln außen vor gelassen wurden. Der Eindruck von einem Glauben entsteht, der wie folgt geartet zu sein scheint: Wenn wir nicht rational über den Dingen stehen, ist unsere Fähigkeit zur Rationalität günstigstenfalls im Krieg mit dem dunklen Unbewussten in unserem Inneren; schlimmstenfalls müssen wir unsere Rationalität komplett verabschieden und das Hirn als Knoten kognitiver Verzerrungen, affektiver Flutungen, träger Gewohnheiten und hin- und hergerissen zwischen situativen sowie

98 Vgl. Gigerenzer, *Rationality for Mortals*, S. 18.

sozialen Kontexten und der Erfahrung ansehen. Damit wären wir nur mehr Biester – ein Urteil, das gerade die Verteidiger der Rationalität im Laufe ihrer Geschichte etablierten.

Obwohl in dieser langen Geschichte viele Differenzen bezüglich unserer rationalen Natur und ihrer Grenzen bestanden und weiter bestehen, wird immerhin eines deutlich: Unsere Rationalität – und somit unsere Fähigkeit zur Vernunft – ist (und kann es bleiben) ein *definiens* des Menschlichen – und doch lässt sich mit Jung sagen (auch wenn seine strenge Dichotomie zwischen »gesetzmäßig« und »nicht gesetzmäßig« fragwürdig ist):

> Die Fülle des Lebens ist gesetzmäßig und nicht gesetzmäßig, rational und irrational. Darum gelten die Ratio und der in ihr begründete Wille nur eine kurze Strecke weit. [...] Es war gewiß eine große Zweckmäßigkeit für den Menschen, überhaupt imstande zu sein, seinem Leben Richtung zu geben. Die Erlangung der Vernünftigkeit sei die größte Errungenschaft der Menschheit, kann man mit Fug und Recht behaupten.[99]

Sind wir nun aber, banal gesagt, mehr rational oder mehr irrational? Die künftige Forschung wird sich mit dem Versuch des konsistenten Zusammendenkens und möglichst sauberen Konzipierens dieses Verhältnisses beschäftigen müssen. Gerade die Diskussion zwischen Kahneman und Tversky auf der einen und Gigerenzer auf der anderen Seite wurde oft so verstanden, dass ersteres Gespann das Glas unserer Rationalität als halb leer und Gigerenzer es als halb voll sieht; damit bestehe zumindest *eine* Übereinstimmung, wie Samuels, Stich und Bishop in ihrem Aufruf zum »Ende des Rationalitätskrieges« zusammenfassen:

> Entgegen den Äußerlichkeiten gibt es bei genauerem Hinsehen eigentlich keine grundsätzliche Uneinigkeit [...] über das Ausmaß der menschlichen Rationalität. [...] So wird klar, dass die streitenden Parteien vielmehr mit der gegnerischen Seite zusammenarbeiten sollten und deren Kernpunkte integrieren und anerkennen müssen.[100]

99 Jung, *Über die Psychologie des Unbewussten*, S. 51.

100 Richard Samuels, Stephen Stich, Michael Bishop, »Ending the Rationality Wars. How to Make Disputes About Human Rationality Disappear«, in: Stephen Stich (Hg.), *Collected Papers, Volume 2. Knowledge, Rationality, and Morality, 1978-2010*, Oxford 2012, S. 191-223, hier S. 210 f. Meine Übersetzung. Gigerenzer versucht dann genau dies. Wenngleich uns diese Vorstellung nicht unmittelbar im Verständnis der Manipulation weiterhilft, soll sie hier wegen

Denn, so könnte man sagen, die Rationalität spielt eine ähnlich große Rolle in beiden Blickwinkeln – nur ist die Rationalität dabei eben nie vollkommen. »Das himmlische Ideal perfekten Wissens, unmöglich auf Erden, das den Goldstandard für viele Ideen von Rationalität verkörpert«,[101] kann also verabschiedet werden, was nicht heißt, dass die Rationalität insgesamt, wie in (c) manchmal suggeriert, über Bord geworfen werden muss. Es ist zu fragen, ob die Kritik der Irrationalitätsverfechter an (a) wirklich zeigt, dass wir irrational sind oder ob sie bloß zeigt, dass die Definition der unbegrenzten Rationalität defizitär ist (was sie *de facto* ist).

Wie ist das Verhältnis von Rationalität und Irrationalität nun gestaltet, wo liegen die jeweiligen Grenzen? Zunächst lässt sich sagen, dass offenbar einige Akteure größeren Zugriff auf ihre rationalen Kapazitäten und damit verbundene Handlungsleitungen haben als andere, wenngleich offensichtlich niemand unbegrenzt rational ist. Für uns Normalsterbliche ist die Rolle des Affektiven, der sich auch hier wieder Automatismen, Erfahrungen, Gewohnheiten sowie situative und sozialen Kontexte zugesellen, von größter Wich-

ihres interessanten Blickpunkts kurz erwähnt werden: In seiner Vorstellung ist für das Verständnis unseres Wesens bestimmend, dass unsere kognitiven Strategien in einer Paarung mit der Umwelt entstanden sind. Es geht nicht um eine Optimierung, die die anderen Modelle voraussetzen, sondern um eine »ökologische Rationalität«. Im Anschluss an Herbert A. Simons »begrenzte Rationalität« und seine Scheren-Metapher, in der die begrenzte Kognition und die Umwelt die Klingen darstellen, »ist rationales Verhalten als Passung von kognitiven Strategien und Umweltstrukturen zu verstehen und nicht alleine als das Ergebnis ›interner‹ Prozesse wie die Konsistenz zwischen Argumenten«. Es geht also weniger um Regeln der Logik, die immer und überall als rational zu verstehen sind (und eine Abweichung davon als irrational), sondern um ein relatives Verständnis von Rationalität im Rahmen einer Umwelt. Ähnliche Ergebnisse finden wir in der Wahrnehmungspsychologie. Claus-Christian Carbon macht hier deutlich, dass »[u]nsere Wahrnehmung […] stark von unserem Vorwissen beeinflusst« ist, auf Erfahrungen und Erwartungen aufbaut und im Verbund mit der Umwelt dementsprechende Bedeutungen schafft. Wahrnehmungen sind nichtveridisch, fehlerhaft, imperfekt und dennoch im Stile einer ökologischen Rationalität geleitet und damit hocheffizient. Vgl. hierzu Claus-Christian Carbon, »Wahrnehmungspsychologie«, in: Astrid Schütz, Matthias Brand, Herbert Selg, Stefan Lautenbacher (Hg.), *Psychologie. Eine Einführung in ihre Grundlagen- und Anwendungsfelder*, Stuttgart 2015, S. 73-85, hier S. 75 und 82.

101 Gigerenzer, *Rationality for Mortals*, S. 4. Meine Übersetzung.

tigkeit. Es ist von einem komplexen Wechselspiel auszugehen, dass schon Jean-Jacques Rousseau, hier insbesondere in Bezug auf das Rationale und unsere Affekte, eindringlich beschreibt:

> [D]er Verstand verdankt vieles den Leidenschaften, die nach allgemeiner Ansicht auch ihm viel verdanken. Durch ihre Aktivität gerade vervollkommnet sich unsere Vernunft; wir suchen zu erkennen, nur weil wir zu genießen begehren; und es ist nicht möglich, sich vorzustellen, warum einer, der weder Begierden noch Ängste hätte, sich die Mühe machen sollte, nachzudenken. Die Leidenschaften ihrerseits gewinnen ihren Ursprung aus unseren Bedürfnissen und ihren Fortschritt aus unseren Kenntnissen; denn man kann die Dinge nur aufgrund der Vorstellungen begehren oder fürchten, die man von ihnen haben kann, oder durch den einfachen Trieb der Natur.[102]

Nicht nur bringt Rousseau hier das Rationale mit dem Affektiven in eine Wechselbeziehung, er eröffnet in seinem *Diskurs über die Ungleichheit* auch eine Art Kontinuum der Handlungsfähigkeit, in dem die jeweiligen Einflüsse von Ratio und Affekt jeweils stärker oder weniger stark, aber niemals vollkommen ausgeschaltet sind – in beide Richtungen. Dabei sind die Affekte unmittelbarer, eben aufgrund von »Vorstellungen« oder ganz durch die Natur bedingt (können aber durch die Rationalität einen »Fortschritt« erfahren, Einsichten bieten und kontrolliert werden), und die Rationalität ist gar nicht ohne die Einwirkung der Affekte zu denken. Letztlich verhält es sich nach Rousseau schließlich so: »Die Natur befiehlt jedem Lebewesen, und das Tier gehorcht. Der Mensch verspürt denselben Drang, doch er erkennt sich als frei, ihm nachzugeben oder zu widerstehen.«[103] Die Unterscheidung von Mensch und Tier liegt also in der menschlichen Möglichkeit der Selbstbefähigung mittels einer Rationalität, die aber Einschränkungen hat, also immer wieder von Automatismen (bei Rousseau eher »Instinkten«), Affekten (bei Rousseau »Leidenschaften«) und, so kann man erneut hinzufügen, damit verbundenen Gewohnheiten und Erfahrungen sowie situativen und sozialen Kontexten berührt wird und mit ihnen mal mehr und mal weniger souverän umgehen kann.

Hieran anschließend scheint mir Simons ähnliche, aber in die

102 Jean-Jacques Rousseau, *Abhandlung über den Ursprung und die Grundlagen der Ungleichheit unter den Menschen*, Stuttgart 2010, S. 46 f.

103 Ebd., S. 45.

moderne Psychologie integrierte Vorstellung von einer begrenzten Rationalität, die die Rationalität eben noch als wesentliche Variable, als Möglichkeitsraum der Annäherung an eine intersubjektive, vielleicht sogar objektive Verständigung über die Welt erhält, eine gute Hintergrundfolie für unser Verständnis des Menschen und seiner Manipulierbarkeit zu bieten – auch wenn wir es hier nicht mit einer exakten Definition zu tun haben, sondern vielmehr mit einer Problematik, die beständig weiter erforscht werden muss und interpretierbar bleibt – was allerdings unserem bisherigen Wissen gemäß wahrscheinlich angemessen ist.[104] Der Status dieser Idee erfordert also zunächst weiter die Überprüfung durch die Forschung verschiedener empirischer, aber auch theoretischer Blickwinkel. Klar ist, dass unsere Rationalität in einem evolutionären Prozess entstanden sein muss, in dem es sinnvoll und mit Vorteilen verbunden war, diese Fähigkeiten zu haben und zu erweitern. Dasselbe gilt aber auch für unsere anderen, automatisierten Regungen, Heuristiken und affektive Attribute, die gleichzeitig unsere rationalen Kapazitäten begrenzen. Die Vorstellung einer unbegrenzten Rationalität ist so, einmal mehr, weit entfernt von einer Plausibilität aufgrund ihrer natürlichen Grundlage. Trotz der komplexen Umwelt, die wir uns mit Hilfe der Fähigkeit zur Rationalität aufgebaut haben, bleiben wir gebunden an die Umstände, unter denen wir uns im evolutionären Prozess entwickelten, sowie auch an die Umstände einer konkreten Situation mit ihrer Umgebung, auf die unser Organismus reagiert. Wir können, so könnte man sagen, nicht rationaler sein, als es die Evolution erlaubt. Das bedeutet nicht, dass wir uns nicht in ein rationales philosophisches Modell hineindenken (oder es selbst entwerfen) können oder rationaler gemacht werden können in einer Welt, die das Rationale betont (wie auch manipulierbarer in einer Welt, die das Manipulative betont). Das Rationale bleibt ein wesentliches Charakteristikum des Menschen. Nur funktioniert es selten makellos, sondern viel mehr im engen Verhältnis mit unserem irrationalen Wesensteil.[105]

104 Vgl. Reinhard Selten, *What is Bounded Rationality? Paper prepared for the Dahlem Conference 1999*, S. 3, ⟨https://pdfs.semanticscholar.org/8237/d1a44256daddab131078bd09d622216c90d8.pdf⟩, letzter Zugriff 9. 1. 2017.

105 Zu einer Übersicht über die Argumente gegen die Rationalität siehe: Gellner, *Reason and Culture*, ab S. 132. Gellner selbst betont übrigens in der Beurteilung des Status der Rationalität: »The claims of unreason are not equally persuasive

Um das Wechselspiel von Rationalität und Irrationalität auf der Grundlage der Auffassung begrenzter Rationalität besser zu fassen (und auch dieses dichotomische Vokabular ein Stück weit verabschieden zu können, wenngleich es sich zumindest als Hilfskonstrukt eignet), aber auch um der damit verbundenen Notwendigkeit der theoretischen Modellierung und Interpretation des begrenzt Rationalen nachzukommen, soll nun in aller Kürze ein die handlungsrelevanten Faktoren (Ratio, Affekt, Gewohnheit, Erfahrung sowie situative und soziale Kontexte) integrierendes Modell vorgeschlagen werden, das ich als das »Narrative des menschlichen Wesens« bezeichnen möchte.[106]

Menschen sind, so verstanden, »erzählende Tiere«.[107] Sie müssen immer mit ihrer Umwelt umgehen, und das tun sie meist nar-

in all spheres. They are not very persuasive in cognition, notwithstanding the fact that the absence of a warranty for rational procedures is undeniable. Cognition continues to function admirably, even given the absence of any such guarantee. In production, the claims of unreason, still far from persuasive, are somewhat stronger. In our human self-image and self-assessment, the claims of unreason appear to be overwhelmingly strong, though it is not very clear just how we should live by the contrary, irrationalist vision. [...]« (S. 181) Auch für ihn ist die Rationalität nach wie vor ein Wesensmerkmal des Menschen. Die Einwände werden von Gellner zwar wahrgenommen, aber als nicht übermäßig stark eingeschätzt. Hier muss im Hinterkopf behalten werden, dass das Buch aus den frühen 1990er Jahren stammt und so einige wesentliche Forschungsergebnisse noch nicht vorlagen. Auch ist zu beachten, dass Gellners Text sich mit der Geschichte der Rationalität beschäftigt und eine Beurteilung des Verhältnisses von rationalen und irrationalen Anteilen im Menschen nicht zum Ziel hat (und auch dementsprechende Literatur nicht berücksichtigt).

106 Vgl. Walter Fisher, *Human Communication as Narration*, Columbia 1987, S. 24.

107 Der Begriff entstammt einem wunderbar selbstreflexiv über Narration nachdenkenden Roman: Graham Swift, *Waterland*, New York 1985, S. 53. Meine Übersetzung. Auch Alasdair MacIntyre spricht von uns als »erzählende[n] Tier[en]« (Alasdair MacIntyre, *Der Verlust der Tugend. Zur moralischen Krise der Gegenwart*, Frankfurt/M. 1995, S. 288). Hier noch das vollständige den Begriff umrahmende Zitat von Swift, das den Zweck der narrativen Einholung des eigenen Seins im Sinne einer Notwendigkeit der Konsistenz schön ausdrückt: »Children, only animals live entirely in the Here and Now. Only nature knows neither memory nor history. Man – let me offer you a definition – is the story-telling animal. Wherever he goes he wants to leave behind not a chaotic wake, not an empty space, but the comforting marker-buoys and trail-signs of stories. He has to go on telling stories. He has to keep on marking them up. As long as there's a story, it's all right.« (S. 53)

rativ; sie strukturieren sie in ihren Köpfen, in ihrer Perspektive, verorten sich selbst in dieser Umwelt, stellen Zusammenhänge her zwischen Dingen und Ereignissen und nicht zuletzt auch zwischen sich selbst und anderen sowie ihrem und deren Handeln:

> [I]ch kann die Frage »Was soll ich tun?« nur beantworten, wenn ich die vorgängige Frage beantworten kann: »Als Teil welcher Geschichte oder welcher Geschichten sehe ich mich?« Wir kommen mit einem oder mehreren zugeschriebenen Charakteren in die bestehende menschliche Gesellschaft – Rollen, in die wir hineingezwungen worden sind –, und wir haben zu lernen, was sie sind, damit wir verstehen können, wie andere auf uns reagieren und wie unsere Reaktionen auf sie erklärt werden können. Durch Geschichten [...] lernen Kinder [...], was ein Kind und was Eltern sind, wie die Rollenverteilung in dem Drama sein könnte, in das sie hineingeboren worden sind, und wie es in der Welt zugeht. Man nehme den Kindern die Geschichten, und sie bleiben nichtssagende, verängstigte Stotterer, in ihren Handlungen wie in ihren Worten.[108]

Meine Weltorientierung ist grundlegend »narrativ«, insofern sie von einem Ich-Standpunkt aus erfolgt, ein Entzweiungsbewusstsein von mir und anderen existiert,[109] zwei oder mehr Dinge oder Ereignisse kontextuell eingeordnet und irgendwie strukturell (zum Beispiel zeitlich) miteinander verknüpft werden.[110] Der spezifische Kern des Narrativen ist dabei der Modus einer erklärenden Zusammenstellung von Handlungen. Dieses Verfahren ist uns schon aus Gesprächen mit anderen bekannt, in denen wir von uns erzählen und dabei versuchen, unser inneres Erleben, Denken, Fühlen,

108 MacIntyre, *Der Verlust der Tugend*, S. 288 f.

109 Hierin liegt auch ein wesentlicher Grund für das, was wir Empathie nennen.

110 Vgl. zu einem Verständnis davon, was Narrative ausmacht (an das ich mich hier anlehne): Peter Lamarque, *The Opacity of Narrative*, London, New York 2014, S. 1 f. Dem Gedanken, dass ein wesentlicher Teil der menschlichen Verfasstheit ihr narratives Wesen ist, folgen neben Lamarque und MacIntyre u. a. Martha Nussbaum, *Love's Knowledge. Essays on Philosophy and Literature*, Oxford 1992; Charles Taylor, *Sources of the Self*, Cambridge MA 1992, oder, repräsentativ für sein vielfältiges Schaffen zu diesem Thema, Paul Ricœur, »Narrative Identität«, in: *Heidelberger Jahrbücher* 31 (1987), S. 57-67. Hier finden sich vor allem Hinweise dazu, welche Rolle Identität im Zusammenhang mit dem Narrativen spielt – eine spannende Frage, die ich hier leider nicht weiterverfolgen kann. Auch erklärt Ricœur, inwiefern sich ein Mythos immer auf die Praxis bezieht und dass sich die Praxis sogar aus den erzählten Mythen zu speisen vermag.

Wünschen, Wollen und Handeln zu verstehen, ihm Ausdruck zu verleihen und es in einen größeren Handlungsrahmen einzusortieren. So ist Erzählen auch ein Erkenntnisorgan und eröffnet die Möglichkeit des inneren Ausagierens von Handlungen (hier liegt auch die evolutionäre Wurzel für unser narratives Denken) und zudem den Raum des Einfühlens durch Perspektiveinnahmen. Ganz grundsätzlich ermöglicht es eine narrative Verarbeitung als Weltzugang den

> Menschen, ihr Leben in Bezug zur Zeit zu setzen und zu verstehen; sie stell[t] Sinnangebote für die Grunderfahrung zeitgebundener Existenz bereit und [ist] ein Mittel, mit Wandel und Kontingenz umzugehen und Kohärenz sowie Kontinuität zu stiften.[111]

Wenn wir den Menschen also als ein Wesen verstehen, das in seiner Gebundenheit an die genannten für Handlungen relevanten Faktoren entlang eines Kohärenz- und Konsistenzbedürfnisses diese Einordnungsbewegungen vollzieht und Plausibilitäten kreiert, lassen sich diese Plausibilitäten als »narrative Plausibilitäten« bezeichnen.[112] Wir haben es hier also, neben der emotional bindenden Qualität von Narrationen, mit einer Art »lebensweltlicher Rationalität« zu tun. Das heißt, dass wir nicht nur beständig Narrative in

111 Vera Nünning, »Narrativität als interdisziplinäre Schlüsselkategorie«, in: *Forum Marsilius-Kolleg* 06 (2013), S. 1-17, hier S. 4 f.

112 Ein interessantes Beispiel hierfür ist bereits älteren Datums: Die Psychologen Fritz Heider und Marianne Simmel konnten 1944 nachweisen, dass wir uns selbst aus einem minimalistischen Geschehen, dessen »Protagonisten« so abstrakte Symbole wie etwa Dreiecke oder Punkten waren, Narrative basteln (vgl. Fritz Heider, Marianne Simmel, »An Experimental Study of Apparent Behavior«, in: *The American Journal of Psychology* 57, 2 (1944), S. 243-259). (Das entsprechende Video findet sich leicht auf YouTube, wenn man nach den Namen der Forscher sucht.). Auch die modernere Psychologie hat das Modell der Narration in den letzten Jahren mit Interesse aufgenommen. Siehe zunächst beispielhaft: Jerome Bruner, »The Narrative Construction of Reality«, in: *Critical Inquiry* 18, 1 (1991), S. 1-21, und ders., »Life as Narrative«, in: *Social Research* 71, 3 (2004), S. 691-710. Zu einem Überblick über die Ergebnisse narrativer Psychologie und das narrative Selbst siehe zum Beispiel: Jürgen Straub (Hg.), *Erzählung, Identität und historisches Bewußtsein. Die psychologische Konstruktion von Zeit und Geschichte*, Frankfurt/M. 1998; Jens Brockmeier, Donal A. Carbaugh (Hg.), *Narrative and Identity. Studies in Autobiography, Self and Culture*, Amsterdam, Philadelphia 2001; Paul Ricœur, *Zeit und Erzählung*, Bd. 1-3, München 1988; Jerome Bruner, *Acts of Meaning*, Cambridge 1990.

unsere Umwelt hineinlesen und diese so narrativ interpretieren und wiedergeben (dies gilt schon für ein Fußballspiel oder andere Dinge des Alltags),[113] sondern auch unsere eigenen Entscheidungen und Handlungen an ein mit rationalem Wissen, Gewohnheitsmustern, Erfahrungen und daran auch anhängigen Affekten vollgepacktes persönliches Narrativ rückbinden, in dem wir zugleich Erzähler und Protagonisten sind.[114] Das Ziel dieses Prozesses ist eine gefühlte und durchaus auch (vielleicht sekundär) theoretische Kohärenz und Konsistenz.[115] Diese Auffassung schafft es auch, psychologische Erkenntnisse zu integrieren, die mit der Vorstellung aufräumen, alles Denken sei (1) bewusst, (2) sprachlich und (3) universell. George Lakoff etwa stellt fest, dass Denkprozesse vielfältig unbewusst ablaufen und die Konstrukte der Welt in unserem Kopf sich (deutlich) unterscheiden können.[116] Die individuellen Narrative können uns selbst also, wie oben bereits erwähnt, als Sinnhorizonte, Außenstehenden hingegen als Erklärungskonstrukte für das Handeln

113 Damit werden sie zu kulturellen »Weisen der Welterzeugung«, wie es Nelson Goodman nennt: Nelson Goodman, *Weisen der Welterzeugung*, Frankfurt/M. 1990.

114 Im Übrigen ist es immer interessant zu wissen, welche Narrative in einer Gesellschaft dominant sind, aber auch, welche Narrative für ein Individuum prägend waren oder gerade sind – kann man dies ermitteln, weiß man oft schon sehr viel über eine Gesellschaft und eine Person. Denn Narrative können direkt unser Selbstverständnis unterstützen, uns mit Mustern für unser eigenes Narrativ versorgen und so unsere Leben formen.

115 Durch Erzählen werden zudem kognitive Fähigkeiten trainiert (Einordnung kausaler Zusammenhänge, Komplexitätsreduktion, Imaginieren von Handlungen, Extension des Denkens auf neue Bereiche), unsere sozialen Fähigkeiten geschult (Einnahme von Fremdperspektiven, Immersion, Speicherung von sozialen und moralischen Verhaltensweisen und Normen, kollektive Orientierung, Erlernen kultureller Formanten) und unsere Imagination an sich trainiert (Transzendierung des pragmatisch Gegebenen, Erweiterung der Vorstellungskraft). Vgl. hierzu David Herman, »Stories as a Tool for Thinking«, in: ders., *Narrative Theory and the Cognitive Sciences*, Stanford 2003, S. 163-192, hier S. 172-192, sowie Brian Boyd, *On the Origin of Stories. Evolution, Cognition and Fiction*, Cambridge MA 2009, S. 166, 211, 385, 129 f. Könnten wir nicht erzählen, würden wir wahrscheinlich unsere soziale Intelligenz, unser eigenes Ich, soziale Fähigkeiten wie Empathie, aber auch Kreativität und vielleicht sogar die Handlungsfähigkeit insgesamt verlieren.

116 Vgl. beispielhaft aus dem umfangreichen Œuvre Lakoffs: George Lakoff, Elisabeth Wehling, *Auf leisen Sohlen ins Gehirn. Politische Sprache und ihre heimliche Macht*, Heidelberg 2016, S. 70.

eines Individuums dienen (warum und wie handelte jemand, welche Dinge lagen zugrunde?).[117] Dabei sind diese Narrative keine unendlich ausführlichen Erzählungen von allem, was je passiert ist. Vielmehr sind sie fokussierter, beziehen bestimmte (gute und schlechte) Ereignisse mit ein und stehen so wesentlich vor dem Hintergrund einer entscheidend erzählerisch modifizierten Erfahrung, die letztlich narrativ komponiert wird. Natürlich bleibt somit auch Spekulatives im Spiel, es gibt für Narrative immer Interpretationsspielräume, sie wandeln sich über die Zeit, sind selektiv, Anfänge und Enden sind nicht direkt erlebbar, und es gibt eine Abhängigkeit von Sprache. Jedoch haben wir so ein für das Verständnis unseres Handelns recht leistungsfähiges Erklärungsmodell, das rationale und affektive Handlungsdispositionen in ihre situativen und sozialen Kontexte integrieren kann und auch methodisch flexibel ist, also auch empirischen Erkenntnissen, allgemeinen psychologischen Faktoren sowie individuellen Einzelfallbedingungen Raum lässt.[118] Individuelle Narrative bewegen sich zumeist nicht weit von übergeordneten Narrativen wie denen der Gesellschaft oder der Geschichte weg (das würde als deviant wahrgenommen), zudem gibt es immer Gruppennarrative, denen wir uns anschließen. Generell aber sind sie so persönlich angereichert, dass unsere Handlungsleitung nicht immer äußerlich als rational nachvollziehbar zu bestimmen ist und Beeinflussungsmöglichkeiten über die im jeweiligen Narrativ (auch in den Gruppennarrativen) wirkenden, affektiv angebundenen Wissens- und Erfahrungspotentiale bestehen.[119] Darum ist

117 Eine kurze wissenschaftstheoretische Bemerkung: Im Unterschied zur naturwissenschaftlichen Modellierung menschlichen Denkens, Fühlens und Handelns arbeiten wir hier nicht mit einer strikt kausalen Erklärungsstruktur, sondern vielmehr mit einer, so könnte man sagen, teleologischen. So bleibt ein gewisser Raum für nicht kausal erklärbare Momente, die individuell aufgefüllt werden können. Das Narrative eignet sich für den Spagat zwischen der Integration naturwissenschaftlicher Erkenntnisse und teleologischer Annahmen und Vermutungen.

118 Wir dürfen allerdings nicht der Illusion erliegen, dass Menschenleben verfasst sind wie etwa Romane. Diese Sichtweise birgt sogar Gefahren, insofern dann Realitätsverzerrungen, Selbsttäuschungen und sogar eine gewisse Entmenschlichung (man macht sich quasi zu einer Figur) möglich sind; vgl. Lamarque, *The Opacity of Narrative*, insbesondere Kapitel 4, sowie Samantha Vice, »Literature and the Narrative Self«, in: *Philosophy* 78, 303 (2003), S. 93-108.

119 Der norwegische Terrorist und Attentäter Anders Breivik kann uns hier vielleicht als ein extremes Beispiel für das Verhältnis eines individuellen Narrativs

es auch von Nutzen, wenn der Manipulator seine Zielperson kennt (Ist sie leichtgläubig? In finanzieller Not?) und so ein wenig Licht in die Blackbox werfen kann und nicht nur allgemeine Annahmen zur Grundlage nehmen muss. Für abstrakte Modelle der Rationalität mag diese persönliche Note ausgelassen werden; für eine adäquate Beschreibung des Menschen, seiner individuellen Gewohnheiten, Erfahrungen und Affekte sowie seiner Interaktion mit der Umwelt und seiner sozialen Eingebundenheit bietet ein solches Modell jedoch erweiterte Erklärungspotentiale. Begrenzte Rationalität als Bestandteil eines sich entlang eines Konsistenzbedürfnisses

und individueller Handlungen dienen, weil es persönliche Mitteilungen Breiviks, psychologische Gutachten und öffentliche Auftritte von ihm vor Gericht gibt: Breivik dachte nicht nur, er müsse Norwegen und den Westen vor den Bedrohungen des Islams, dem Multikulturalismus und »Kulturmarxismus« (eine Vokabel Breiviks) retten, sondern hielt (oder hält) sich für einen »Kommandanten« in einer (fiktiven) Nachfolgeorganisation der Tempelritter, verstand sich, in der direkten Nachfolge der Kreuzzügler, als Anhänger eines radikalen Christentums, das von al-Qaida und Bündnissen mit Radikalen anderer Religionen lernen sollte, und sah sich als Revolutionär für eine kulturkonservative Wiederherstellung des Westens. Attestiert wird ihm eine antisoziale, affektgestörte, desensibilisierte, narzisstische und phasenweise wahnhafte Persönlichkeit. Natürlich kann ich hier nur einige Schlaglichter auf Breivik werfen. Dennoch wird einem hier drastisch klargemacht, inwiefern die Selbsterzählung, die Verquickung von rationalen Denkinhalten (in Werten und Idealen ausgedrückt), Affekte, Erfahrungen sowie situative und soziale Umstände, zu Handlungen führen – eben entlang eines Bedürfnisses der Konsistenz (vgl. Åsne Seierstad, *Einer von uns. Die Geschichte eines Massenmörders*, Zürich 2016; Klaus Theweleit, *Das Lachen der Täter: Breivik u. a. Psychogramm der Tötungslust*, St. Pölten 2015 oder Florian Hartlieb, »Die Analyse des Falls ›Breivik‹: Einsamer-Wolf-Terrorismus als wichtiges, aber vernachlässigtes Phänomen sui generis innerhalb des Terrorismus«, in: *Jahrbuch für öffentliche Sicherheit* (2012), S. 71-92). Die Psychoanalytikerin Karen Horney kann Breiviks Vorstellungen anhand ihres Modells der pathologischen Selbstidealisierung im Rahmen einer schiefgelaufenen Selbstverwirklichung einholen, die mit einem Trieb nach Ruhm und Ehre sowie Zwanghaftigkeit und immenser Vorstellungskraft und Phantasie einhergehen kann. Gerade letztere Eigenschaften sind im Zusammenhang mit der Vorstellung des Narrativen interessant. Diese gehen nämlich dann zu weit, wenn die Phantasie ihren Erzähler aus der Realität wegtreibt und das eigene Leben zum Teil eines Romans oder eines göttlichen Plans macht. Ein Narrativ bietet eben auch die Möglichkeit, widersprüchliche Dinge zu integrieren, um unerträgliche Gefühle und Dissonanzen zu vermeiden (vgl. Karen Horney, *Neurose und menschliches Wachstum. Das Ringen um Selbstverwirklichung*, Magdeburg 2008, S. 15-41).

bewegenden Narrativs der eigenen Handlungsleitung ermöglicht es uns, den Menschen als ein Wesen mit Intentionen und gewählten, begründeten Zwecken zu verstehen und doch seine irrationalen Seiten sowie situative und soziale Kontexte mit einzubeziehen und zu erklärbaren.[120] Wenn wir eine Person also verstehen wollen, dann müssen wir uns fragen – und hier verwende ich den Begriff »Rationalität« nun in einem weiteren Sinne –, was der Person im Rahmen ihres eigenen Narrativs als »rational« erscheint, indem wir ihre Perspektive einnehmen (was eine interessante Konsequenz in Form eines empathischen Respektsverhältnisses hat; doch dazu später mehr).[121] Wie genau der Mensch in Bezug auf sein Handeln funktioniert, wird so zwar weiter nur näherungsweise verstanden, und empirisch nachweisbare Automatismen können nicht immer ausreichend mittels eines persönlichen Narrativs erklärt werden, doch haben wir durch dieses Konstrukt eine bessere Vorstellung davon, wie Handlungsleitungen funktionieren, welche Faktoren für diese relevant sind und vor allem auch wo und wie die Manipulation einzuordnen ist: Als Stimulus innerhalb einer Kommunikationssituation, der, interne und externe Kontexte berücksichtigend, nicht nur in einem ohnehin affektiven Bereich wirkt, sondern auf verschiedenen Wegen dazu führen kann, dass wir, statt rational zu handeln, uns vom Angenehmen/Unangenehmen leiten lassen mittels der Ansprache von Affekten, Automatismen, Gewohnheiten, erfahrungsgemäßen sowie situativen und sozialen Faktoren. Die allgemeinen psychologischen Gesetzmäßigkeiten bleiben aber weiter relevant. Außerdem brauchen wir einen (möglichst) neutralen, allgemeineren Standpunkt, um nicht nur verschiedene Narrative in Bezug zu setzen und zu bewerten, sondern auch das Menschliche an sich herauslesen zu können.

An das Modell des erzählenden Tieres anschließend, sollten wir in gebotener Kürze fragen, was diese Konstitution des Menschen,

120 Man weiß mittlerweile (und sicher auch aus eigener Erfahrung) beispielsweise, dass Individuen, auch wenn ihnen erklärt wird, bestimmte Prämissen von Argumenten seien überprüfbar richtig, diese nicht zwingend als wahr anerkennen, wenn sie an etwas anderes glauben.

121 Auch Schopenhauer spricht davon, dass uns »die tägliche Erfahrung beim Disputiren [lehrt]: es hat also jeder [...] seine natürliche Logik [...]«. (Arthur Schopenhauer, *Eristische Dialektik oder die Kunst, Recht zu behalten in 38 Kunstgriffen dargestellt*, Zürich 1983, S. 13)

also all die angesprochenen begrenzenden Faktoren und die Weltzugangsweise, für die Freiheit von Akteuren bedeutet; inwiefern wir also Freiheit in diesem Zusammenhang denken können, wenn wir nicht umfassend und beständig rational, sondern eher mit »einem sehr limitierten und selbstbezogenen Wissen bezüglich der Welt«[122] ausgestattet sind, die ein komplexes, großes Chaos darstellt, das wir strukturieren müssen[123] – schließlich ist dies für die sich anschließende ethische Analyse von Relevanz. Nun bedeutet der bloße Sachverhalt, dass wir nicht so rational sind wie gedacht und daher auch manipulativ beeinflusst werden können, nicht unbedingt, dass wir keinerlei Freiheit mehr besitzen (auch wenn zum Beispiel Skinner das wohl behaupten würde). Erklären lässt sich dies mit Hilfe zweier Ansätze. Erstens meint Peter Strawson, dass die Frage nach der Freiheit des Menschen weder nach Erlaubnissen verlangt, noch nach externen ›rationalen‹ Urteilskräften.[124] Das Urteil über sie basiert auf inhärenten Prinzipien der Praxis selbst – es ist also rückgebunden an »reaktive, persönliche Einstellungen« zu anderen Personen. »Reaktive Einstellungen« sind (im Gegensatz zu »objektiven Einstellungen« zum Beispiel gegenüber Maschinen) als natürlicher Ausdruck einer essentiellen Form unseres Lebens zu sehen, nämlich als die beziehungsbasierte Art, zu leben. Freiheit ist in unserer immer beziehungsgebundenen Lebensart so kein unabhängiges theoretisches Konzept, sondern an die Beziehungssituation selbst und unsere Rolle in dieser rückgebunden. Für Strawson ist es psychologisch unmöglich, sich von den Umständen des Sozialen, dem eigenen Narrativ, den beziehungsinhärenten Prinzipien und unseren damit in Zusammenhang stehenden Affekten zu lösen.[125] Doch dies bedeutet eben nicht, dass wir gar nicht mehr frei sind, denn zweitens ist es John Christman zufolge zwar »zu einem großen Teil nicht mein Verdienst [...], bestimmte Werte und Wünsche zu haben [...], ob ich aber nach diesen handle und es ggf. versäu-

122 Lippmann, *Public Opinion*, S. 210. Meine Übersetzung.

123 Oder wie William James es ausdrückt: »Das Leben ist nunmal ein Durcheinander und übervoll« (William James, *Pragmatismus und radikaler Empirismus*, Frankfurt/M. 2006, S. 28).

124 Vgl. Peter F. Strawson, »Freedom and Resentment«, in: ders., *Freedom and Resentment and other Essays*, London, New York 2008, S. 1-28, hier, S. 25 (dt. Ausgabe: Peter Strawson, »Freiheit und Übelnehmen«, in: Ulrich Pothast (Hg.), *Seminar: Freies Handeln und Determinismus*. Frankfurt/M. 1978, S. 201-233).

125 Ebd., S. 5 f., S. 7, S. 10, S. 22, S. 25 f.

me, sie zu korrigieren […], *ist* dagegen mein Verdienst«.[126] Mittels dieses Verständnisses können wir also all die Prozesse einschließen, die uns, unseren Charakter, unsere Affektpalette, unsere Ideale und Werte, Prinzipien und sonstige Handlungsleitungen modellieren. Die mitunter der (autonomen) freiheitlichen Entscheidung anscheinend entgegenstehenden Einflussfaktoren lassen sich nun als unsere Freiheit insofern nicht einschränkend verstehen, als wir (1) nachträgliche Korrekturen vornehmen und (2) in vielen Fällen immer noch anders handeln könnten. Unsere Entscheidungs- und Handlungsprozesse lassen sich erstens als Kontinuum denken, an dessen einem Ende ein Automatismus steht (zum Beispiel alles, bei dem wir der Natur unmittelbar nachgeben müssen) und dessen anderes Ende von weitgehender Selbstkontrolle (im rationalen Sinne) bestimmt ist. Zwischen den beiden Polen bestehen dann die verschiedenen Einflussfaktoren in verschieden starker Weise. Je nachdem, wie ein Entscheidungs- und Handlungsablauf dann von solchen Dingen beeinflusst wird (oder nicht), wären einige Akte dann freier als andere, wie zum Beispiel die wohlüberlegte Entscheidung für eine bestimmte Handlung im Vergleich zu einer automatisch ablaufenden Handlung. Hieran lässt sich vielleicht Kants Auffassung anschließen, dass wir im Handeln natürlich bestimmten Dingen unterliegen, aber dennoch mittels unserer Rationalität so zu handeln vermögen, dass wir sozusagen Kausalketten erst in die Welt bringen, die nicht einfach an das vorher Bestehende anschließbar sind oder sich aus ihnen ergeben (Kant nannte dies »Spontaneität«).[127] Und zweitens ließe sich sagen, dass innerhalb

126 John Christman, »Autonomy and Personal History«, in: *Canadian Journal of Philosophy* 21, 1 (1991), S. 1-24, hier S. 21. Meine Übersetzung.

127 Vgl. Immanuel Kant, *Kritik der reinen Vernunft*, Hamburg 1976, S. 560f. Mir ist klar, dass schon Schopenhauer diese Vorstellung kritisiert hat und anmerkt, dass freies Handeln somit ein Handeln ohne Gründe wäre. Voltaires vermittelnde Position ist daher vielleicht für unser Verständnis gewinnbringend: »Wirklich frei sein heißt etwas tun können. Wenn ich tun kann, was ich will, dann bin ich frei. Aber ich will ja notwendigerweise das, was ich wollen kann, sonst hätte mein Wollen kein Grund, keine Ursache, was wiederum unmöglich ist.« Auch seinen kleinen, aber feinen Nachsatz möchte ich, weil er doch gut zur Diskussion passt, nicht verschweigen: »Es ist seltsam, daß die Menschen mit diesem Maß an Freiheit nicht zufrieden sind, das heißt mit diesem ihnen von der Natur gegebenen Vermögen, in verschiedenen Fällen tun zu können, was sie wollen«. (Voltaire, »Der unwissende Philosoph«, S. 291)

der angedeuteten narrativen Struktur unseres Ichs vielleicht gerade dann Freiheit vorhanden ist, wenn Individuen auch schlecht informierte, faule, träge oder von Empfindsamkeiten geprägte Entscheidungen treffen können – und diese dann auch im Hinblick auf eine konsistente Einordnung in das eigene Narrativ verteidigen können, das sich eben nicht nur durch rationale Perfektion auszeichnet. Mit Christman können wir diese Dynamik der Freiheit noch in anderen Worten beschreiben. Er geht davon aus, dass

> Akteure in manchen Umständen ihres Lebens eher autonome Entscheidungen treffen, während sie in anderen von externen, heteronomen Faktoren beeinflusst werden, die den Entscheidungsprozess affizieren. [...] Autonomie als Alles-oder-nichts-Relation [...] zu interpretieren, verschleiert die Notwendigkeit eines Verständnisses für das autonome Entstehen von einzelnen oder »lokalen« Wünschen.[128]

Während also manchmal auf rationale Art entschieden wird, passiert dies eben nicht immer; es gibt einzelne oder »lokale« Entscheidungsprozesse, die auf andere Weise zustande kommen. Da unsere Freiheit und die ihr innewohnende Autonomie nicht absolut zu bestimmen sind, sondern sich innerhalb eines Kontinuums bewegen, kommt es darauf an, was eine Person (1) über die Umstände weiß (damit sind alle oben genannten Einflussfaktoren gemeint), innerhalb derer eine Zwecksetzung, ein Wollen zustande kommt; ob es (2) eine Chance gab, diesen Umständen zu entkommen; und ob die Person sich (3) »der Annahme eines bestimmten Wertes oder Wunsches widersetzt hätte und, wenn ja, mit welcher Begründung«.[129] Im Umfeld der Manipulation wäre dann also zur Achtung der Freiheit zu berücksichtigen, dass (1) die Möglichkeit der Ablehnung, besser: die Möglichkeit, sich noch anders zu entscheiden, vor oder während des Prozesses besteht und dass (2) die Zielperson sich der (manipulierten) Zwecksetzung nicht widersetzt hätte (also wenigstens im Nachhinein zustimmen kann). Hierfür muss eine funktionierende Selbstwahrnehmung, also die Möglichkeit der Reflexion, weiter gegeben sein (ein Kriterium, das uns bei der Ethik der Manipulation wiederbegegnen muss). Frei bleibt eine Person also dann, wenn die veränderten Handlungsleitungen in das eigene Narrativ eingeordnet werden können: »Autonomie ist dann

128 Christman, »Autonomy and Personal History«, S. 3. Meine Übersetzung.
129 Ebd., S. 10. Meine Übersetzung.

erreicht, wenn eine Akteurin in der Lage ist, sich der Veränderungen und Entwicklungen ihres eigenen Charakters und der Gründe, die dazu führen, bewusst werden kann.«[130] Zielpersonen von Manipulation dürfen also auch nicht dazu gebracht werden, Dinge zu tun, die sie nicht integrieren können:

Jene Präferenzen oder Überzeugungen, die einen offensichtlichen Konflikt darstellen, solche, die ein Akteur sich nicht leicht bewusst machen und als inkompatibel erkennen kann, lassen sich als »offenkundig inkonsistent« benennen. [...] [D]ie finalen Ziele und die Zwecke, die ein Akteur hat, müssen mit dem Rest der Urteile, Werte und Überzeugungen zusammenpassen, denen er sich verpflichtet fühlt.[131]

Anders gesagt: Auch wenn die Frage, in welchem Umfang und Sinn es die menschliche Freiheit gibt, hier nicht umfänglich geklärt werden kann, lässt sich vor dem Hintergrund der bisherigen Erkenntnisse sagen, dass wir uns trotz eingeschränkter Rationalität und einer Reihe uns in der Handlungsleitung beeinflussender Faktoren nicht nur frei zu fühlen vermögen, sondern dies auch theoretisch einordnen können. Deutlicher wird dies, wenn wir Freiheit eben in einer Art verstehen, in der »jemand autonom ist, wenn Wünsche *und* Überzeugungen in einer Art entstehen, die man akzeptiert«.[132]

Eine Manipulation wird durch mehr Rationalität und effizientere Kontrolle über Entscheidungen erschwert, doch Freiheit und Autonomie werden auch andernfalls nicht unterlaufen – ist es doch auch weiterhin möglich, sich anders zu entscheiden und damit anders zu handeln.[133]

Hinzu kommt noch ein weiterer interessanter Faktor, der mit unserem narrativen Weltzugang zusammenhängt: Die Wahrnehmung der eigenen Freiheit (oder Unfreiheit) ist etwas, das eine immens große Rolle in unserem persönlichen Narrativ spielen mag. Der Modus der Einordung entlang eines Bedürfnisses der Kohärenz und Konsistenz bedingt, dass wir uns oft nicht eingeschränkt fühlen bei diesem Prozess, aber andere Faktoren als das Freiheitliche entscheidend waren (bis hin zu der Möglichkeit im Kontinuum, dass die Rationalität keine Rolle bei der Einordnung spielte und

130 Ebd., S. 11. Meine Übersetzung.
131 Ebd., S. 15. Meine Übersetzung.
132 Ebd., S. 16. Meine Übersetzung.
133 Vgl. hier Mills, »Politics and Manipulation«, S. 106.

wir dann sagen müssten, dass hier keinerlei freiheitliche Bewegung stattfand). Dennoch haben wir ganz grundsätzlich das Bedürfnis, uns frei zu fühlen, integrieren dies prominent in unser Narrativ und verstehen uns so in der Welt (dies kann auch ins Gegenteil kippen); im Rahmen einer individuellen psychischen Ökologie sollten wir diese Tatsache im Hinterkopf behalten.

Aus diesem hier bloß skizzierten Verständnis von Freiheit ergeben sich nun Konsequenzen: Der Konnex von Rationalität/Freiheit/Würde muss, wenn auch nicht unbedingt zerbrochen, vor dem Hintergrund der bisherigen Erkenntnisse doch revidiert werden – vor allem in Hinsicht auf das nun modifizierte Verständnis von der Reichweite unserer Rationalität. Wenn wir weniger rational sind als gedacht und wenn unsere Freiheit nicht in absoluter Wahlfreiheit und Autonomie, sondern vielmehr innerhalb eines Kontinuums besteht, müssen die ethischen Maßstäbe und Prinzipien modifiziert werden, denn das Konzept der »Würde« wird so an andere Bedingungen geknüpft als zuvor. Auch müssen wir im Hinterkopf behalten, dass wir, trotz unserer begrenzt rationalen Verfasstheit, uns grundsätzlich als frei betrachten und auch so handeln. Bevor nun die ethische Grundlegung unter Berücksichtigung dieser Gedanken erfolgt, sollen zunächst noch die psychologischen Mittel erläutert werden, die sich die Manipulation zunutze machen kann. Im Folgenden werden also die Routen der manipulativen Beeinflussung genauer betrachtet werden.

Die Routen der manipulativen Beeinflussung

Um vor dem Hintergrund des menschlichen Handelns nicht nur zu verstehen, wo und wie Manipulation wirkt, sondern auch um deutlicher zu machen, wie genau sie angewandt wird, können wir einen Blick auf die von der Psychologie beschriebenen Beeinflussungsmechanismen werfen. Das in Kapitel 1 entwickelte Modell von Manipulation kann uns dabei ein Stück weit leiten. Rückgebunden an das oben etablierte *Pleasurable-Ends-Modell* ist allen im Anschluss vorgestellten Mechanismen beispielsweise gemeinsam, dass sie nicht zwingend mit Täuschung arbeiten oder negativen Zwecken verpflichtet sind, auch situativ nicht unbedingt verschleiert werden müssen und mittels eines Ansprechens von Automatismen und der affektiven Ebene eines Akteurs Zwecke attraktiver/unattraktiver und damit eine Entscheidung für/gegen sie wahrscheinlicher machen. Dies kann auf direktem Wege versucht werden oder auch mittels des Entscheidungskontextes, in dem sich der zu manipulierende Akteur befindet. Es spielen also sowohl interne als auch externe Faktoren eine Rolle, die genaue Ausgestaltung ist fallspezifisch.

Die Nutzung der Manipulation als Stimulus kann nun auf verschiedenen von der Psychologie betrachteten Wegen geschehen. Dabei sollen solche psychologischen Erkenntnisse beleuchtet werden, die einer weiteren Aufschlüsselung des Phänomens der Manipulation dienen können.[134] Um die schiere Fülle der Forschung ein wenig zu bündeln, sollen die psychologischen Mechanismen in zwei Kategorien unterteilt werden: kurzfristig-situative Beeinflussung und langfristig-dispositionale Beeinflussung. Wenn auch hier keine strenge Dichotomie haltbar ist und kurzfristig-situative Beeinflussungen (zum Beispiel durch stete Wiederholung und umfassenden Charakter) mitunter auch langfristige und dispositionale Veränderungen hervorrufen können, helfen uns die Kategorien zumindest, Eckpunkte zu bestimmen; konkrete Fälle müssen anschließend im Kontinuum individuell platziert werden. Die psychologischen Erkenntnisse sind dann nicht nur für interpersonale Beziehungen relevant, sondern lassen sich im Anschluss auch auf größere Gruppen, zum Beispiel in politische Konstellationen, übertragen. Generell wird deutlich: Die Manipulation ist ein Phänomen, das immer in sozialen Kontexten, in Beziehungsstrukturen stattfindet. Unser erster Ansatzpunkt muss also die Sozialpsychologie sein. Die jeweilige Gestaltung der Beziehung (Partnerschaft, Freundschaft, Arbeitgeber-Arbeitnehmer-Beziehung, Bürger-Staat-Beziehung etc.) und spezifisches Wissen über die zu manipulierenden Akteure transportieren dabei jeweils Beeinflussungspotentiale, die sich mittels der im Folgenden vorgestellten Mechanismen nutzen lassen.

134 Um ein in der Breite zutreffendes Bild der psychologischen Muster menschlicher Wesen zu geben, müssen wir uns allgemeinen psychologischen Erkenntnissen insbesondere aus der Sozialpsychologie zuwenden. Wie weiter oben bereits diskutiert, sind zwar natürlich nicht alle Menschen gleich, sie sind aber eben auch nicht in allem unterschiedlich, was wir an empirischen Ergebnissen bezüglich allgemein feststellbarer Denk-, Entscheidungs- und Handlungsmuster ermitteln können.

In der psychologischen Literatur finden wir oftmals die Unterteilung von Kognition und Affektion als grundsätzliche Kategorien des menschlichen Wesens in Bezug auf sein Handeln. Für eine Betrachtung der Methoden der Beeinflussung eignen sich diese sehr allgemeinen Kategorien jedoch nur bedingt, da sie das Wechselspiel beider Komponenten nicht angemessen zu greifen vermögen. Zwar helfen sie im Sinne von Hilfskonstruktionen, grundsätzliche Unterscheidungen der Betrachtungsfelder und Ansatzebenen von Manipulation zu schaffen, jedoch wird erst eine Spezifizierung innerhalb dieser Bereiche für eine verständlichere Sortierung sorgen. In der Beeinflussungsforschung wird zudem oft zwischen internalen und externalen Faktoren der Beeinflussung differenziert, wie wir sie auch weiter oben schon benannt haben.[135] Mit dem Unterschied zu gestalterischen, strukturellen Maßnahmen zeichnen sich an Ergebnissen der Sozial- und Persönlichkeitspsychologie partizipierende internale und damit »personenzentrierte Interventionen«[136] durch den Fokus auf die Beeinflussung bestimmter, oft sprachlich verfasster Denkmuster aus (die daran anschließende Handlungen bedingen). Zugleich stehen aber auch die unbewusst ablaufenden Prozesse auf der Affektebene, damit interagierende Erfahrungen, Gewohnheiten und auch schlichte Automatismen im Fokus personenzentrierter Interventionen. Die externalen Einflussfaktoren hingegen betreffen die »[...] materiellen und gesellschaftlichen Strukturen und deren Wechselwirkungen mit den für die Bildung von Intentionen und der Ausführung von (umweltrelevanten) Handlungen wichtigen psychischen Prozessen«,[137] die generell laut Atkinson und Hilgard als Einflussfaktor viel zu stark unterschätzt werden.[138]

135 Vgl. beispielsweise Andreas Homburg, Ellen Matthies, *Umweltpsychologie. Umweltkrise, Gesellschaft und Individuum*, Weinheim, München 1998, S. 186.

136 Scheuthle, Frick, Kaiser, »Personenzentrierte Interventionen zur Veränderung von Umweltverhalten«, S. 643.

137 Vgl. Ruth Kaufmann-Hayoz, Susanne Bruppacher, Sylvia Harms, Kirsten Thiemann, »Einfluss und Beeinflussung externer Bedingungen umweltschützenden Handelns«, in: Ernst-Dieter Lantermann, Volker Linneweber (Hg.), *Spezifische Umwelten und umweltbezogenes Handeln*, Göttingen 2008, S. 697-733, hier S. 698.

138 »[W]ir unterschätzen das Ausmaß und die Macht von sozialen und situativen

Zudem möchte ich noch die bereits angekündigte weitere, ebenfalls modellhafte Kategorie vorschlagen, die noch mehr Ordnung in das Chaos des Verstehens der Wirkung der Manipulation bringen soll. Bisher verstehen wir Manipulation als einen Stimulus mit dem Ziel, innerhalb einer spezifischen Kommunikationssituation eine veränderte Handlungsleitung hervorzurufen. Zwecke sollen in einem affektiven Sinne attraktiver/unattraktiver, ihr Verfolgen angenehmer/unangenehmer gemacht werden. Dies geschieht aktiv (in direktem Bezug auf die zu manipulierende Person) oder passiv (indem ein Handlungskontext modifiziert wird). Zur weiteren Unterteilung dieses Grundmodells können wir die zeitlich-dispositionalen Zielsetzungen der Manipulation also noch wie folgt aufschlüsseln (die gerade genannten anderen Faktoren der spezifischen Kommunikationssituation sind hier mit enthalten):

(a) Manipulation, die auf *kurzfristige* und *spontane* Handlungen abzielt. (Ein Akteur wird durch die gezielte, angenehme Gestaltung eines Supermarktes zum Kauf bzw. durch das Einreden von Schuldgefühlen zur Erbringung eines spontanen Gefallens gebracht.)

(b) Manipulation, die *langfristige* Wirkung haben soll, und zwar durch das Ansprechen affektiver *Dispositionen*, die oftmals unbewusst vorhanden sind oder sich in wiederkehrenden affektiven Regungen widerspiegeln, wenn zum Beispiel Wünsche, Sorgen, Befürchtungen oder ganz konkret: Coolheits-, Sicherheits- oder wiederum Schuldgefühle im Rahmen bestimmter Produkte und Beziehungen suggeriert werden, wodurch die Manipulation langfristig eine Rolle bei unserer Handlungsleitung in Bezug auf bestimmte Produkte, Policies oder Politiker spielt.

Diese verschiedenen Zielsetzungen machen nochmals deutlich, dass Manipulation verschieden wirkmächtig sein kann. Individuen können dazu gebracht werden, spontan etwas Bestimmtes in einer bestimmten Situation zu tun. Sie können aber auch ganz generell

Umständen als Einflussfaktoren auf das menschliche Handeln tatsächlich über Gebühr.« Rita L. Atkinson, Ernest R. Hilgard, *Introduction to Psychology*, San Diego 1987, S. 614; vgl. auch Elliot Aronson, Timothy D. Wilson, Robin Akert, *Sozialpsychologie*, München 2008, S. 12 f. Meine Übersetzung.

in ihrem Handeln, also *dispositional* und *langfristig*, beeinflusst werden.[139]

Grundsätzliche Bedingungen

Bevor wir die durch psychologische Forschung ermittelten Beeinflussungsansatzpunkte zunächst interpersonal und dann im größeren politischen Rahmen betrachten, sind bestimmte Grundbedingungen für das Gelingen der Manipulation zu beachten. Mit einem der bekanntesten Beeinflussungsforscher, Robert B. Cialdini, lässt sich das vom Konzept der begrenzten Rationalität grundierte Bild noch weiter ausmalen. Gemäß der begrenzten Rationalität gibt es Faktoren, die unsere rein rationale Handlungsleitung beeinflussen. Dies sind gemachte Erfahrungen, Gewohnheiten, situative (Lautstärke, Mangel an Informationen usw.) und soziale Faktoren (eine bestimmte Person, der gegenüber wir uns beweisen wollen, die wir attraktiv finden, peer groups, Prüfungssituationen oder Ähnliches), aber auch in uns arbeitende Affekte und Automatismen. Cialdini spricht bei der menschlichen Entscheidung und damit verbundenen Handlungen von einerseits »kontrollierten Reaktionen«[140] und andererseits von den schon öfter erwähnten »automatisierten Reaktionen«, also Entscheidungen, die automatisch, schnell, unbewusst, intuitiv[141] getroffen werden;[142] diese können von »einer einzigen Eigenschaft einer relevanten Information in einer Situation getriggert werden«.[143] Unsere automatischen Reaktionen zeichnen sich dadurch aus, dass sie »unkontrolliert, mühelos, assoziativ, schnell,

139 Diese Ebene der Langfristigkeit ist es, die von marxistischen Kritikern wie Marcuse gemeint war, wenn sie davon sprachen, dass der Kapitalismus in gleichmachender Art den Menschen eine Lebensform bis in die letzte Hautfaser einimpft. Vgl. hierzu Marcuse, »Aggression und Anpassung in der Industriegesellschaft«, S. 13.

140 Gemeint sind hier Entscheidungen, die dezidiert von einer rationalen Analyse geprägt sind.

141 Intuition selber ist nun natürlich ein betrachtenswertes Phänomen – gerade im Umkreis von Unbewusstem und den Affekten. Ich verstehe hierunter einen Erkenntnisprozess, der nicht reflektiert, nicht rational vonstattengeht, sondern automatisiert, schnell und mühelos, mit einer affektiven Anbindung – im Volksmund auch »Bauchgefühl« genannt.

142 Vgl. Cialdini, *Influence*, S. 3-17; ähnlich auch Thaler, Sunstein, *Nudge*, S. 21-24.

143 Cialdini, *Influence*, S. 16. Meine Übersetzung.

unbewusst« sind, wir können sie auch (statt bloß »Automatismus«), wie bereits erwähnt, in ihren elaborierteren Formen »Heuristiken« und als Teil eines individuellen Habitus auch »Gewohnheiten« nennen; unsere kontrollierten, reflektierten Entscheidungen hingegen sind »aufwändig, deduktiv, langsam, ich-bewusst [und] regelgeleitet«, also das, was wir überlicherweise als rationales Denken bezeichnen.[144] Letztere Entscheidungen sind also durch einen größeren kognitiv-rationalen Aufwand gekennzeichnet, der eine Analyse und Abwägung zum Gegenstand hat und so den Prozess verlangsamt, während Automatismen schneller und unmittelbarer ablaufen. Gleiches gilt für unsere die Rationalität begrenzenden Affekte.

Ein Erfolg verschiedener Techniken zur Beeinflussung hängt von der Art der Handlung und vom persönlichen, dispositionalen Hintergrund ab.[145] Während einige Zwecksetzungen rational basiert sind und daher bestimmte methodische Einflüsse brauchen, bedürfen die automatisierten, affektiv grundierten Handlungen anderer Einflussmethoden. So ergibt es sich, dass ein die Manipulation verstärkender Effekt durch eine Komponente erzielt wird, die der Manipulation selbst eigen ist – Indirektheit.[146] Dafür gibt es einen effizienten Weg: Mit John T. Cacioppo und Richard E. Petty lässt sich von der *peripheren* Route der Beeinflussung sprechen: Es geht um Reize, die etwas angenehm oder unangenehm machen können – Aussehen, Gerüche, Töne, Licht, Farben, Atmosphäre – und nicht primär rational verarbeitet werden, womit sie einen guten Nährboden für die Manipulation abgeben.[147] Nicht nur situative

144 Thaler, Sunstein, *Nudge*, S. 22. Meine Übersetzung.

145 Aronson, Wilson, Akert, *Sozialpsychologie*, S. 209.

146 Vgl. Lioba Werth, Jennifer Mayer, *Sozialpsychologie*, Heidelberg 2008, S. 241.

147 Vgl. John T. Cacioppo, Richard E. Petty, Chuan Feng Kao, Regina Rodriguez, »Central and Peripheral Routes to Persuasion. An Individual Difference Perspective«, in: *Journal of Personality and Social Psychology* 51, 5 (1986), S. 1032-1043, und John T. Cacioppo, Richard E. Petty, »The Elaboration Likelihood Model of Persuasion«, in: Leonard Berkowitz (Hg.), *Advances in Experimental Social Psychology* 19 (1986), S. 123-205. Ein ähnliches Phänomen ist das sogenannte Priming, bei dem die rationale Verarbeitung durch vorangegangene Reize beeinflusst werden soll. Dafür müssen schon bestimmte Vorerfahrungen mit dem für das Priming genutzten Reizen bestehen, die aus Gerüchen, Gesten, Bildern, Wörtern oder Ähnlichem bestehen können. Vgl. Susanne Mayr, Axel Buchner, »Negative Priming as a Memory Phenomenon. A Review of 20 Years of Negative Priming Research«, in: *Zeitschrift für Psychologie* 1, 215 (2007), S. 35-51, Fritz Strack, Leonard L. Martin, Norbert Schwarz, »Priming and Commu-

Kontexte sind im Peripheren relevant. Auch ein gutes Timing sowie die Nutzung von Symbolen bestimmter Art, die »Verpackung« einer Botschaft und der Botschafter selber sind wichtig.[148] Wird eine angestrebte Veränderung zu offensichtlich, zu übertrieben angegangen, besteht die Gefahr, dass Akteure abwehrend reagieren – was die Möglichkeit zur Beeinflussung unterminiert. Hinweise vor dem Moment der Manipulation oder das generelle Wissen über manipulative Wirkmechanismen schwächen ihre Wirkung jedoch nicht zwingend. Ähnliches gilt für die Induktion affektiver Erregungen. Diese dürfen nicht zu intensiv werden, da sonst die Gefahren von Reaktanz, der Abwendung der Personen und des Missverstehens drohen. Außerdem verstärkt das Gefühl eigener Mitentscheidung, das durch Manipulation nicht ausgeschlossen wird, den Beeinflussungseffekt deutlich. Leon Festinger und Nathan Maccoby stellen des Weiteren fest, dass Rezipienten, die in konkreten Situationen abgelenkt werden, in der Regel beeinflussbarer sind als solche, die mit voller Aufmerksamkeit und weitestmöglichem Zugriff auf ihre rationalen Kapazitäten operieren, da Informationen rational weniger (bis gar nicht) verarbeitet werden.[149] Ebenso spielen Alter, psychische Stabilität und Bildungsgrad eine Rolle. Junge Erwachsene mit noch flexiblen Handlungsdispositionen, deren persönliches Narrativ also noch sehr beweglich ist, sind beeinflussbarer[150] (das gilt auch für psychisch instabile Persönlichkeiten); auch Menschen mit geringerem Bildungsgrad lassen sich effizienter beeinflussen und sind wie Jugendliche ebenfalls für zum Beispiel soziale Bewährtheiten und vermeintliche Autoritäten anfälliger, reagieren leichter auf optische Reize usw.[151]

Allen beschriebenen Effekten ist gemeinsam, dass sie mit der

nication. The Social Determinants of Information Use in Judgements of Life Satisfaction«, in: *European Journal of Social Psychology* 5, 18 (1988), S. 429-422, und auch Kahneman, *Schnelles Denken, langsames Denken*, S. 69-80.

148 Nicholas Samstag, »Strategy«, in: Edward L. Bernays (Hg.), *The Engineering of Consent*, S. 94-137, hier S. 103 f.

149 Vgl. Leon Festinger, Nathan Maccoby, »On resistance to persuasive communications«, in: *Journal of Abnormal and Social Psychology* 68 (1964), S. 359-366.

150 Vgl. Jon A. Krosnick, Duane F. Alwin, »Aging and Susceptibility to Attitude Change«, in: *Journal of Personality and Social Psychology* 57 (1989), S. 416-425.

151 Vgl. Nancy Rhodes, Wendy Wood, »Self-esteem and intelligence affect influenceability. The mediating role of message reception«, in: *Psychological Bulletin* 111 (1992), S. 156-171.

Erregung von Affekten arbeiten und »automatisierte Handlungsmuster«, die biologisch, situativ, aber auch durch Erfahrung und Gewohnheit bedingt sind, zu nutzen vermögen.[152]

Sozialpsychologische Mechanismen

Cialdini hat verschiedene, auf den vielfältigen bis hierhin gemachten Annahmen basierende Grundprinzipien der Beeinflussung zusammengetragen und überprüft. Folgende sechs Mechanismen gelten nach ihm und in seiner Nachfolge als die grundsätzlichen allgemeinen psychologischen Ansatzpunkte der Einflussnahme, wie sie vor allem in sozialen Konstellationen zum Tragen kommen und sich an die Hilfskonstruktion des narrativen Ichs anschließen lassen. Die folgende Einteilung richtet sich nicht nach Cialdinis Gliederung in *Influence*, sondern versucht (1) *kurzfristig-situativ* und (2) *langfristig-dispositional* wirkende Mechanismen zusammenzustellen, die ein Manipulator (eine Person oder eine Gruppe von Personen) zur Beeinflussung eines Akteurs (ebenfalls ein Einzelner oder eine Gruppe)[153] einsetzen kann. Natürlich ist zu bedenken, dass einige Beeinflussungswege sowohl kurz- als auch langfristige Wirkung entfalten können (3):

1a *Knappheit.* Wird Knappheit suggeriert, haben Akteure das Gefühl, an etwas nicht teilhaben zu können, eine Gelegenheit zu verpassen, und entwickeln dann ein stärkeres Bedürfnis nach den entsprechenden, scheinbar raren Gütern.[154] Dieser Effekt ist oft beobachtbar, beständig und wirkt vor allem situativ und kurzfristig. Hier soll der negative Affekt vermieden werden, etwas zu verpassen, während gleichzeitig der positive Affekt aktiviert wird, etwas Seltenes zu erstehen.

152 Cialdini, *Influence*, S. 7.

153 Es ist schwer zu ermitteln, ab wann ein Effekt keine Wirkung mehr erzielt, das heißt also, ab wann die Gruppe zu groß wird und so zu viele Störfaktoren die Nutzung eines bestimmten Prinzips unterminieren. Daher sind, wie bereits mehrfach angemerkt, die hier vorgestellten Ergebnisse immer noch ein Stück weit hypothetisch.

154 Vgl. ebd., S. 231.

1b *Neigungen.* Menschen haben das Bedürfnis, gemocht zu werden und zu gefallen. Sie orientieren sich an ähnlichen, attraktiven oder freundlichen Menschen – und selbst so scheinbar nebensächlichen Faktoren, wie den gleichen Namen zu tragen oder persönlich angesprochen zu werden,[155] haben oft einen kurzfristigen und situativen Einfluss. So kann ein Manipulator in konkreten Situationen zum Beispiel durch Äußerlichkeiten und konstruierte Gemeinsamkeiten eine Gelegenheit zur Beeinflussung kreieren. Affektiv werden hier Sympathien oder Antipathien sowie ein Zugehörigkeitsbedürfnis ausgenutzt. Man denke hierbei an die etwa aus Wahlkämpfen bekannten Versuche von Politikern, »nah am Wähler« und seiner Lebenswelt zu sein, um sich Stimmen zu sichern.

2a *Soziale Bewährtheit.* Menschen orientieren sich stark an ihrem (nahen) Umfeld;[156] hier geht es um langfristige Zuordnungen von Individuen zu einem Umfeld, das bestimmte Dispositionen teilt – und somit für das Beeinflussungsdesign eines Manipulators große Bedeutung hat. Hier sind wirkmächtige Affekte, die mit Zugehörigkeit und Selbstbestärkung in dem, wer man ist, verbunden sind. Dies wird auch dann relevant, wenn es um die Beeinflussung von Gruppen geht. Bekannt geworden sind Experimente zur sogenannten »Schweigespirale«, die nachwiesen, dass sich Akteure mit ihren eigenen Handlungszielen und Meinungen mitunter zurückhalten, solange sie in der Gruppe in der Minderheit sind, um eine soziale Isolierung zu verhindern.[157]

3a *Reziprozität.* Individuen fühlen sich ihren Gegenübern prinzipiell verpflichtet, nachdem sie selbst etwas von ihnen erhalten haben;[158] dies gilt sowohl kurzfristig und situativ als auch als lang-

155 Vgl. Cialdini, *Influence,* S. 176.

156 Vgl. ebd., S. 140.

157 Vgl. Elisabeth Noelle-Neumann, *Die Schweigespirale. Öffentliche Meinung – unsere soziale Haut.* München 1980. Natürlich prägen auch Massenmedien das Bild davon, was man vertreten darf (und hier wird deutlich, dass es immer um moralisch aufgeladene Dinge geht, die im Rahmen der Schweigespirale Gegenstand sind). Wir kennen das: Es gibt immer Tabuthemen, deren Diskussion im Keim erstickt wird, weil es sich moralisch nicht schickt, bestimmte Themen kritisch betrachten zu wollen (selbst wenn eigentlich nur ein Differenzierungsversuch gemacht wird).

158 Vgl. ebd., S. 50.

fristiges Verpflichtungsgefühl oder Dankbarkeit. Der Manipulator kann einen Akteur mittels des Prinzips der Reziprozität dazu bewegen, eine Art Tauschhandel einzugehen. Affektiv werden hier Pflichten eingebunden, deren Nichterfüllung einen negativen Affekt zur Folge haben könnte. Schuld ist in diesem Bereich ein großes Thema. Genauso lässt sich allerdings denken, dass mit dem Ziel einer positiven Bewertung kooperiert wird.

3b *Verpflichtungen.* Individuen ziehen sich ungern aus vertraglichen Bindungen zurück, sie fühlen sich verpflichtet, für manche Menschen Dinge zu tun, sie wollen vorhandenen Wertvorstellungen und Handlungsmustern folgen und alle Handlungen konsistent in ein vorhandenes Set von Prinzipien, Idealen, Werten, Erfahrungen und Affekten einordnen können;[159] bei diesen Faktoren geht es um kurzfristige, vor allem aber um langfristig angelegte Muster. Gerade das Konsistenzstreben von Individuen ist ein wirkmächtiger Mechanismus, dessen sich ein Manipulator bedienen kann. Affektiv geht es hier um Zugehörigkeit, Pflichtgefühl und den wohligen Zustand der Konsistenz bzw. die Vermeidung unangenehmer Dissonanzen.

3c *Autorität.* Menschen gehorchen gern einer durch Gestus, Habitus oder etwa mit Hilfe von Titeln hergestellten Autorität;[160] diese Wirkung ist sowohl kurzfristig und situativ als auch als Disposition des Individuums und langfristig zu verstehen. Ein Manipulator kann also, so er selbst eine Autorität darstellt, diesen Umstand für sich nutzen oder aber geachtete Autoritäten für bestimmte Zwecke einsetzen, wie es in der Politik oder Werbung oft geschieht. Affektiv geht es hier sowohl um Sicherheit, Vertrauen und Gefallen als auch um Unterordnung, Angst sowie Unsicherheit.

Zusätzlich zu diesen Mechanismen lassen sich bestimmte Umgebungsdesigns als Manipulationstechniken fassen, die das von Cialdini beschriebene Handeln anvisieren und die referierten Interaktionsmechanismen verstärken können: Durch den *gezielten situativen Einsatz von Stimuli* (Hintergrundmusik, Farben, Düfte, Blicke, Körperbewegungen, Geschenke und Ähnliches) lassen sich

159 Vgl. ebd., S. 95.
160 Vgl. ebd., S. 200.

Situationen generieren, in denen bestimmte Affekte getriggert werden. Dies beeinflusst uns auf verschiedene Weisen:

> Zum einen kann [ein] Affekt als Heuristik verwandt werden [...]; wenn Sie nicht wissen, was Sie von einer Sache halten sollen, können Sie schlichtweg ihr momentanes Gefühl heranziehen [...]. Zum anderen beeinflusst [ein] Affekt die Art der Informationsverarbeitung; Menschen in guter Stimmung lassen sich eher von peripheren Hinweisreizen beeinflussen.[161]

Der Ablauf der kurzfristig und spontan gedachten Beeinflussung der Affekte ist dem jeweiligen Änderungsziel und dem konkreten situativen und sozialen Kontext anzupassen. So sind uns beispielsweise Videoclips aus der Werbung oder Hinweisschilder an den Autobahnen bekannt, die Wünsche, Begierden, Hoffnungen, ein Wohl- oder Sorgengefühl initiieren sollen, um damit, zunächst kurzfristig, zu einem Kauf oder zum langsameren Fahren zu animieren. Ein Extrembeispiel wären hier die neu entwickelten Werbeflächen, die der jeweiligen durch einen Computer erkannten Stimmungslage des Betrachters ihre Darstellungen und Produktauswahl anpasst. Allein schon mäßig affektive, aber personalisierte Appelle im Sinne von »Ein Mensch wie du verhält sich doch so!« ermöglichen es, Individuen spontan in ihrem Handeln zu beeinflussen (wieder wird der große Einfluss eines persönlichen Narrativs augenfällig).[162] Hier verbinden sich, wie in Kapitel 1 bereits angedeutet, Informationen mit Affekten. Es wird also mittels bestimmter (eventuell im rationalen Gewand auftretender) Mittel das Affektive in einer Zielperson erweckt – wie im Beispiel der Rede von Antonius in Shakespeares *Julius Cäsar*. Durch das Triggern eines Affekts wird sodann verhindert, dass sofort nach Gegenargumenten gesucht wird, da – im Sinne der peripheren Route – vom direkten Inhalt abgesehen wird.[163]

Verstärkt und längerfristig zeigt sich dieser Effekt beim *Hervorrufen von Furcht* (als konkrete, objektbezogene Form von Angst), um das Handeln von Individuen zu ändern. Schon in der Kindheit wird ein maßvoller Einsatz von Furcht (beispielsweise vor dem »bösen schwarzen Mann«) manipulativ genutzt. Auch staatliche An-

161 Werth, Mayer, *Sozialpsychologie*, S. 248.

162 Vgl. Hobmair, *Psychologie*, S. 400.

163 Vgl. Jens-Uwe Martens, *Einstellungen erkennen, beeinflussen und nachhaltig verändern. Von der Kunst, das Leben aktiv zu gestalten*, Stuttgart 2009, S. 131 f.

zeigenkampagnen, beispielsweise fingierte Todesanzeigen an den Autobahnen,[164] werden oft vom Konzept der »furchterregenden Kommunikation« geleitet. Hans Jonas hat mit seiner Heuristik der Furcht, der gemäß die schlechtere Nachricht der besseren vorzuziehen und Furcht durch wohlbedachte Gedankenexperimente zu induzieren ist, in diese Kerbe geschlagen, denn

> die Erkennung des *malum* ist uns unendlich leichter als die des *bonum*; sie ist unmittelbarer, zwingender, viel weniger Meinungsverschiedenheiten ausgesetzt und vor allem ungesucht: die bloße Gegenwart des Schlimmen drängt sie uns auf, während das Gute unauffällig da sein und ohne Reflexion (zu der wir besonderen Anlaß haben müssen) unerkannt bleiben kann.[165]

Wenngleich Jonas Recht damit hat, dass das *malum* unmittelbarer und zwingender wirken mag, ist die Heuristik der Furcht wohl dennoch nicht weniger Problemen ausgesetzt. Die induzierte Furcht jedenfalls darf in jedem Einsatzfalle nicht zu stark werden, da eine abwehrende Abbruchshandlung einer Akteurin die Folge sein kann. Allerdings kann bei der richtigen Dosis Furcht die Verarbeitung von Sachverhalten und Handlungsintentionen auf der zentralen sowie peripheren Route beeinflusst werden.[166] Zudem lässt sich der Beeinflussungseffekt über das Situative hinaus implementieren, indem bestimmte Befürchtungen dauerhaft im Bewusstsein gehalten werden.

Eine weitere sowohl kurz- als auch langfristig wirkende Ebene der Beeinflussung liegt – wenngleich sie in der psychologischen Forschung aufgrund ihrer immensen Komplexität noch weniger aufgeschlüsselt ist als die bislang beschriebenen Effekte – in der unmittelbaren *Ansteuerung dispositionaler gerechtigkeitsbezogener*

164 Wobei es natürlich auch andere manipulative Beeinflussungsversuche in Form von Schildern gibt, zum Beispiel die Darstellung eines niedlich blickenden Rehkitzes, das um ein langsameres Fahren bittet und dies bei einer Reihe von Autofahrern durch die erwiesenermaßen positiven Affekte beim Anblick von Tierbabys/-kindern auch zu schaffen vermag.

165 Vgl. Hans Jonas, *Das Prinzip Verantwortung. Versuch einer Ethik für die technologische Zivilisation*, Frankfurt/M. 1984, S. 63 f. Es bleibt natürlich fraglich, ob das Erkennen eines *malum* tatsächlich einfacher und konsensfähiger ist. Bei so komplexen Zusammenhängen wie dem Klimawandel hat man nicht immer diesen Eindruck.

166 Vgl. Aronson, Wilson, Akert, *Sozialpsychologie*, S. 207 f.

Affekte wie Empörung, Schuld oder Verantwortung, die durch ihre enge Verzahnung mit einem Narrativ und den Handlungsabsichten eines Individuums vielversprechend erscheint. Persönliche Involviertheit und die Selbstbesinnung auf das eigene Ich (ähnlich der obigen Frage, nur in diesem Falle an sich selbst gestellt: »Was für eine Person möchte ich sein?«) innerhalb des eigenen Narrativs – im Rahmen einer Problemstellung wie auch der Abgleichung mit anderen – eignen sich als zusätzliche Katalysatoren zur Initiation einer Manipulation.[167] Entscheidend sind hier ein Bedürfnis nach Konsistenz und die Vermeidung von Dissonanzen in Bezug auf das Gerechtigkeits- oder Verantwortungsverständnis, in das eine Handlung eingeordnet werden muss. Ähnliches gilt im Übrigen auch für zwischenmenschliche Beziehungen, die mit bestimmten Selbstbildern, Bedürfnissen, Vorstellungen und auch Fallstricken einhergehen. So kann eine Beziehung im negativen Falle Abhängigkeiten generieren, indem bestimmte Dispositionen, die mit Konsistenz- oder Dissonanzgefühlen verbunden sind, genutzt werden. Im positiven Sinne gibt es bestimmte »Codes«, die zu »Schmiermitteln« der Beziehung werden (wie Insiderwitze, Blicke, Bewegungen, Handlungen) und eine Regulation der Affekte innerhalb einer Beziehungskonstellation ermöglichen, indem sie zum Beispiel Aufrichtigkeit, Sicherheit oder Zuneigung auszudrücken vermögen.

Nach diesem kurzen Blick auf sozialpsychologische Mechanismen soll nochmals festgestellt werden, dass dispositionale und langfristig angelegte Effekte natürlich auch kurzfristige Entscheidungsfindungen beeinflussen, schließlich sollen Individuen situativ anders handeln als vor der Beeinflussung. Ebenso beeinflussen kurzfristig und situativ induzierte Beeinflussungen auch langfristiges Denken und Handeln, indem sich durch die Mittel der Wiederholung, durch die affektive Verknüpfung und die Verwendung von Schlüsselreizen mit der Zeit Gewohnheit, gefühlte Normalität und sogar dezidiert positive Affekte einstellen. Die betrachteten Mechanismen lassen sich also im interpersonalen Rahmen zwischen zwei Personen anwenden, sind aber mit ein paar Modifikationen auch in einem größeren Beziehungsrahmen (wie dem zwischen Staat und Bürger) nutzbar. Da dies ein weiteres Feld ist, in dem die Manipulation ein wesentliches Mittel darstellt, soll im Anschluss an die

167 Vgl. ebd., S. 204-211.

bisherigen Einlassungen die Wirkung der Manipulation nun auch im größeren Rahmen konkretisiert werden.

Manipulative Mechanismen und politische Psychologie

Nicht nur im privaten oder beruflichen, also interpersonalen Rahmen, sondern auch in politischen Beziehungen zwischen Staat und Bürger finden die oben beschriebenen Wege der Manipulation Verwendung.[168] Dies wird heutzutage deutlich, wenn »postfaktisch« von der Gesellschaft für deutsche Sprache zum Wort des Jahres 2016 gewählt wird und die Fokussierung mancher politischer Akteure auf das Irrationale des Menschen viel medialen Wirbel bereitet.[169] Die menschliche Tendenz, auf irrationalen Grundlagen Entscheidungen zu treffen und zu handeln, lässt sich also auch auf die Politik übertragen. Diese kann ihre Außendarstellung, ihre Kampagnen und politischen Strategien an den Erkenntnissen der Psychologie ausrichten und Beeinflussungsmechanismen instrumentalisieren.[170] Hierfür lassen sich zuvorderst zwei Anwendungsbereiche ausmachen: (1) Wahlkampagnen, die mittels bestimmter Auftritte und werbeähnlicher Formen einen Kandidaten mit bestimmten Inhalten »verkaufen« wollen; (2) Policies, die nach der erfolgreichen

168 Vgl. Joseph A. Schumpeter, *Capitalism, Socialism and Democracy*, New York 1976 (dt. Ausgabe: *Kapitalismus, Sozialismus und Demokratie*, Stuttgart 1993).

169 Tatsächlich ließe sich aber die Behauptung, dass unser Zeitalter nun ein »postfaktisches« sei, selbst als postfaktisch bezeichnen, denn die Politik hatte schon immer eine Menge mit dem Irrationalen, vor allem mit der Erregung von Affekten zu tun (und das zu ignorieren, ist, so könnte man sagen, »postfaktisch«). Das wusste schon der bereits zitierte Machiavelli. Auch Abschnitte in Adornos *Studien zum autoritären Charakter*, einige Leitgedanken in Leo Löwenthals *Falsche Propheten* oder auch Max Webers Beobachtungen über englische Parlamentarier in »Politik als Beruf« weisen auf die immense Betonung rein affektiver Mittel zur Bewegung der Massen hin – von den tief ins 19. Jahrhundert zurückreichenden massenpsychologischen Studien von Gabriel de Tarde, Gustave Le Bon, Sigmund Freud, Wilhelm Reich usw. ganz abgesehen. Analog zu den Diskussionen um die Rationalität des Menschen lässt sich hier noch fast beliebig weit zurückwandern.

170 Lippmann beklagt in den 1920er Jahren noch, dass über die Quellen und Prozesse, aus denen diese »öffentlichen Willen« hervorgehen, nach wie vor wenig bekannt sei (»[S]ources from which these public opinions arise, on the processes by which they are derived, there is relatively little [research].«), s. Lippmann, *Public Opinion*, S. 203.

Wahl Inhalte rechtfertigen und zur Umsetzung bringen sollen. »Policy« ist ein recht flexibler Begriff im Englischen, der keine spezifische Unterscheidung zwischen Strategie, Mittel und Zweck macht. Was hier unter »Policy« verstanden werden soll, ist ein Prozess, in dem Regierungen ihre politischen Visionen in Kampagnen, Programme und Aktivitäten übersetzen, um bestimmte Ergebnisse zu erzielen, die in der Regel gewünschte Änderungen des öffentlichen Willens mit sich bringen.[171] Dabei wird vorausgesetzt, dass ein öffentlicher Wille mehr ist als ein bloßes Bewusstsein einer Masse bezüglich der Existenz und der Inhalte eines Themas. Er setzt voraus, dass die Zielindividuen handlungsfähig sind, und beinhaltet die Bereitschaft zu einer Handlung, die dem Zweck einer Policy zuträglich ist.[172] So wird ein öffentlicher Wille zum »primären Beweger in Demokratien«.[173] Edward Bernays geht davon aus, dass wir nicht nur eine »stillschweigende gesellschaftliche Übereinkunft« darüber haben, dass wir mittels Beeinflussungen gelenkt werden, sondern auch, dass »unsere heutige Gesellschaftsstruktur [...] ohne diese Praxis nicht funktionieren« würde.[174] Doch wie ist ein öffentlicher Wille, wie überhaupt irgendeine Form von Gemeinschaft zu modellieren,

> [w]ie lässt sich eine praktische Beziehung zwischen dem etablieren, was in den Köpfen der Menschen vorgeht, und dem, was da draußen und auch jenseits ihrer Kenntnis ist? Wie, in der Sprache der Demokratietheorie, entwickelt eine große Zahl von Menschen, die alle so persönlich bezüglich irgendeines so abstrakten Bildes fühlen, irgendeinen gemeinsamen Willen?[175]

Um die Veränderung bzw. den Aufbau eines öffentlichen Willens zu erreichen, lassen sich nun nach Erkenntnis der politischen Psy-

171 Ähnlich definiert Bernays Public Relations: »Public relations is the attempt, by information, persuasion, and adjustment, to engineer public support for an activitiy, cause, movement, or institution.« (Edward L. Bernays, »The Theory and Practice of Public Relations. A Résumé«, in: ders. (Hg.), *The Engineering of Consent*, Norman 1955, S. 3-25, hier S. 3 f.) Der Aufsatz enthält auch eine kurze Geschichte des Entstehens und der Rolle von Public Relations nach dem Ersten Weltkrieg (S. 5 f.).

172 Vgl. hierzu auch Lippmann, *Public Opinion*, S. 11 f., 161 f.

173 Ebd., S. 203. Meine Übersetzung.

174 Bernays, *Propaganda*, S. 20 und 27.

175 Lippmann, *Public Opinion*, S. 161. Meine Übersetzung.

chologie verschiedene Kommunikationsstrategien anwenden, die zum Ziel haben, (1) dass eine größere Gruppe von Individuen zu bestimmten Handlungen gebracht wird, die sie ohne die Beeinflussung nicht ausgeführt hätte, und (2) langfristige Änderungen bezüglich des Denkens über bestimmte Inhalte herzustellen, um damit auch langfristige Handlungsänderungen zu erreichen. Dass hierbei nicht nur mit rationalen Argumenten gearbeitet wird, ist für uns unterdessen nicht mehr neu. Während Machiavelli in seinem Fürstenspiegel noch zwar gewitzte, aber zum Teil krude Strategien empfiehlt, um die Bevölkerung willfährig zu machen, bieten Thaler und Sunstein mit *Nudge* ein modernes Handbuch zur effizienteren Umsetzung von Policies, die zum Beispiel die menschliche Tendenz, den Weg des geringsten Widerstandes zu wählen, ausnutzen. Nützlich für ein besseres Verständnis der öffentlichen Willensbildung im Rahmen der Politik sind die Schriften von Bernays, dem bereits erwähnten Vater der sogenannten Public Relations, und diejenigen des ebenfalls bereits erwähnten Lippmann. Beide thematisieren den Bildungs- bzw. Modifikationsprozess eines öffentlichen Willens in einiger Ausführlichkeit;[176] von ihren Ausführungen ausgehend, lässt sich ein modernes Bild der Routen der manipulativen Beeinflussung zeichnen.

Um den hochkomplexen Akt der Beeinflussung einer Gruppe von Akteuren zu einem öffentlichen Willen durchführen zu können, gilt es, so planvoll und sorgfältig wie ein Ingenieur vorzugehen – Lippmann spricht von »Fertigung«[177] (was Bernays zu seiner Wortwahl anregte).[178] Hierfür sind acht Schritte nötig:

1. Die Definition von Zielen
2. Die Erforschung der angesteuerten Öffentlichkeit
3. Die Anpassung der Ziele, damit sie tatsächlich erreichbar sind
4. Die Entscheidung für eine Strategie
5. Die Schaffung von Motiven, Symbolen und Appellen
6. Die Skizzierung eines effektiven Aufbaus zur Ausführung

176 Vgl. Edward L. Bernays, *Crystallizing Public Opinion*, New York 1961, sowie *The Engineering of Consent*, Norman 1955; Lippmann, *Public Opinion*.

177 Lippmann, *Public Opinion*, S. 153. Meine Übersetzung.

178 Vgl. ebd., S. 25. Vgl. auch Edward L. Bernays, »The Engineering of Consent«, in: *Annals of the American Academy of Political and Social Science* 250, 1 (1947), S. 113-120, und Bernays, *Crystallizing Public Opinion*.

7. Die Aufstellung eines Zeitplans und spezieller Taktiken
8. Die Durchführung des Plans[179]

Bernays gibt mit diesem Katalog den Weg für eine erfolgreiche Kampagne vor, sei es im marktwirtschaftlichen oder im politischen Bereich (im Übrigen sollte sich Letzterer seiner Meinung nach wesentliche Mechanismen von Ersterem abschauen[180]). Während die Punkte 1, 3 und 6 vornehmlich strukturelle Schritte darstellen, also die Fragen stellen, welche Zwecke erfüllt und welche Ziele hergestellt werden sollen, wie diese gegebenenfalls angepasst werden müssen und welche Details für eine erfolgreiche Durchführung in Bezug auf Personen, Gruppen oder Institutionen sich mit welchem Budget am besten für die Ausführung einer Kampagne oder Policy eignen, sind im Rahmen der Manipulation vor allem die Punkte 2, 4, 5 und 7 interessant (die Durchführung, Punkt 8, lasse ich hier außen vor, da sich die Betrachtung solcher Umstände unserer Analyse entzieht). Bei diesen Punkten geht es darum zu wissen, mit welchem Publikum man es zu tun hat, also welche konkreten Überzeugungen, Werte, Vorlieben, Wünsche, Ängste oder Sorgen innerhalb einer Zielgruppe bestehen. Zugleich ist Wissen über die menschliche Psyche, das bei Bernays, dem Neffen Freuds, und bei Lippmann durchaus noch von psychoanalytischen Modellen beeinflusst ist, hinzuzuziehen, so wie es hier weiter oben geschah. Mit dem mittlerweile also aktualisierten Wissen (angereichert durch die von Cialdini etablierten Faktoren, Erkenntnisse über unsere begrenzte Rationalität, die periphere Route der Beeinflussung oder die alltägliche Nutzung von Heuristiken als einer Form von automatisierten Handlungsmustern) ist ein Bild vom Menschen gewonnen worden, das die Auswahl der Strategien (Punkt 4) grundlegend bestimmt. Die Strategien zur Beeinflussung eines öffentlichen Willens erweisen sich dann als der wichtigste Schritt zur Erreichung eines Ziels. Stimmt die Strategie nicht, verändert sich auch das Handeln der Zielgruppe nicht. Strategie ist die es-

179 Ebd., S. 9f. Meine Übersetzung. Vgl. auch Bernays, *Crystallizing Public Opinion*, Kapitel III.

180 Vgl. Bernays, *Propaganda*, S. 15: »Warum sich Politiker nicht der ausgefeilten Methoden bedienen, die in der Industrie verwendet werden, ist allerdings unverständlich.« Heute kann man wohl sagen, dass die Politik es zum Teil sehr wohl sehr gut verstanden hat, sich des Wissens der Werbekunst zu bedienen.

sentielle Verbindung von Zweck, Wissen über die Zielgruppe, einzusetzenden Mitteln und taktischen Einsatzumgebungen, um das gewünschte Resultat zu erzielen.

Vor dem Hintergrund der nicht vollkommen rationalen Seiten des Menschen formuliert Richard Worthington, der auf die Beobachtungen des italienischen Soziologen und Ökonomen Pareto reagiert, ein Strategieprogramm:

> Man muss Personen über ihre Instinkte und Affekte beeinflussen, statt sie rational überzeugen zu wollen. Dies ist eine Tatsache, die Politiker schon immer genutzt haben, wenn sie ihre Wähler überzeugten, indem sie deren Empfindungen ansprachen, statt rationale Argumente vorzubringen [...], denen niemand je vernünftig zuhört und die sich zuletzt niemals als wirksam zur Bewegung der Massen erweisen.[181]

Um nun auf die affektive, automatisierte Ebene des Menschen einwirken zu können, sind einige (den im vorhergehenden Unterkapitel genannten zum Teil ganz ähnliche) Eckpunkte zu beachten. Neben einem guten Timing[182] und der Ausnutzung des Überraschungsmoments[183] kommen all die Dinge ins Spiel, die Cialdini vor uns ausbreitete. So sollten personalisierte, vor allem von Personen, die als Autoritäten wahrgenommen werden, gestützte, im Rahmen eines Gruppenzwangs platzierte, mit Vorlieben, Sorgen, Wünschen und Ängsten verbundene und mit Reziprozität arbeitende Kampagnen am ehesten von Erfolg gekrönt sein.[184] Am wichtigsten bleibt weiterhin,

> die Ziele der Kampagne mit den fundamentalen menschlichen Bedürfnissen zu verknüpfen, die durch den Erfolg einer Kampagne erfüllt werden können; [...] sofern das Bestreben der Öffentlichkeitsarbeit nicht mit den fundamentalen Bedürfnissen der Öffentlichkeit zusammenfällt, wird das öffentliche Interesse immer bruchstückhaft und vergänglich bleiben.[185]

181 Richard V. Worthington, »Pareto. The Marx of Fascism«, in: *Economic Forum* 1 (1933), hier zitiert nach: Nicholas Samstag, »Strategy«, in: Bernays (Hg.), *The Engineering of Consent*, S. 94-137, hier S. 98. Meine Übersetzung.

182 Vgl. Samstag, »Strategy«, S. 103 f.

183 Vgl. ebd., S. 108 f.

184 Vgl. ebd., S. 110 f. (participation), 120 f. (personalization), 130 f. (omission), 135 f. (understatement); vgl. auch Lippmann, *Public Opinion*, Kapitel XI, XV, XVI.

185 Bernays, »The Theory and Practice of Public Relations. A Résumé«, S. 16 f. Meine Übersetzung.

Dies ist gemäß Bernays sogar ein »unverzichtbarer Faktor jeder Kampagne«.[186] Dabei darf aber nicht vergessen werden, dass die »emotionalen Inhalte [...] a. in jeder Hinsicht mit dem Gesamtkonzept und mit jedem Detail der Strategie im Einklang stehen, b. auf die vielen verschiedenen Gruppen, die man ansprechen will, zugeschnitten [sind], c. zur Verbreitung über die Medien taugen, um massenwirksam werden zu können.«[187]

Symbole als Mittel der Manipulation

Effizient kann dies durch die Nutzung von Symbolen erreicht werden (üblicherweise mittels Massenmedien wiederholt kommuniziert), die eine Wirkung in sich bergen, die über die des rationalen Arguments hinausgeht. Symbole sind mit Lippmann recht weit gefasst zu verstehen – es handelt sich auch hier um eine Art Hilfsbegriff, der einen Phänomenbereich umschreibt, den wir nicht tatsachenwissenschaftlich aufzuschlüssen vermögen. Es geht dabei um kompakte Kommunikationsmittel wie Symbole grafischer Art (Partei,- Kampagnen-, Wahl- und Firmenlogos), aber in einem weiteren Sinne auch noch um »Bilder« (der Marlboro Man), Musikstücke (Werbejingles), Posen (Merkels Raute, Nixons Peace-Zeichen), Slogans (»Make America Great Again«) und Kombinationen dieser Formen, die gezielt und mit Wiedererkennungswert eingesetzt werden und so dazu führen sollen, dass Repräsentationen in unseren Köpfen modelliert werden (man denke nur an die Wahlplakate der Obama-Kampagnen oder an nordkoreanische Bilddarstellungen der Staatsführer). Auch hier lässt sich wieder die Unterscheidung zwischen kurzfristig-situativen und langfristig-dispositionalen Manipulationen treffen. Während kurzfristig-situative Änderungen zum Beispiel durch die Affekte erregende, im richtigen Moment platzierte Reden, Gesten, Lieder, Gerüche und Ähnliches hervorgerufen werden können, sind Symbole meist langfristig und dispositional angelegt (wenngleich es auch hier wieder ein Kontinuum gibt); sie stellen höchstwahrscheinlich die Grundlage für längerfristig wirksame politische Beeinflussungen dar.[188] Donald Trumps eigentlich nur auf Symbolen beruhender

186 Bernays, *Propaganda*, S. 89.
187 Ebd.
188 Vgl. hierzu Doris E. Fleischman, Howard W. Cutler, »Themes and Symbols«,

Kampagnen- und Politikstil, dem gemäß er von einer Mauer statt einer »Grenzsicherungsanlage« spricht, in dem er Hillary Clinton per Twitter zigfach als »crooked« darstellt und ihr so die Tendenz zu »krummen Dingern« und ein Gaunertum anheftet oder sich selbst als Chinesen übertrumpfenden und erfolgreichen Geschäftsmann darstellt, mag hierfür als Musterbeispiel gelten. Unsere Anfälligkeit für eine solche symbolgeladene Politik sieht die moderne Psychologie in unserer speziell menschlichen Fähigkeit zur Verwendung »symbolischer Schemata und der Möglichkeit der Abstraktion, die wiederum als Basis für alles politische Handeln gelten muss, das im Herzen der Fähigkeit zur Koordination und Kooperation mit anderen Wesen verankert ist«.[189] Politik ist eine komplexe Sache, so dass man erst einmal eine persönliche Verbindung zwischen ihr und der Alltagswelt der Wähler schaffen muss, denn »das einzige Gefühl, das jemand bezüglich einer Sache haben kann, die er nicht selbst erlebt, ist ein Gefühl, das durch ein Bild von dieser Sache in seinem Kopf hervorgerufen werden kann«.[190] Symbole als uns (auch in der Sphäre der Politik) zu Handlungen bewegende Elemente sind also grundsätzlich im Modus der bildlichen Repräsentation verankert, vor allem in Bereichen, die nicht direkt den unmittelbaren Alltag der zu manipulierenden Personen betreffen – wir können an Politiker denken, an Länder und ihre Rolle in internationalen Konflikten, an weiter in der Zukunft liegende Lösungsansätze usw.[191] Das Denken in Symbolen, die in ein persönliches Narrativ integriert sind, hat eine ganz pragmatische Wurzel:

Die reale Umwelt ist insgesamt viel zu groß, viel zu komplex und flüchtig, um sie unmittelbar zur Kenntnis zu nehmen. Wir sind nicht dafür ausge-

in: Edward L. Bernays (Hg.), *The Engineering of Consent*, S. 138-155; Carol Barner-Barry, Robert Rosenwein, *Psychological Perspectives on Politics*, Englewood Cliffs 1985, S. 148 f., Dan D. Nimmo, James E. Combs, *Subliminal Politics. Myths and Mythmakers in America*, Englewood Cliffs 1980; Rüdiger Voigt, »Mythen, Rituale und Symbole in der Politik«, in: Rüdiger Voigt (Hg.), *Symbole der Politik, Politik der Symbole*, Opladen 1989, S. 9-38.

189 Joseph P. Forgas, Klaus Fiedler, William D. Crano, »The Social Psychology of Politics. Homo Politicus Revisited«, in: dies. (Hg.), *Social Psychology and Politics*, New York 2015, S. 1-18, hier S. 4. Meine Übersetzung.

190 Lippmann, *Public Opinion*, S. 13. Meine Übersetzung.

191 Vgl. dazu auch George Lakoff, *Don't Think of an Elephant! Know Your Values and Frame the Debate*, White River Junction 2004, vor allem Teil I, sowie George Lakoff, Mark Johnson, *Metaphors We Live By*, Chicago 1980.

rüstet, mit so viel Feinheit, so viel Variation, so vielen Permutationen und Kombinationen umzugehen.[192]

Es ist unsere begrenzte Rationalität, die, besonders in einem solch komplexen Bereich wie der politischen Sphäre, mittels mentaler Repräsentationen auf schnelle und effiziente Heuristiken zurückgreift. Generell ist die Welt so komplex, dass wir uns kein Gesamtbild machen können, sondern für die routinierte, effiziente Einordnung aller Dinge, die auf uns einprasseln, auf Stereotype angewiesen sind. Diese ermöglichen so eine entlastende Komplexitätsreduktion, schließen Informationslücken und geben uns das gute Gefühl von Sicherheit. Symbole tun dies ebenfalls und eignen sich zudem auch deshalb so gut für abstrakte Sachverhalte, weil sie eine hochgradige Anschlussfähigkeit an die Narrative der Individuen bieten und so die Möglichkeit eröffnen, deren personalisiertes Setting an bildlichen Repräsentationen anzusprechen und zu erweitern. So ergibt sich die Möglichkeit zur Instrumentalisierung in dem Sinne, dass ein gemeinsamer öffentlicher Wille entstehen kann, der die verschiedenen Standpunkte zu einem einzigen vereint. Wir können in diesem Zusammenhang davon sprechen, dass »leere Signifikanten« genutzt werden. Natürlich ist dieser Begriff paradox, drückt aber meines Erachtens doch gut aus, was im Zusammenhang mit abstrakten Sachverhalten und politischer Kommunikation passiert: Es wird ein Signifikant, ein Bezeichner, genutzt – zum Beispiel die Mauer, von der Trump im Wahlkampf sprach, oder das Versprechen, Amerika wieder groß zu machen –, der eine generelle mentale Repräsentation von einer Mauer oder einem großartigen Amerika ermöglicht. Gleichzeitig sind diese Signifikanten so offen, dass sie, übertrieben gesagt, »leer« sind, in dem Sinne nämlich, dass jeder sich etwas anderes darunter vorstellen kann, was diese Mauer und diese Großartigkeit bedeuten: Mehr Jobs für weiße Amerikaner, weniger lateinamerikanische Vergewaltiger amerikanischer Frauen (wie Trump sagte), Schutz vor illegalen mexikanischen Immigranten oder eben ganz generell Sicherheit. Wenn also Trump oder auch deutsche Rechtspopulisten von »der islamischen Bedrohung« (statt »islamistischem Terror«) sprechen, dann wählen sie eine dezidierte Symbolstrategie, die eine große Zahl von Menschen auf eine Art anspricht, die nicht primär kognitiv-rational ist, sondern eine Ratio-

192 Ebd., S. 16. Meine Übersetzung.

nalität höchstens in einem sehr verkürzten Sinne einbezieht – nämlich als sekundäre Einholung eines zunächst ausgelösten Affektes. Damit machen sie zur »Bewegung« großer Gruppen alles richtig, insofern der einzige zuverlässige Motor des öffentlichen Willens im Ansprechen der oben besprochenen irrationalen Züge des Menschen liegt. Die Bilder, die bei bestimmten Worten und Darstellungen usw. in uns aufleuchten mögen, konstituieren eine wesentliche Grundlage unserer Weltwahrnehmungen und sind, das ist nichts Neues, eine wirkmächtige Form der Kommunikation, deren Erforschung bisher nur in Ansätzen erfolgt ist. Symbole beeinflussen, was Menschen sehen – und wie sie das interpretieren –, auf einer unmittelbaren affektiven Ebene; damit besitzen sie ein immenses Potential zur Handlungsleitung: »Denn es ist recht eindeutig, dass Menschen unter bestimmten Bedingungen genauso stark auf Fiktionen reagieren, wie sie auf Realitäten reagieren.«[193] Mit Fiktionen meint Lippmann in diesem Fall innere Bilder, die als von Subjekt und Umwelt anteilig geschaffener »Pseudo-Umwelt« unsere Wahrnehmung von der Welt prägen.[194] Es ist dann diese vielfach auch in Symbolen verfasste Pseudo-Umwelt, die uns zum Handeln bewegen kann.[195] Und die Politik ist (natürlich in allen Lagern – nur folgt manchmal eben auf die Symbole auch ein echter, rationaler Diskurs) ein Ort, in dem heftigst mit Pseudo-Umwelten gearbeitet wird. So ist es dann die in unserem persönlichen Narrativ repräsentierte Umwelt, die uns handeln lässt – wenn die Handlung kohärent und konsistent eingepasst werden kann. Vielleicht lässt sich sagen, dass Symbole verschiedene Heuristiken geradezu bündeln, Repräsentationen in uns wachrufen und neu bilden, »Anker« für künftige Beurteilungen bilden, Urteilsbildungen mit wenig Informationen stimulieren, leicht abrufbare Verfügbarkeiten in unseren Köpfen für künftige Schlussfolgerungen bilden, Rekognitionen ermöglichen und natürlich Affekte aktivieren und modifizieren können. Wirkungsvolle Symbole schließen Lücken und beschleunigen (oft auch nur scheinbar) das Begreifen von etwas, sie haben konkrete Quellen, sind nicht eindimensional, besitzen das Potential, viele

193 Ebd., S. 14. Meine Übersetzung.

194 Ebd., S. 15. Meine Übersetzung.

195 Ebd., S. 25: »This, then, will be the clue to our inquiry. We shall assume that what each man does is based not on direct and certain knowledge, but on pictures made by himself or given to him.«

Assoziationen zu wecken, und überraschen nicht zu stark. Sie erinnern uns indirekt an Prinzipien, Ideale, Werte, Wünsche, Sorgen, Befürchtungen und schaffen eine ganz konkrete Verbindung zu unserer aktuellen Situation, indem sie einen günstigen »Moment [...] [und] strategisch eingesetzte Menschen« nutzen.[196] So eignen sie sich für die einfache (und vereinfachende) Vermittlung, aber auch für ein bestimmtes Framing von Sachverhalten. Framing, also eine wertende Einrahmung, strukturiert so unser Denken, indem gemachte Erfahrungen aufgerufen werden (zum Beispiel wird durch ein Wort wie »Steuerlast« das Thema »Steuern« mit der unangenehmen Aktivität des schweren Tragens in Verbindung gebracht).[197]

Ebenfalls eine wichtige Rolle spielt es, wenn die Symbole von »einem anderen menschlichen Wesen, das als Autorität anerkannt wird, lanciert werden«.[198] Lippmann spricht davon, dass an dem Versuch, »einen gemeinsamen, öffentlichen Willen zu schaffen, immer ein Alexander Hamilton beteiligt ist«.[199] (Hamilton galt aufgrund seines Geburtsortes auf den Westindischen Inseln und seines nicht spezifisch auf einen Staat bezogenen Auftretens als glaubwürdige Autorität in Sachen US-amerikanische Föderation). Der Hang zur Autoritätshörigkeit ist in uns angelegt, da wir »mit der äußeren Welt zuerst durch bestimmte geliebte und uns als Autoritäten gegenübertretende Personen in Kontakt treten«[200] und zudem meist nicht die Möglichkeit haben, bei komplexen Sach-

196 Lippmann, *Public Opinion*, S. 181. Meine Übersetzung.

197 Insofern könnte personalisierte Werbung (mittels der immensen Datenakquise von Google, Facebook, Apple u. a.) weitreichende Auswirkungen haben: Künftig wird es vielleicht möglich (wie es Alexander Nix von *Cambridge Analytica* im Nachgang zur letzten Präsidentschaftswahl wohl etwas zu selbstbewusst bereits als Realität verkaufte), dass bestimmte Manipulationsversuche auf bestimmte Zielgruppen zugeschnitten werden. Vgl. Hannes Grassegger, Mikael Krogerus, »Ich habe nur gezeigt, dass es die Bombe gibt«, in: *Das Magazin* 48 (2016), ⟨https://www.dasmagazin.ch/2016/12/03/ich-habe-nur-gezeigt-dass-es-die-bombe-gibt/⟩, letzter Zugriff 20. 12. 2016. Eine leichte Einführung in das Thema Framing findet sich bei Lakoff/Wehling, *Auf leisen Sohlen ins Gehirn*, S. 13-32.

198 Lippmann, *Public Opinion*, S. 183. Meine Übersetzung.

199 Ebd., S. 180. Meine Übersetzung. Bernays formuliert einen ähnlichen Gedanken wie folgt: »Ein charmanter Kandidat kann Wunder wirken, wenn es gilt, ein sachlich-nüchternes Wahlprogramm in Wählerstimmen umzusetzen.« (Bernays, *Propaganda*, S. 89) – Man denke hier vielleicht an den 2017 gewählten französischen Präsidenten Emmanuel Macron.

200 Ebd., S. 183. Meine Übersetzung.

verhalten zwischen richtig und falsch zu unterscheiden, sondern uns auf vertrauenswürdige Personen verlassen müssen – ein Grund, warum Wahlkämpfer so viel Wert auf die richtigen Worte und das richtige Auftreten legen.

Während nun »der Appell an die Instinkte und universellen Bedürfnisse eine grundlegende Methode ist, mit denen [Politiker] Resultate produzieren können«,[201] gilt es, die damit verbundenen Symbole mit Themen und zur Wahl stehenden Personen zu verbinden, die affektive Seite des Menschen einzunehmen und mit impliziten Handlungsaufforderungen zu versehen.[202] Das Wichtigste für die öffentliche Willensbildung scheint es zu sein, das richtige Arsenal an Symbolen zusammenzustellen, und zwar für das richtige Publikum und zum richtigen Zeitpunkt, mit dem nötigen Understatement und indirekt, affektiv und möglichst persönlich vermittelt vom richtigen Kommunikator.[203] Symbole lassen sich dann als Motor des öffentlichen Willens in der politischen Sphäre verstehen.[204] Sie eignen sich hierfür insbesondere vor dem Hintergrund der Tatsache, dass »[j]ede einzelne Methode der Ansprache [...] nur eine von vielen [ist] und [man] in einer Zeit, in der Tausende von Bewegungen und Ideen um die Aufmerksamkeit der Bürger buhlen, [...] auf keinen Fall nur auf ein einziges Pferd setzen [sollte]«,[205] denn schließlich sind Symbole vielfältig einsetz- und vermittelbar, um so möglichst umfängliche Wirkung zu erzielen.

Durch das Ansprechen der irrationalen und damit weniger unter Kontrolle stehenden Ebene der Zielpersonen kommt ihnen damit offenkundig eine besondere Brisanz zu:

Aufgrund ihrer Fähigkeit, Affekte im wahrsten Sinne des Wortes aus klaren Ideen herauszuziehen, sind Symbole ein Mechanismus sowohl der Solidarität als auch des Missbrauchs. Sie schaffen es, Personen für ein gemeinsames Ziel arbeiten zu lassen, aber gerade weil einzelne Entscheidungsträger konkrete Ziele wählen müssen, ist das Symbol auch ein Instrument, durch das einige wenige auf Kosten vieler fett werden können, durch das von Kritik abgelenkt werden kann und durch das die Menschen dazu verführt

201 Bernays, *Crystallizing Public Opinion*, S. 173. Meine Übersetzung.
202 Vgl. Forgas, Fiedler, Crano, *The Social Psychology of Politics*, S. 7.
203 Vgl. Lippmann, *Public Opinion*, S. 171.
204 Vgl. ebd., S. 29.
205 Bernays, *Propaganda*, S. 91.

werden können, für Ziele, die sie nicht einmal verstehen, Höllenqualen zu erleiden.[206]

Auch wenn auch hier noch einmal gesagt wird, dass die Manipulation nicht immer negativen Zwecken dient, qualifiziert sie sich doch gerade durch ihre Subtilität und das Bespielen der irrationalen Seiten des Menschen als besonderer Beeinflussungsmechanismus im Rahmen einer Machtkonstellation, bei der ein Manipulator die Kontrolle über einen Teil der Irrationalitäten seiner Zielpersonen hat. Dieser Blick auf die Manipulation als Machtform in unterschiedlichen Beziehungen,[207] die mittels unserer Affekte operiert, bietet einen Ansatzpunkt für eine Beurteilung unter ethischen Gesichtspunkten: Ist die Manipulation moralisch zulässig oder unzulässig? Dieser Frage widmen wir uns im folgenden Kapitel.

206 Ebd., S. 193. Meine Übersetzung.

207 In der politischen Sphäre haben wir es mit einer deutlicher durch Asymmetrie geprägten Machtkonstellationen zu tun. Während man vorsichtig behaupten könnte, dass manipulative Mechanismen zwischen liebevollen Partnern im privaten Bereich weniger brisant sind, ist der Sachverhalt der Manipulation im Rahmen der Politik ein anderer und gerade auch in einem demokratischen System zu hinterfragender.

3. Grundlegung zu einer Ethik der Manipulation

> The greatest evil is not now done in those sordid »dens of crime« that Dickens loved to paint. It is not done even in concentration camps and labor camps. In those we see its final result. But it is conceived and ordered (moved, seconded, carried, and minuted) in clean, carpeted, warmed and well-lighted offices, by quiet men with white collars and cut fingernails and smooth shaven cheeks who do not need to raise their voice.
>
> C.S. Lewis, *The Screwtape Letters*

Vorbemerkungen: Manipulation ethisch

Wofür war dieser Blick auf anthropologische und psychologische Erkenntnisse nun wichtig? Zunächst ging es darum, die Manipulation und ihre Mittel in einem konkreteren Sinne zu verstehen. So wurde der im 1. Kapitel eingeführte handlungstheoretische Rahmen anthropologisch und psychologisch ergänzt und ein weiterer Schritt hin zum Verständnis der Manipulation und des Menschen gemacht. Mit Anscombe muss gerade diese möglichst genaue Betrachtung des Menschen Grundlage einer jeden Ethik sein – oder anders gesagt: Damit wir sagen können, was der Mensch tun soll, müssen wir auch wissen, was er überhaupt tun kann. Im Zuge dieser Betrachtungen und der Vertiefung unseres Verständnisses von Manipulation wurden sodann Prämissen unserer intuitiven Urteile und klassischer Ethiken bereits zum Teil zur Disposition gestellt. Hierbei ging es insbesondere um die Reichweite der menschlichen Rationalität und um damit verbundene Freiheits- und Würdevorstellungen. Diese drei Faktoren sind wesentliche Bestandteile unserer ethischen Sicht auf die Welt. Was fangen wir nun mit Blick auf den hier zu wagenden Versuch einer Ethik der Manipulation mit den bislang gewonnenen Erkenntnissen an? Bei Lippmann heißt es richtig: »Jeder ethische Codex muss nun die menschliche Psychologie, die materielle Welt und die menschlichen Traditionen in der einen oder anderen Weise einbeziehen.«[1] Die Frage nach einer Ethik

1 Lippmann, *Public Opinion*, S. 108 f. Meine Übersetzung.

der Manipulation gestaltet sich aus zwei Gründen als schwierig: 1. beinhaltet sie immer die Fragen, was Manipulation eigentlich ist und wie viele verschiedene Beeinflussungsmechanismen sie umfasst. Die beiden vorhergehenden Kapitel waren der Klärung dieser Fragen gewidmet. 2. ist der ethische Diskurs hierzu (neben der mangelnden Erklärung der Manipulation selbst) insofern unterentwickelt, als er sowohl mit einer problematischen Auffassung vom rationalen Menschen operiert als auch mittels Intuitionen und absoluten Prinzipien geführt wird, die Manipulation von vornherein ablehnen – oder sie nicht wirklich diskutabel finden. Die negative Einschätzung wird durch bestimmte angebliche Charakteristika der Manipulation bedingt: Sie bediene sich der Ebenen des Unbewussten, der Affekte, unserer Automatismen und Gewohnheiten – womit sie uns die Kontrolle über uns selbst wesentlich erschwere. Zudem suggeriere sie Freiwilligkeit bloß. Man müsse die Manipulation also vor dem Hintergrund etablierter ethischer Prinzipien (Freiheit, Würde, …) als unethisch disqualifizieren. Schließlich untergrabe sie unsere Rationalität und schränke damit unmittelbar unsere Freiheit ein – was wiederum die Würde des Menschen unterlaufe, da Zielpersonen so bloß instrumentalisiert, kantianisch gesprochen: als bloßes Mittel genutzt würden.

Eine vom etablierten ethischen Prinzip der Nützlichkeit abgeleitete Intuition, der zufolge zeitweilige Instrumentalisierungen in Ordnung sind, lässt sich dem entgegenstellen. Besteht eine Diskrepanz zwischen gesellschaftlich wünschenswerten Zielen und ihrer effizienten Umsetzung, könnte die Manipulation in gleichsam paternalistischer Weise Abhilfe schaffen – hier hallt Skinners eingangs erwähnte Vision wider.

Wir haben es also mit der typischen Frontstellung dominanter ethischer Ansätze zu tun, die uns auf grundsätzliche Glaubensfragen zurückzuwerfen scheinen. Vor dem Hintergrund (1) unseres besseren Verständnisses der Manipulation, die, wie wir in Kapitel 1 feststellen konnten, nicht durch die Möglichkeit zur negativen Anwendung von vornherein disqualifiziert werden muss, keine der Gewalt ähnliche »Entscheidungs-Einbahnstraße« bedeutet und durchaus auch mit rationalen Kapazitäten zu arbeiten vermag, sowie (2) einer Handlungstheorie, die ein modifiziertes Verständnis der Reichweite unserer Rationalität und freiheitlichen Handlungsleitung integriert, verstärkt sich der Eindruck, dass pauschale

Antworten im Sinne einer schnellen Ablehnung oder einer bedenkenlosen Zustimmung nicht befriedigend sein können. Für eine ethische Betrachtung der Manipulation müssen also sowohl eine sorgfältige Definition als auch eine angemessene Handlungstheorie als Basis dienen. Beides fehlt in den bisherigen ethischen Betrachtungen der Manipulation zumeist. Erneut ist es Lippmann, der diese Eigenschaft ethischer Theorien deutlich macht:

> Im Kern einer jeden ethischen Norm existiert eine Vorstellung von der menschlichen Natur, eine Karte des Universums und eine Auffassung der Geschichte. Die ethischen Normen beziehen sich sodann immer auf die (demgemäß erdachte) menschliche Natur, in einem (demgemäß vorgestellten) Universum, nach einer (demgemäß verstandenen) Geschichte.[2]

Vor allem die Erkenntnis, dass unseren ethischen Auffassungen bestimmte Menschenbilder zugrunde liegen, erscheint vor dem Hintergrund alles bisher Gesagten evident. Wir können so verstehen, *warum* die Manipulation *wie* eingeschätzt wird. Unser Menschenbild korreliert zudem meist mit unserer Position im Universum und unserer Version der Geschichte. Damit ist ein Faktor bestimmt, der hinterfragt und nach kritischer und offener Revision einbezogen werden muss, um zu einem kohärenten und konsistenten ethischen Blick auf die Manipulation zu gelangen, der eine zeitgenössische Orientierung zu schaffen vermag. Gerade mit Blick auf handlungstheoretische, anthropologische und psychologische Grundlagen lassen sich die drei großen klassischen ethischen Theorien (Deontologie, Tugendethik und Konsequentialismus) als zum Teil problematisch qualifizieren, insofern sie das Phänomen der Manipulation nur mangelhaft zu fassen vermögen. Aus diesem Grund soll ein eigener Versuch folgen, sich einer Ethik der Manipulation mit minimalmoralischen Voraussetzungen anzunähern, die sich durch einen pragmatischen Charakter und eine Konsensfähigkeit vor allem im Rahmen einer liberalen Gesellschaft auszeichnet und umgehend Orientierungshilfe bieten kann.

Im Weiteren soll also vor diesem Hintergrund die ethische Betrachtung der Manipulation an sich sowie in Bezug auf konkrete Anwendungsfälle erfolgen. Wie ist diese spezielle Ethik zu entwerfen?[3]

2 Lippmann, *Public Opinion*, S. 105 f. Meine Übersetzung.

3 Ich spreche in diesem Zusammenhang lieber von einer »speziellen Ethik« als von einer »angewandten Ethik«, wie es auch Hans Krämer vorschlägt. Dieser sieht eine

Hierfür braucht es (1) die Bestimmung zugrundeliegender und zu begründender Prinzipien, die zum besonderen Falltyp der Manipulation passen; (2) die Bestimmung des Zusammenhangs zwischen diesen Prinzipien und konkreten Manipulationsfällen; sowie (3) die Bestimmung der besonderen Kontexte der Manipulation.

Zuerst soll kurz geklärt werden, welche Problemstellungen es in Bezug auf die Manipulation mit den klassischen ethischen Theorien und auch – als deren Antagonist – einer rein situationsethischen Betrachtung gibt. Im Anschluss daran soll eine alternative, spezielle, pragmatische und allgemein konsensfähige Vorgehensweise zur Beurteilung der Manipulation vorgeschlagen werden. Dazu wird zunächst die Möglichkeit des ethischen Zugangs über die Beziehungskonstellation von Manipulator und Manipuliertem ausgelotet. Mit Norbert Elias können Beziehungen als Machtkonstellationen charakterisiert werden, was den ethischen Charakter der Manipulation abseits von intuitiven Reaktionen deutlich machen kann. Im Anschluss daran muss gefragt werden, welche Leitprinzipien den Missbrauch dieser bestimmten Form von Macht verhindern könnten. Hierfür wird in Anlehnung an Beauchamp und Childress ein prinzipienethischer Ansatz entwickelt, der eine mittlere Begründungsebene zwischen absoluten ethischen Prinzipien klassischer Ansätze und bloßer Situationsethik einnimmt und daher zu vermitteln vermag (indem er die Vorzüge beider Betrach-

Notwendigkeit für solche Ethiken gegenüber dem traditionellen Konzept genereller Prinzipien, die als »Supernormen, die von der Urteilskraft im Einzelfall appliziert werden, für die Vielfalt und Komplexheit der modernen Welt« nicht mehr ausreichen. Vielmehr soll es bei »speziellen Ethiken« um »gemischte Normen« gehen, »die nicht einfach aus Prinzipien deduzierbar sind, sondern auch von den Sachbedingungen des jeweiligen Kontextes und dem jeweiligen Kenntnisstand abhängen« (Hans Krämer, *Integrative Ethik*, Frankfurt/M. 1992, S. 261). Auch ich sehe eine Notwendigkeit für eine spezielle Ethik, möchte aber die generelle Prinzipienbasis nicht aufgeben, wenngleich ich ebenfalls zum Beispiel die Sachbedingungen der Kontexte als wichtig erachte; so behalten »prinzipielle Sätze [weiterhin] eine kritische Normenkontrollfunktion, aber sie stehen der Lebenspraxis nicht nur pragmatisch ferner als die spezielleren Regulative, sondern haben auch mit dem Sturz des teleologischen Naturrechts die Dignität ihres metaphysischen Status verloren«. Und, so Krämer ganz richtig weiter: »In der Tat sind praktische Prinzipien nicht nur keine hinreichenden, sondern in vielen Fällen nicht einmal notwendige Bedingungen regulierten Handelns, während speziellere Regeln sich dafür als unentbehrlich erweisen und als solche auch einen ausreichenden konsensuellen oder pragmatischen Rückhalt besitzen.« (Krämer, *Integrative Ethik*, S. 261)

tungsweisen zu integrieren versucht). Da auch der prinzipienethische Ansatz Probleme mit sich bringt, sollen sodann Modifikationen erfolgen, die sich vor allem auf die Prinzipienwahl beziehen und die Begründungsebene weiter stärken. Dies soll anhand der Konzeption einer Minimalmoral geschehen, die auf einem Kernprinzip beruht und so dicht und knapp wie möglich, aber so umfassend wie nötig gestaltet ist. Das leitende Prinzip dabei wird der *Respekt* sein. Zunächst gehe ich von einer Minimalforderung universalen Respektierens aus. Diese wird zwar nicht letztbegründet (auch wenn sie das Potential dazu hat), kann aber im ethischen Diskurs als weitgehend konsensfähig gelten. Respekt für andere zu haben und von anderen respektvoll behandelt werden zu wollen: das sind Grundsätze, die eine intuitive Plausibilität und affektive Angebundenheit haben.[4] Auf dieser Grundlage lassen sich dann prinzipielle ethische Aussagen über manipulative Akte eines Manipulators treffen und zugleich auch ganz praktische Einschätzungen und Leitlinien erarbeiten.[5]

Probleme der klassischen ethischen Ansätze und einer situationsethischen Vorgehensweise

Wie schon gesagt, gibt es mehrere klassische Perspektiven auf die Ethik der Manipulation, die wir uns nun näher ansehen wollen. So können die Probleme dieser Ansätze deutlich sowie das Potential einer alternativen ethischen Perspektive plausibel werden.

In einer ethischen Diskussion der Manipulation sind im Wesentlichen folgende Thesen relevant:

(a) *Die Manipulation verhindert die Ausübung persönlicher Freiheit, indem sie die Rationalität mit den Mitteln der Verborgenheit und*

4 Man wird gewisse Spannungen zwischen dem Prinzip Respekt und der allgemeinen intuitiven Angebundenheit nicht bestreiten können, da manche Menschen andere »intuitiv« nicht respektieren. Allerdings kann dieses grundsätzliche Problem im Rahmen dieser Arbeit leider nicht geklärt werden.

5 Es geht hier also nicht primär um die Frage, wie Handlungen eines manipulierten Akteurs zu beurteilen sind, sondern um die manipulativen Akte selbst, wenngleich man hier gemäß der zu entwickelnden Leitlinien einer Ethik der Manipulation zum Teil natürlich Rückschlüsse auf den Ausführenden ziehen könnte.

Affekterregung unterläuft. (Die Manipulation lässt Akteure so Dinge tun, die sie normalerweise nicht tun würden.)

(b) *Die Manipulation instrumentalisiert Menschen und macht sie dadurch, ihre Würde verletzend, zu bloßen Objekten.*

(c) *Die Manipulation gibt schlechte Gründe als gute Gründe aus. (Manipulation korrumpiert die Wurzeln rationaler Kommunikation und Orientierung; Manipulation zerstört die Grundlage des sozialen Vertrauens, das auf offener, rationaler Kommunikation basiert.)*

(d) *Die Manipulation nutzt Schwächen von Akteuren aus und verhindert, dass diese aus ihren Fehlern lernen können; sie unterminiert die Selbstwahrnehmungsmöglichkeit von Akteuren. (Manipulation infantilisiert die Menschen.)*

(e) *Die Manipulation korrumpiert den Charakter (von Manipulatoren wie auch Manipulierten).*

(f) *Wenn die Manipulation sich allgemein etablierte, wären die Folgen für Mensch und Gesellschaft verheerend. (Durch die Manipulation wird eine beständig manipulierte und manipulierbare Umwelt geschaffen.)*

Diesen sechs negativen Thesen in verschiedenen Erweiterungen und Varianten stehen nur zwei positive gegenüber:

(g) *Die Manipulation nutzt unsere auch unbewussten psychischen Potentiale und vermag es so, unser Leben einfacher und besser zu machen – gerade dort, wo wir natürliche Schwächen und irrationale Hemmnisse haben.*

(h) *Die Manipulation hilft uns, wünschenswerte Ziele innerhalb einer Gesellschaft effizient umzusetzen.*

Insbesondere die Thesen (a) bis (d) sind stark an dominanten Rationalitäts-, Freiheits- und Würdevorstellungen orientiert, wenn die Unterminierung des Rationalen die Handlungsleitung vernebelt, offene Kommunikation verhindert und Menschen instrumentalisiert, unfrei macht und in ihrer Würde verletzt. Dies gilt auch dann, wenn gute, paternalistische Absichten involviert sind, schließlich soll jeder sein Handeln selbst bestimmen können. These (d) tritt schon in einen Argumentbereich ein, der von (e) und (f) dann noch weiter beschritten wird: Dabei geht es um die Gefahr, die die Manipulation für den individuellen Charakter mit sich bringt, sowie um eine Art pädagogisch-psychologischer Problematik, da die Manipulation unsere Lernfähigkeit, aber auch eine gesunde psychologische Ökologie gefährdet.[6] Die Thesen (g) und (h) dagegen halten die Manipulation alldem diametral entgegenstehend für nützlich und damit auch für relativ harmlos.

Es steht außer Frage, dass die vorgestellten Thesen ernst genommen werden müssen. Um besser zu verstehen, in welche größeren theoretischen Rahmen diese eingebunden sind, soll im Folgenden ein kurzer Durchgang durch die klassischen ethischen Positionen und ihr Verhältnis zur Manipulation erfolgen. Natürlich kann ich dabei nicht jedweder Ausformung der hier vielmehr schlaglichtartig dargestellten ethischen Theorien gerecht werden. Ein kurzer Blick auf deren Grundzüge macht aber ihre jeweilige Einstellung gegenüber der Manipulation nicht nur deutlicher, sondern lässt uns auch Gründe dafür finden, warum sie ihr nur teilweise gerecht werden. Auf der Grundlage der hierbei ermittelten Probleme und Einsichten lässt sich anschließend dann der versprochene alternative Ansatz skizzieren. Erneut wird deutlich werden, dass der moralische Status der Manipulation auch davon abhängt, wie wir das Wesen Mensch, seine Rationalität, seine Entscheidungsprozesse und Handlungen sowie seine Freiheitlichkeit verstehen. Anders gesagt: Es stellt sich grundsätzlich die Frage, wie wir all die Einschränkungen, die von überzeugten Rationalitätsverfechtern als Schwächen bezeichnet werden mögen, vernünftig achten können. Das ist eine Frage, mit der uns die Manipulation unweigerlich konfrontiert. Auf dieser Grundlage kommen dann Fragen

6 Ich verwende den Begriff »Ökologie« in diesem psychologischen Zusammenhang in dem Sinne, dass eine Balance im psychologischen »Haushalt« bestehen kann, eine relativ ausgeglichene und wechselseitige Beziehung von bewussten und unbewussten, rationalen und irrationalen Anteilen. Wechselseitig bedeutet dabei, dass es, im Sinne einer Selbstwahrnehmung, immer auch eine Möglichkeit gibt, die eigenen Entscheidungen und Handlungen im eigenen Narrativ zu verorten, zu reflektieren.

dazu auf, bis zu welchem Grade die Freiheit des Einzelnen durch eine manipulative Beeinflussung bedroht wird, welche Parteien und Zwecke involviert sind, welche Charaktereigenschaften wir an Personen schätzen und welche Folgen die Manipulation für den Charakter, die psychologische Ökologie und Selbstwahrnehmung sowie die menschliche Gemeinschaft haben mag. Hierfür wird erneut die schon eröffnete Perspektive der Manipulation als Stimulus innerhalb einer zwischenmenschlichen Kommunikationssituation im Rahmen einer (näher zu bestimmenden) Beziehung hinzugezogen, die wir auch als Startpunkt für eine ethische Analyse fruchtbar machen können. Beziehungen nämlich haben etwas zutiefst Ethisches an sich – nicht nur in ihrem Wesen als Urform sozialer menschlicher Gemeinschaft, sondern auch durch ihre inhärenten Machtbalancen. Von diesem Einfallstor aus lässt sich dann fragen, wie ein Machtmechanismus wie die Manipulation ethisch beurteilt werden könnte.

Deontologische Ansätze

Deontologische Ansätze operieren mit bestimmten, kategorisch geltenden moralischen Regeln; sie beurteilen bestimmte Handlungen als intrinsisch gut oder schlecht und ziehen diese Bewertung der Berücksichtigung der Folgen jener Handlungen wesentlich vor.[7] Es gibt hier also bestimmte Handlungen, die kategorisch verboten sind, weil sie intrinsisch falsch sind. Mit Blick auf die Manipulation sind die Prämissen der den Regeln zugrundeliegenden, absolut geltenden Prinzipien interessant. Manipulation wird vor diesem Hintergrund als intrinsisch schlechte Handlung angesehen

7 Es ist möglich, innerhalb einer deontologischen Ethik ein Gebot zu formulieren, das die Folgen einbezieht. Die Diskussion über die Gewichtung von Regeln, Handlungen und Folgen ist allerdings weit verzweigt, weshalb ich mich in dieser Arbeit auf die vorsichtige Formulierung beschränke, dass deontologische Positionen »bestimmte Handlungen der Berücksichtigung ihrer Folgen wesentlich vorziehen«. Vgl. dazu beispielhaft William K. Frankena, *Ethics*, Bd. 1, New Jersey 1973; Ernst Tugendhat, *Vorlesungen über Ethik*, Frankfurt/M. 1993; Charles Larmore, *Routledge Encyclopedia of Philosophy*, 10 Bde., London, New York 1998, s. v. Right and Good, Bd. 8, S. 322-325; David McNaughton, *Routledge Encyclopedia of Philosophy*, 10 Bde., London, New York 1998, s. v. Deolontological Ethics, Bd. 3, S. 890-892, sowie Julian Nida-Rümelin, *Kritik des Konsequentialismus*, München 1993.

(was wohl in allen Thesen von (a) bis (f) mitschwingt) und/oder gilt in (a), (b) und (c) als bedrohlich für absolut gesetzte Prinzipien, die die menschliche Freiheit, Würde oder rationale Kommunikation und Einsicht betreffen. Was mittels deontologischer Positionen versucht wird, ist, ein bestimmtes menschliches Miteinander als absolut und universal richtig zu setzen. Kann die Manipulation hier enthalten sein? Das moralisch Gute wird erreicht, wenn bestimmten Regeln entsprechend gehandelt wird. Das in These (b) (und implizit auch in den anderen fünf ersten Thesen) zum Ausdruck gebrachte Verständnis vom Menschen und seiner damit zusammenhängenden Würde wird zum Stolperstein der Manipulation, die Menschen zum Beispiel entgegen der kantianischen Selbstzweckformel durchaus zu Mitteln machen kann, ohne sie notwendigerweise auch als Zweck einzuplanen.[8] Außerdem unterminiert sie zumindest zum Teil die Rationalität des Menschen, die wiederum als Voraussetzung für unsere Freiheit und oft auch für unsere Würde fungiert. Die Manipulation unterbindet oder erschwert zumindest – durch die Umgehung oder zweckmäßige Instrumentalisierung unserer Rationalität und die zielgerichtete Ansteuerung unserer irrationalen Züge – die vollkommen freiheitlich-rationale Handlungsleitung. Zudem wählt sie gemäß These (c) andere Wege als die rationale Kommunikation und die damit verbundene Orientierung in der Welt, die aber als Voraussetzung für freiheitliche Entscheidungen gilt (aus diesem Grund ist eine vertragsethische Betrachtung der Manipulation auch nicht sehr naheliegend[9]). Während hier nur das Überzeugen auf rationaler Grundlage (der zwanglose Zwang des besseren Arguments, die freie Einsicht) als akzeptabel gilt, wählt die Manipulation eine davon eben dezidiert abweichende Strategie. Allerdings beschreibt ein solches Verständnis von Überzeugen letztlich einen »sehr eigentümli-

8 Immanuel Kant, *Grundlegung zur Metaphysik der Sitten*, in: ders., *Akademieausgabe*, Bd. IV, Berlin 1968, S. 429.

9 Vertragstheoretische Konzepte, deren heutzutage bekanntestes wohl John Rawls' *A Theory of Justice* von 1971 darstellt, drängen sich beim Nachdenken über die Manipulation nicht direkt auf. Das liegt auch daran, dass sie von Voraussetzungen leben, die die Manipulation mitunter verhindert. So verhindert das Unterlaufen der Rationalität hier etwa frei geschlossene Verträge. Es bräuchte also zumindest immer einen manipulationsfreien Naturzustand, um überhaupt eine Ethik grundlegen zu können.

chen, exotischen Handlungstyp«,[10] so Wolfgang Kuhlmann, weil die Handlungsintentionen dann immer auf komplett freier Einsicht beruhen müssten – und das ginge wiederum nur, wenn »*alles* Relevante problematisiert und geprüft« werden könnte, womit wir uns im Idealen und auch wieder bei der unbegrenzten Rationalität befänden. Demgemäß kann es beim Überzeugen »nur darum gehen, dafür zu sorgen, daß *möglichst viel* an x auf freie Einsicht von A zurückgeht«.[11] Kuhlmann schließt so auch, dass »[e]ine solche Forderung und eine solche Bewertung [...] die Menschen überfordern [würde], sie wären zu radikal, zu rigoros, zu idealistisch«.[12] Daher ist eine »Ethik für die endlichen Wesen ›unterwegs‹ nötig«,[13] die auch situative Umstände berücksichtigt, denn die Dinge werden »allein über die Strukturbeschreibung der Handlung nicht klar. Es kommt dann [auch] auf die umgebenden Umstände an«.[14] Es wird deutlich, dass wir es im Rahmen deontologischer Konzeptionen mit Idealen zu tun haben, an denen die Manipulation scheitert. Durch den strengen (und wertgeladenen) Konnex von Rationalität und Freiheit und einer damit verbundenen Würde disqualifiziert sie sich so gewissermaßen von vornherein für eine Rechtfertigung in deontologischer Hinsicht.[15]

Doch warum genau sind derart konzipierte deontologische Theorien für eine Beurteilung der Manipulation problematisch?

10 Wolfgang Kuhlmann, »Rhetorik und Ethik«, in: Wolfgang Armbrecht, Ulf Zabel (Hg.), *Normative Aspekte der Public Relations. Grundlegende Fragen und Perspektiven. Eine Einführung*, Opladen 1994, S. 35-50, hier S. 39.

11 Ebd., S. 40.

12 Ebd.

13 Ebd., S. 46.

14 Ebd., S. 45.

15 Alternativ lässt sich noch von einer aktdeontologischen Konzeption ausgehen, deren wohl bekanntester Vertreter Jean-Paul Sartre ist. In ihr bezieht sich das moralische Urteil auf Handlungsweisen in spezifischen Handlungssituationen. Innerhalb dieser Konzeption, die eine ethische Beurteilung gewissermaßen einem Situationsrelativismus preisgibt, ließe sich die Manipulation, situationsspezifisch betrachtet, möglicherweise rechtfertigen. Der Blick auf Situationen und dabei zu berücksichtigende Faktoren erscheint mir wichtig, doch sind hier Problematiken anhängig, die denen der bloßen kasuistischen Betrachtung von Manipulationsfällen ähneln (dazu aber später mehr). Vgl. hierzu Jean-Paul Sartre, »Der Existentialismus ist ein Humanismus«, in: ders., *Der Existentialismus ist ein Humanismus und andere philosophische Essays 1943-1948. Gesammelte Werke in Einzelausgaben. Philosophische Schriften 4*, Reinbek b. Hamburg 2000, S. 145-192.

Die Hauptprobleme sehe ich in der Voraussetzung des rationalen Menschen und der Vorstellung seiner Handlungsleitung, auf die die formale Ausrichtung und regelgeleitete Ethik der Deontologie zugeschnitten ist. Nach Kapitel 2 ist deutlich geworden, dass diese angenommene Rationalität ihre Grenzen hat und von anderen Faktoren beeinflusst ist, was sich unmittelbar auf die Handlungsleitung auswirkt. Eine Bindung des moralisch Guten und Richtigen an einen absoluten Status der Rationalität und die unbedingte Möglichkeit autonom-freiheitlicher Handlungen zielt somit an der Realität vorbei. Wenngleich diese Kritik nicht neu ist, gilt sie besonders für die Bewertung der Manipulation durch deontologische Ansätze. Indem diese sich dem modifizierten Blick auf das menschliche Wesen und zwischenmenschliche Handlungen verschließen und Handlungen voraussetzungsreich-ideal konzipieren, drohen sie, abstrakte Vorstellungen absolut zu setzen. Durch die gewisse Realitätsferne werden so kontraintuitive Beurteilungen ermöglicht – zum Beispiel müsste so gut wie jede Werbung, die ein Produkt ja meist affektiv auflädt, kategorisch verboten sein, selbst wenn es um ein unbedenkliches Produkt geht (ganz abgesehen davon, dass wir uns auch noch für ein anderes Produkt oder gegen den Kauf entscheiden können); auch der kleine »Schubs« innerhalb einer normalen, vertrauensbasierten Beziehung wäre unmoralisch. Die kategorische Ablehnung jeglicher Manipulation, einfach weil sie nicht primär rational operiert, geht also zu weit. Die angesprochenen absoluten (also alternativlosen) Setzungen, das damit verbundene, die Rationalität überschätzende Bild vom Menschen und seiner Würde sowie auch der berühmte, von Hegel kritisierte inhaltslose Formalismus[16] werden so als Ausgangspunkte für eine an-

16 Hierzu als ganz kurze Erklärung: Man spricht bei solchen ethischen Lehren wie der des kategorischen Imperativs von Kant von einem »Formalismus«, weil dort im Gegensatz zu einer materialen Wertethik eine Handlungsmaxime nicht inhaltlich, sondern durch ihre Verallgemeinbarkeit begründet wird. Ein Problem, das sich hieraus ergibt, liegt nun darin, dass sich auch moralisch problematische Maximen verallgemeinern lassen. Hegel hat beispielsweise kritisiert, dass Kant behaupte, die Maxime eines täuschenden Versprechens etwa beim Leihen von Geld könne nicht ohne Widerspruch verallgemeinert werden, da solche Versprechen dann schlicht unmöglich würden. Doch Hegel meint, dass ein solches Versprechen widerspruchsfrei ist und nur der Voraussetzung widerspricht, dass ein Versprechen tatsächlich ohne Täuschung existieren soll. So sei auch jede unmoralische Handlung selbst widerspruchsfrei und nur einer bestimmten Vorausset-

gemessene Ethik der Manipulation fragwürdig. Mit Blick auf eine pragmatische Ethik der Manipulation kommt hinzu, dass auch die mitunter schwache Betonung der Konsequenzen einer Handlung kontraintuitiv ist, denn schließlich ist auch ein Einsatz zum Wohle der Manipulierten nun kategorisch ausgeschlossen. Als alleiniger Ausgangspunkt für die Beurteilung der moralischen Qualität der Manipulation scheinen deontologische Ansätze daher also problematisch, wenngleich sie als orientierungsgebende Fixpunkte am Himmel der moralischen Handlungen dennoch ihren Platz haben. Vieles davon gilt aus ganz ähnlichen Gründen auch für tugendethische Positionen.

Tugendethische Ansätze

Sprechen wir von Tugenden, geht es um den Charakter einer Person. Jemandem eine manipulative Persönlichkeit zu bescheinigen, bedeutet, ihn negativ zu charakterisieren.[17] Im Sinne von Adorno oder MacIntyre haben wir es dabei mit Personen zu tun, die wir nicht als Vorbilder bezeichnen würden; es sind Leute, die sich eben nicht durch *Tugendhaftigkeit* auszeichnen.[18] Die von Aristoteles ausgehende Tugendethik nun, die sich mit ebenjener Tugendhaftigkeit auseinandersetzt, zeichnet sich in der Abgrenzung zu deontologischen (und auch konsequentialistischen) Theorien dadurch aus, dass das Gute nicht schon durch die richtige Handlung realisiert wird, sondern mit bestimmten charakterlichen Dispositionen verbunden ist.[19] Mehr noch als die Verhinderung einer aus moralisch korrupten Charakteren bestehenden Gesellschaft ist es

zung widersprechend, nämlich der, dass man ja moralisch handeln solle. Wenn man also lediglich aus der Perspektive des Formalismus schaut, ließe sich jede unmoralische Handlung rechtfertigen, denn das Unmoralische sei selbst kein Widerspruch, sondern widerspreche nur der Bedingung, dass man moralisch handeln solle. Vgl. hierzu Georg Wilhelm Friedrich Hegel, »Über die wissenschaftlichen Behandlungsarten des Naturrechts, seine Stelle in der praktischen Philosophie und sein Verhältnis zu den positiven Rechtswissenschaften«, in: ders., *Werke in 20 Bänden (HW)*, Bd. 2, *Jenaer Schriften 1801-1807*, Frankfurt/M. 1986, S. 460; vgl. hierzu auch Richard Norman, *The Moral Philosophers*, Oxford 1983, S. 110f.

17 Während wir uns »prägende« Personen nicht zwingend negativ einstufen.

18 Adorno, *Studien zum autoritären Charakter*, S. 334f.

19 Vgl. Nida-Rümelin, *Kritik des Konsequentialismus*, S. 63f.

ihr Ziel, die *eudaimonía* – vielleicht mit Glückseligkeit zu übersetzen – zu erreichen. Diese kann nur anhand der Tugenden erreicht werden. Tugendhaft handelt man, wenn man nicht gegen seine Neigungen handelt (wie bei Kant), sondern gerade aus Neigungen heraus, die durch die Tugendpflege entstehen. Tugenden sind hier also nicht ein bloßes Mittel zur Erreichung der Glückseligkeit. Diese besteht bereits in der Ausübung der Grundtugenden (Klugheit, Gerechtigkeit, Tapferkeit, Besonnenheit) und ist so »kein Gemütszustand, sondern eine Daseinsweise«.[20] Die Sorgen betreffs der Manipulation lassen sich in diesem Zusammenhang vor allem mit den Thesen (d) und (e), aber auch mit (f) assoziieren. Dabei geht es um die Sorge vor korrupten Menschen, um die Verhinderung der Bewegung auf die Glückseligkeit und um den Niedergang der Tugendhaftigkeit, der wohl allgegenwärtig wäre in einer Umwelt, in der das Manipulieren an der Tagesordnung ist ([e] und auch [f]). Ein Manipulator nutze nicht nur Automatismen sowie Fehler in psychischen Verarbeitungsprozessen aus, sondern verhindere (1) aktiv ein Dazulernen aufseiten manipulierter Akteure – und, so könnte man schließen, auch die tugendhafte Charakterbildung. Die Manipulation unterminiere auch hier den fehlerlosen Ablauf rational-bewusster Entscheidungsprozesse, die (2) das Tugendhaftwerden wenigstens erschwere, wenn nicht gar verunmögliche. Dies wiederum bedinge die Gefahr einer drohenden Infantilisierung der Gesellschaft. Mit MacIntyre, Vorkämpfer einer Rückkehr zur Tugendethik in der Moderne[21] und Diagnostiker der zunehmenden Sinnlosigkeit moralischer Begriffe, lässt sich diese Problematik wie folgt erklären: Die zunehmend affektiv gesteuerte Gesellschaft und die Betonung nichtrationaler Entscheidungen bedinge das »Auslöschen jeder echten Unterscheidung zwischen manipulativen und nicht-manipulativen sozialen Beziehungen«.[22] Die »Charaktere« des »reichen Ästheten, des Managers und des Therapeuten«[23] ver-

20 Michael J. Sandel, *Gerechtigkeit. Wie wir das Richtige tun*, Berlin 2013, S. 268.

21 Genauer: MacIntyre fordert eine Rückkehr zu einer von Thomas von Aquin überformten Tugendethik des Aristoteles, wie Martha Nussbaum feststellt: Martha Nussbaum, »Menschliches Tun und soziale Gerechtigkeit. Zur Verteidigung des aristotelischen Essentialismus«, in: Micha Brumlik, Hauke Brunkhorst (Hg.), *Gemeinschaft und Gerechtigkeit*, Frankfurt/M. 1993, S. 323-363, hier S. 328.

22 MacIntyre, *Der Verlust der Tugend*, S. 41.

23 Ebd., S. 50.

körpern dabei die beklagte Aufhebung und machen sich diese zunutze – werden also (tugend)ethisch problematische manipulative Charaktere. (Der reiche Ästhet ist es, der seine bloße Langeweile durch die Manipulation anderer verdrängt – und dessen Verhalten MacIntyre als radikalste Form von Modernität gilt.[24])

Die Klugheit, *phrónesis*, gilt als die intellektuell-rationale Eigenschaft, die benötigt wird, um die Handlungsleitung so gestalten zu können, dass sie der *eudaimonía* zuträglich ist. Manipulatoren würden die Menschen schlimmstensfalls in die erwähnte allgemeine Infantilisierung stürzen, einen quasi vor-tugendhaften Zustand, so dass sie niemals der eigentlichen Wesenheit des Menschseins, der Ausübung des *logos*, angemessen nachkommen könnten. Auch wenn Aristoteles die affektive Ebene des Menschen nicht unterschlägt und sogar die Willensschwäche plausibel in seine Handlungstheorie einzubauen vermag, lässt sich sagen, dass mittels der Manipulation die nichtrationale Handlungsleitung zu stark betont würde, was die Balance von Ratio und Affekt – und somit die Möglichkeit zur richtigen Entscheidung – tendenziell zerstören würde. Auch hier wird wieder deutlich, wie stark eine Rechtfertigung innerhalb der verschiedenen ethischen Positionen von einem Konzept des Menschen und des Stellenwertes der Rationalität innerhalb dieses Konzeptes abhängt. Die Probleme sind hier ähnlich wie zuvor bei den deontologischen Ansätzen: Durch den Entschluss, die Rationalität zu einer gewichtigen Grundlage der Ermöglichung moralischer Handlungen zu machen, wird eine positive Beurteilung der Manipulation quasi unmöglich. Vielleicht wäre es aber entgegen der Betonung des Rationalen denkbar, unter Ausnutzung der vermeintlichen Schwächen vielleicht sogar in einem paternalistischen Sinne (mittels eines entsprechenden Vorbildes) die richtigen Affekte mit Bezug auf die richtigen Objekte zu generieren, den Einzelnen also quasi für ein tugendhaftes Handeln vorzuprägen – sowie es vielleicht auch Akteure geben kann, denen die Manipulation entspricht, die gewissermaßen zu ihr bestimmt sind (man denke etwa an Therapeuten) und dementsprechend ihr gemäß handeln müssten, um ihrer Bestimmung näher zu kommen. Unklar bleibt also weiter, ob die Ausübung der rationalen Handlungsleitung tatsächlich die Wesenheit des Menschen derart bestimmt, dass

24 Vgl. Walter Reese-Schäfer, *Grenzgötter der Moral. Der neue europäisch-amerikanische Diskurs zur politischen Ethik*, Wiesbaden 2013, S. 177 f.

sie gleichzeitig auch als *telos* (Ziel) und sozusagen zweite Seite der Medaille der *eudaimonía* gesehen werden muss. Diskutabel bleibt auch, gerade vor dem Hintergrund unserer individualistisch-liberal geprägten Lebensform (man denke an das Lippmann-Zitat am Beginn dieses Kapitels), die vermeintlich klare Vorstellung des guten Lebens für den Menschen. Hier bleibt über die Natur des guten Lebens zu streiten – und warum sollte hier nicht auch ein Einbezug der begrenzt rationalen Wesenheit des Menschen die Manipulation in bestimmter Art erlauben können? Wenngleich also die grundlegende tugendethische Intuition nachvollziehbar ist, dass nämlich Manipulation und Tugend sehr weit auseinanderliegen, bleiben auch in diesem Zusammenhang Fragen offen.

Konsequentialistische Ansätze

Bei konsequentialistischen Ethiken haben wir es mit zweierlei Intuitionen zu tun, die an die obigen Thesen (d)/(f) und (g)/(h) zurückgebunden werden können. Den von Vorsicht zeugenden Thesen bezüglich der Folgen der Manipulation steht die Vorstellung entgegen, dass wir gerade in Zeiten langsamer demokratischer Mechanismen und in Anbetracht drohender Gefährdungen und großer politischer Herausforderungen (Überbevölkerung, Klimawandel, weltweiter Terrorismus, Banken- und Flüchtendenkrisen etc.) eine effizientere Politik brauchen, die mittels psychologischen Know-hows viel Gutes zu bewirken vermag (ganz ähnlich wie auch Skinner sich das vorstellte). Sofern die Manipulation also paternalistisch (egoistische Motive eines Manipulators wären nicht zu rechtfertigen, es geht vielmehr um individuelles und allgemeines Wohl) zu positivem, nutzen- bzw. glücksmaximierendem Zweck (und dieser Zweck ist als absolute Größe zu verstehen) eingesetzt wird, lässt sich innerhalb konsequentialistischer Positionen, deren meistdiskutierte der Utilitarismus ist,[25] am schwersten verstehen, warum Manipulation unethisch sein sollte. Innerhalb dieser Po-

25 Klar ist, dass es mehrere Ausformungen des Utilitarismus gibt, die berücksichtigt werden sollten. Hier wird auf die Grundproblematiken und ein allzu schnelles Okay der generellen utilitaristischen Ausführungen hingewiesen. Mir ist bewusst, dass zum Beispiel innerhalb eines Präferenzutilitarismus, wie ihn Peter Singer vertritt, die Manipulation ausgeschlossen werden kann, wenn man die Freiheit selbst als Präferenz setzt.

sition sind auch Handlungen, die Einzelne benachteiligen, in der Regel nicht verboten, falls die positiven Folgen insgesamt überwiegen. Hinzu kommt: Wenn andere Handlungsalternativen, wie zum Beispiel die bloße Untätigkeit, noch schlechtere Folgen hätten, ließen sich auch noch mehr ethische Abstriche in Kauf nehmen. Somit sind einige Formen des Utilitarismus fähig, Freiheits- und Würdeverletzungen mittels Manipulation zu integrieren. Da der Utilitarismus nun mit einem einzigen Prinzip als Wert operiert, gestaltet er sich theoretisch (!) einfach, da nicht zwischen Prinzipien abgewogen werden muss. Die Folgen aller in einer spezifischen Situation möglichen Handlungen sind so miteinander vergleichbar. In der Praxis gestaltet sich dies allerdings schwierig, vor allem aufgrund der inhaltlichen Bestimmung dieses Prinzips. Dennoch hat der Utilitarismus gerade in dieser Veranlagung zur Praxis eine Stärke.[26] Wäre es also möglich, mittels Manipulation einen größeren Glückzustand für viele Menschen herzustellen, müsste sie als unbedenklich gelten.

Prinzipien, die in deontologischen Ansätzen noch mit intrinsischem Wert versehen sind, haben im Utilitarismus nur extrinsischen Wertcharakter, was ihre Begründung vereinfacht, aber auch mehr Willkür mit sich bringt.[27] Dies führt dazu, dass derart konzipierte konsequentialistische Ansätze die Manipulation zum Teil überhaupt nicht als problematisches Phänomen zu sehen vermögen – und somit ebenfalls zu kurz greifen. Die fehlende oder mangelnde Berücksichtigung bestimmter Prinzipien (wie die unsere Selbstverwirklichung ermöglichende Individualität) und die mangelnde Gewichtung der Rechte Einzelner sind kontraintuitiv und somit ebenfalls problematisch. Auch hier haben wir es also mit einer ethischen Theorie zu tun, die einen breiten Dissens hervorruft und so ebenfalls im Sinne einer pragmatischen und konsensfähigen Grundlage für die Beurteilung der Manipulation kaum geeignet ist.

26 Hier liegen auch die nicht offengelegten Begründungswurzeln solcher Ansätze wie Thalers und Sunsteins *Nudging*.

27 An dieser Stelle könnte man Mills »harm principle« kontrovers diskutieren. Allerdings ist auch zu berücksichtigen, dass Mill in seiner Modifikation des Utilitarismus dafür sorgt, dass der Ansatz weniger eindeutig abzugrenzen ist als derjenige Benthams. Mittels des »harm principle« oder auch der Entwicklung des Regelutilitarismus nähert sich der Utilitarismus durchaus seinem deontologischen Konkurrenten an.

Eine weitere Möglichkeit, manipulative Mechanismen zu bewerten, besteht in der Betrachtung von Einzelfällen. Diese werden dann intuitiv bzw. situativ auf der Grundlage eines der besprochenen Ansätze beurteilt. So lassen sich spezifische Umstände, individuelle Akteure und Verhältnisse in den Urteilsprozess einbeziehen. Bezüglich der Manipulation scheint das insofern ein gangbarer Weg zu sein, als sie sich so in bestimmten Situationen (Wahlkampfveranstaltung, Policystrategie oder private Beziehung) innerhalb bestimmter Umstände (Bundestagswahl, Klimaschutz, Stress in der Ehe) mit bestimmten Akteuren (Kandidaten, Politiker, Ehegatten) beobachten lässt. Die hier auftretenden moralischen Probleme können dann je für sich diskutiert werden. Da nie die exakt gleichen Umstände, Inhalte, Akteure und Manipulatoren beteiligt sind, könnte man innerhalb der Situationsethik sogar von einzigartigen moralischen Problemen ausgehen. Während ein Vorteil der Situationsethik nun also darin besteht, dass sie konkrete, situative Umstände einzubeziehen vermag, wird schnell deutlich, dass sich aus der situativen Betrachtung heraus keinerlei allgemeingültige Orientierungen für eine Ethik der Manipulation etablieren lassen. Alles bleibt einfach Einzelfall. Da die Ethik jedoch immer das Ziel haben sollte, Orientierungshilfe in Form begründeter normativer Ansprüche an das Handeln von Akteuren zu geben, entpuppt sich die Situationsethik im Vergleich zu abstrakteren ethischen Ansätzen mit ihren Top-down-Argumenten als zu stark einer Bottom-up-Strategie verpflichtet. Mit ihrem bloßen Vertrauen auf bloß situative Urteile und Intuitionen besteht gerade im Zusammenhang mit der Manipulation das Problem, dass sich diese Urteile (um zumindest irgend möglich Kohärenz zu erlangen) kaum auf traditionelle ethische Urteile stützen können, da man ein ausgeprägtes Nachdenken über Manipulation oder gar eine Ethik der Manipulation vergeblich sucht. Dass Intuitionen zudem sozialisiert und innerhalb tradierter Wertüberzeugungen verankert sind, wurde nun bereits zur Genüge erwähnt. Wir bewegen uns mit der Situationsethik also auf übermäßig pragmatischem und eher nebulösem Terrain, ohne große Orientierung gewinnen zu können. Wie angemerkt, versorgen uns die klassischen ethischen Ansätze mit hochfliegenden, abstrakten Prinzipien. Situationsethische Ansätze hingegen kriechen am Boden des Begründungsraumes und vermögen uns keine Prinzipien für eine ethische Orientierung an die Hand zu geben.

Welche Perspektive können wir also noch auf die Manipulation einnehmen? Erneut erscheint eine vermittelnde Position als vielversprechender Ansatz für eine weiter begründungs-, aber eben auch konsens- und einzelfallorientierte Ethik. Die im vorhergehenden Kapitel gemachte Feststellung, dass wir es bei Manipulation mit einem *Beziehungsverhältnis* zu tun haben, eröffnet uns einen ersten allgemeinen Zugang zu einer alternativen Betrachtungsweise, ohne zu stark auf die klassischen ethischen Ansätze angewiesen zu sein (aber auch ohne sie vollkommen zu verneinen).[28] Die Manipulation ist ein interpersonales Phänomen in unseren alltäglichen Beziehungen mit unseren Mitmenschen, das auch in größerem Rahmen, zum Beispiel als Policystrategie, nutzbar ist. Sie tritt also in verschiedenen Kontexten auf, die dennoch strukturelle Gemeinsamkeiten aufweisen: Manipulation ist ein Mittel zum Zweck innerhalb einer Beziehung zwischen zwei Akteuren, das eine Veränderung der von manipulativer Beeinflussung tangierten Partei zum Ziel hat. Diese Besonderheit von Manipulation innerhalb einer Beziehung kann uns als spezieller Ausgangspunkt für eine alternative ethische Betrachtung gelten. So erscheinen mir Beziehungskonstellationen ein relevanter Faktor für eine ethische Beurteilung der Manipulation zu sein. Das wird deutlich, wenn man an die unterschiedlichen Intuitionen denkt, die bei der manipulativen Beeinflussung durch einen geschätzten Freund, geliebten

28 Jennifer Blumenthal-Barby sucht in ihrem Aufsatz »Assessing the Moral Status of ›Manipulation‹« ebenfalls den ethischen Zugang zur Manipulation. Auch ihr erscheint der Beziehungscharakter der Manipulation als eine beachtenswerte Tatsache – ihre Richtung und Ergebnisse sind dennoch von anderer Art als meine. So spielen zum Beispiel Machtverhältnisse für Blumenthal-Barby keine Rolle. Sie schlägt einen pluralistischen ethischen Ansatz vor, der die Bedrohung der Autonomie, die Zwecke sowie die aus einer Beziehung erwachsenden Verpflichtungen für eine ethische Beurteilung berücksichtigen soll (S. 134). Wenngleich ihr Ansatz durchaus inspirierend ist, bleibt unklar, wie die aus den Beziehungen erwachsenden Verpflichtungen und die Autonomie ethisch begründet werden und die drei Bestandteile ihrer ethischen Rahmengebung im Konfliktfall gewichtet werden sollen. Zudem handelt sie sich durch die partikularistische Betrachtungsweise auch Probleme der Situationsethik ein und verschiebt auf gewisse Weise die moralischen Fragen wiederum nur in andere Bereiche.

Partner, werbetreibende Firmen oder Regierungen auftreten. Diese unterschiedlichen Intuitionen, die zum Teil an die oben referierten Thesen anschließen, sind bedingt durch die unterschiedlichen Balancen einer, so Norbert Elias, wesentlichen Eigenschaft von Beziehungen: *Macht*. Mittels der Betrachtung von Manipulation als Machtmittel in Beziehungsgefügen kann die Manipulation nach ihrer handlungstheoretischen, philosophisch-anthropologischen und psychologischen Einordnung so auch als ethisches Phänomen charakterisiert werden. Hiervon ausgehend lassen sich dann die Gefahren der Manipulation und die für sie relevanten ethischen Prinzipien formulieren.

Machtbalancierende Beziehungsgefüge

Beziehungen

Natürlich lässt sich sagen, dass »Beziehung« eine Kategorie ist, die in ihrer Breite kaum noch Aussagekraft hat. Doch gerade weil Beziehungen in ihrer Allgegenwärtigkeit eine Grundkategorie darstellen, erscheint mir ein direktes Abwinken verfrüht. Immerhin sind sie der Rahmen, innerhalb dessen sich Manipulation notwendigerweise abspielt – Beziehungen schaffen Kommunikationssituationen, in denen die Manipulation ein Stimulus sein kann, um eine veränderte Handlungsleitung zu bewirken; allein deswegen lohnt es sich schon, ein Verständnis von Beziehung zu etablieren. Die Soziologie hat die Kategorie »Beziehung« schon früh als fruchtbar erkannt und sie, gemäß Alfred Vierkandts Gesellschaftslehre, zu einer »Grundkategorie des soziologischen Denkens« gemacht. Nach ihm ergibt sich »[d]ie Notwendigkeit, die Kategorie der Beziehungen in den Mittelpunkt zu stellen, [...] vor allem aus der Tatsache der Umwelt«.[29] Norbert Elias nennt sie beständige, natürlich ge-

29 Alfred Vierkandt, »Die Beziehung als Grundkategorie des soziologischen Denkens. Bruchstücke aus dem Manuskripte einer ›Gesellschaftslehre‹«, in: *Archiv für Rechts- und Wirtschaftsphilosophie* 9, 1 (1915), S. 83-90, hier S. 83. Vierkandt opponiert hier gegen eine Individualsoziologie. Elias wiederum versucht, diese Opposition zu überwinden und makro- sowie mikrosoziologische Beobachtungen mit sozialpsychologischen Entstehungsbedingungen zusammenzubringen und in zivilisationstheoretischer Perspektive zu beschreiben.

wachsene Interdependenzen. In der Kommunikation, ja in unserer gesamten Sozialisation und alltäglichen Lebensweise bleiben wir angewiesen auf andere Menschen.[30] Interdependenzen (ein Begriff, der unsere Angewiesenheit auf und Abhängigkeiten innerhalb von Beziehungen stärker betont) binden also einzelne Menschen und ihre Motive aneinander und bedingen vergesellschaftetes Handeln. Unsere Interdependenzen sind damit das wesentliche Charakteristikum einer Gesellschaft. Die vielfältigen Verflechtungen von Interdependenzen, die verschiedene Formen annehmen können, wie zum Beispiel affektive oder staatliche Beziehungsverhältnisse,[31] nennt Elias »Figurationen«.[32] Zwar schränken die Interdependenzen den Einzelnen in bestimmter Weise ein, dennoch verfügt er über einen

> Freiheitsspielraum […], der es ihm ermöglicht, sich von einer bestimmten F. [Figuration] abzulösen und sich in eine andere einzufügen, aber ob und wie weit das möglich ist, hängt selbst von der Eigenart der betreffenden F. ab.[33]

Neben ihrem soziologischen Status haben Beziehungen noch einen besonderen ontologischen Status: Sie verhelfen »partikularen Gegenstände[n] des Daseins erst zur Wirklichkeit des Seins«.[34] So wird auch die Manipulation erst durch eine Beziehung zwischen zwei Akteuren Wirklichkeit, indem verschiedene Voraussetzungen wie Beeinflussbarkeit, Beeinflussungsmechanismen und Zwecke in der richtigen Weise zusammenkommen. Die Kategorie der Beziehung hilft uns also nicht nur, die Manipulation als innerhalb von Interdependenzen stattfindenden Akt besser zu verstehen. Mittels der Abhängigkeiten und Erwartungen innerhalb von Beziehungen lassen sich zudem die Verhältnisse zwischen verschiedenen Individuen, Gruppen, Institutionen oder Regierungen beschreiben, zwi-

30 Vgl. Norbert Elias, »Was ist Soziologie?«, in: ders., *Gesammelte Schriften*, Bd. 5. Frankfurt/M. 2006, S. 141 f.

31 Vgl. ebd., S. 177 f. (zu affektiven Bindungen) und S. 183 f. (zu staatlichen Bindungen).

32 Vgl. ebd., S. 170 f.

33 Norbert Elias, *Grundbegriffe der Soziologie*, Wiesbaden 2010, s. v. Figuration, S. 75-78, hier S. 77.

34 So der der Hegel'schen Geschichtstheorie nahestehende Johann Plenge in seiner *Ontologie der Beziehung*, zit. n. Jürgen Debus, *Historisches Wörterbuch der Philosophie*, 13 Bde., Darmstadt 1971-2007, s. v. Beziehungssoziologie, Bd. 1, S. 910.

schen denen manipulative Akte stattfinden. Diese Eigenschaften einer Beziehung vermögen uns wichtige Hinweise für die ethische Analyse zu geben.

Dies wird insbesondere dann augenfällig, wenn wir Beziehungen noch näher charakterisieren, denn gerade die Abhängigkeiten innerhalb von Beziehungen deuten in eine ethisch relevante Richtung. Beziehungen beeinflussen Menschen in ihrem Handeln; sie würden anders handeln, wenn es diese gar nicht gäbe. Wenn Menschen ihr Handeln also nun nicht komplett selbst bestimmen können, sondern es immer auch von den Beziehungen zu anderen Menschen abhängig ist, lässt sich mit Elias von Machtverhältnissen sprechen. Machtverhältnisse konstituierende Abhängigkeiten sind laut Elias auch in positivem Sinne zu verstehen, auch wenn der »Ausdruck ›Macht‹ [...] für viele Menschen heute einen etwas unangenehmen Beigeschmack« hat.[35] Dies liege eben daran,

> daß im bisherigen Verlauf der Gesellschaftsentwicklung die Machtgewichte oft außerordentlich ungleich verteilt waren und daß Menschen oder Menschengruppen, die gesellschaftlich mit relativ großen Machtchancen ausgestattet sind, diese Machtchancen oft optimal, mit großer Brutalität und Gewissenlosigkeit für ihre eigenen Zwecke ausnutzen.[36]

Auch wenn es heute natürlich noch immer ungleiche Machtverhältnisse gibt, sind etwa aufgrund der Demokratisierung von Gesellschaften und der sich verändernden Geschlechterrollen innerhalb dieser Gesellschaften mitunter zumindest egalitäre Tendenzen festzustellen. Was Elias uns damit also ganz grundsätzlich deutlich macht, ist, dass Beziehungen immer ethisch relevante Potentiale haben, dass in ihnen immer nach einem Wie des Handelns gefragt wird, dass sie immer auch Missbrauchspotential bieten. Aufgrund dieser ganz realen Erfahrungen geschieht dann, was wir auch in Bezug auf den Manipulationsbegriff feststellten: Zwischen dem Tatbestand und seiner Bewertung wird nicht mehr unterschieden – die Tatsache, dass Macht im Spiel ist, führt zu einer vorschnellen negativen normativen Einordnung. Es ist bemerkenswert, welch frappierende Ähnlichkeit hier zwischen Manipulation und Macht besteht: Beide werden durch die Assoziation mit egoistisch motivierten

35 Vgl. Elias, »Was ist Soziologie?«, S. 94.
36 Vgl. ebd.

Missbrauchsszenarien direkt disqualifiziert. Sie lassen sich mittels dieser gemeinsamen Zuschreibung zusammenführen, womit sich die Gelegenheit ergibt, Manipulation als ethisch zu hinterfragendes Machtmittel zu fassen. Macht lässt sich als eine Schlüsselkategorie für die ethische Analyse manipulativer Beziehungsverhältnisse verstehen – genauer: Die unterschiedlichen Machtbalancen, die im Zuge der Manipulation im Spiel sind, erweisen sich als ethisch beachtenwert. Im Folgenden soll daher erläutert werden, was unter »Machtbalancen« zu verstehen ist.

Machtbalancen

Macht »ist nicht ein Amulett, das der eine besitzt und der andere nicht; sie ist eine Struktureigentümlichkeit menschlicher Beziehungen – *aller* menschlichen Beziehungen«,[37] so Elias. Macht kann man sich als eine Art »Spielstärke« der Akteure im Miteinander einer Beziehung vorstellen.[38] Diese Spielstärke ist nicht als etwas Absolutes zu verstehen, sondern ein relativer Beziehungsbegriff – »er bezieht sich auf die Gewinnchancen des einen Spielers im Verhältnis zu denen eines anderen«.[39] Worauf Elias in der Beschreibung seines Machtbegriffes damit hinauswill, ist ein Gleichgewicht (oder eben ein Ungleichgewicht), das innerhalb von Beziehungen herrschen mag. Machtbalancen eignen sich besonders gut, um Beziehungsverhältnisse in ihrer Machtgeladenheit zu beschreiben. »Macht« bedeutet dabei die Möglichkeit, die Handlungen eines Gegenübers in eine bestimmte Richtung steuern zu können.[40] Immer dann, wenn ein Mensch in irgendeiner Form von einem anderen abhängig ist, sei es affektiv, beruflich, als Kunde oder als Bürger eines Staates, dann bestehen Potentiale für Machtsausübungen. Ein Partner kann den Bedarf nach Aufmerksamkeit befriedigen oder eben nicht, der Supermarkt kann uns bestimmte Waren verkaufen oder eben nicht. Wenn man nun jemanden dazu bringt, in einer

37 Ebd., S. 95. Hervorhebung im Original.

38 Ebd., S. 96.

39 Ebd.

40 Ebd., S. 119. Dies korreliert auch mit klassischen Machtbegriffen wie beispielsweise dem von Thomas Hobbes, der generell die Fähigkeit, die eigenen Ziele durchzusetzen, als Macht beschreibt (vgl. Thomas Hobbes, *Leviathan*, Harmondsworth 1968, S. 150).

Weise zu handeln, auf die er sonst ohne die spezifische Beziehung, die Interdependenz, nicht gehandelt hätte, wird bewusst oder unbewusst Macht ausgeübt. Sie ist also kein konkretes Besitztum, sondern grundsätzlich immer vorhanden, wenn zwischen zwei oder mehr Menschen Beziehungen bestehen.

Was man konkret besitzen kann, sind Machtmittel wie Geld, Gewalt, Sanktionsmöglichkeiten, Wissen – wie zum Beispiel psychologisches Know-how. Manipulation, für die ein bestimmtes Wissen über die Zielperson sowie psychologisches Know-how und Anwendungsgeschick vonnöten sind, ließe sich so als Machtmittel beschreiben. Als solches wirkt sie besonders gut als Mittel in Beziehungen, in denen Abhängigkeiten vorhanden sind, womit sich ihr ethisch schillernder Charakter verstärkt. Da Machtbeziehungen trotz variierender Abhängigkeitsgrade immer wechselseitig sind, schlägt Elias den Begriff »Machtbalancen« als Alternative vor.[41]

Wenn eine an der Beziehung beteiligte Person stärker von der anderen abhängig ist, besteht ein Machtunterschied. Derjenige, der vor hat zu manipulieren, erfreut sich für einen bestimmten Fall oder einen bestimmten Bereich einer übergeordneten Stellung. Doch auch der Schwächere hat immer ein wenig Macht über den Stärkeren, solange er zum Beispiel einen Wert für diesen hat. Der Begriff »Balance« spiegelt so auch die Dynamik einer Beziehung wider, die sich in ständiger Bewegung befinden mag. So kann die Manipulation zum Beispiel einmal unbemerkt gelingen, ein anderes Mal auffallen und in Streit enden. Oder die Beziehung kann sich dahingehend verändern, dass das Machtmittel Manipulation nur noch geringere Wirkung entfalten kann, weil der manipulierte Akteur besonders aufpasst oder Gegenmittel einsetzt – es verschieben sich die Machtbalancen. Ähnliches ist denkbar für eine indirekte Interdependenz, die zwischen Regierungen und ihren Bürgern besteht. Stoßen Manipulationen in großem Stil auf Widerstand, ist es für eine demokratisch verfasste Regierung nicht möglich, unverfroren und ungezügelt weiter in dieser Art vorzugehen, denn die Bürger haben innerhalb der (demokratischen!) Machtbalance die Möglichkeit, zum Beispiel mittels Protesten und Abwahl ein Gegengewicht zu bilden. Diese Figurationen, die in ihnen vorhandenen Bindungsverhältnisse und die ihnen anhaftenden Machtba-

41 Vgl. Elias: »Was ist Soziologie?«, S. 15.

lancen und Erwartungshaltungen werden so als Ansatzpunkt für eine ethische Analyse nutzbar.

Betrachten wir hierfür den in diesem Buch paradigmatischen Fall von Beziehungen: (1) die affektive Bindung.[42] Affektive Bindungen gelten nach Elias als affektgesteuert eingegangene Bindungen, in denen Affekte weiterhin eine große Rolle spielen. Mittels des Eingehens von Beziehungen können die Bedürfnisse (und Triebe), die wir innerhalb unserer Sozialisation zu kontrollieren gelernt haben, erfüllt werden – hierbei geht es übrigens nicht nur um sexuelle Bedürfnisse, denn es gibt »eine ganze Skala von weiteren Gefühlsbefriedigungen«.[43] Die in diesen Bindungen vorkommenden Affekte lassen sich nun in eine Machtbalancevorstellung einordnen, in dem Sinne, dass Befriedigungen ermöglicht, verweigert, erarbeitet, erzwungen usw. werden. In größeren gesellschaftlichen Gruppen wird die affektive Bindung mittels Symbolen und affektiv aufgeladener Begriffe vermittelt. So können Staaten »Objekte gemeinsamer Identifizierung« werden,[44] die dem Bedürfnis der Menschen, sich zu einer Gesellschaft zusammenzuschließen, entsprechen. Als Bindemittel der Gesellschaft gelten diese Objekte gemeinsamer Identifizierung Elias als unverzichtbar.[45] Gleichzeitig sind sie ein Einfallstor für die Manipulation, die sich gerade solcher Hintergründe bedient. Wir haben die Manipulation nun also nicht nur als Beziehungsphänomen charakterisiert, sondern auch als Machtmittel, das Machtbalancen innerhalb von Beziehungen zu verschieben vermag. Anhand der Verknüpfung mit dem Machtbegriff wird zudem der ethisch schillernde Charakter der Manipulation wieder deutlich, der vor allem in der Gefahr ihres Missbrauchs liegt, wie wir von Jago in Kapitel 1 eindrücklich vorgeführt bekommen haben.

Die Betrachtungsweise der Manipulation als Machtmittel innerhalb von Beziehungen bietet uns also zwei Ausgangspunkte für eine moralphilosophische Analyse: 1. Lässt sich anhand der Analyse von Beziehungen – ihrer Spezifikationen, Eigenarten und vor allem der ihr enthaltenen Erwartungen der Beteiligten – ein erster Hinweis darauf finden, wann Manipulation problematisch ist, nämlich

42 Vgl. Elias, »Was ist Soziologie?«, S. 177 f.

43 Ebd., S. 178.

44 Ebd., S. 183.

45 Vgl. ebd., S. 180 f.

dann, wenn diese Erwartungen verletzt werden. Doch das reicht noch nicht, weil zum Beispiel dann auch Missbrauchsbeziehungen durch eine ihnen spezifische Eigenart gerechtfertigt werden könnten, das heißt solche Erwartungen, die man als schädlich einstufen könnte, innerhalb einer normalen, typischen Entfaltung einer Beziehung als problematisch gelten könnten. Daher brauchen wir 2. eine Vorstellung von *normaltypischer Entfaltung*[46] innerhalb einer Beziehung und eine daran anhängige solidere Grundlage, die alle Beziehungen positiv regulieren kann: *Respekt*. Von den drei Faktoren Beziehungsverhältnis – Machtmittel – Respekt ausgehend, können wir eine Situationsethik und eine prinzipienorientierte Ethik zu einer Ethik verschmelzen, die sowohl einen pragmatischen, konsensorientierten Charakter als auch das Potential zur Letztbegründung hat.

Doch wie können wir Respekt dahingehend als regulierenden Faktor begründen? Um das Pragmatische, Konsensfähige und Prinzipielle zusammenzubringen, möchte ich versuchen, ausgehend von der Prinzipienethik[47] Beauchamps und Childress' einen minimalmoralischen Ansatz zu skizzieren, der uns einen ethischen Zugriff auf die Manipulation ermöglicht. Hierfür soll nun zunächst der Ansatz von Beauchamp und Childress in den Blick genommen werden.

46 So viel vorweg: Was ich mit »normaltypischer Entfaltung« meine, lässt sich vielleicht als eine Art ausgeglichenen Nullpunkt der Persönlichkeitsgemüter beschreiben, die in der Beziehung involviert sind. Dieser Nullpunkt liegt ideal, so könnte man es sich vorstellen, zwischen tiefer Selbstwertlosigkeit (die sich zu Selbsthass auswachsen kann) und hohem Narzissmus. Dort ist dann so etwas wie eine Mitte des Pendels erreicht, das weder in die eine noch in die andere Richtung zu unkontrolliert ausschlagen kann, wenngleich es wahrscheinlich nie gänzlich stillsteht. Aber es kommt eben auf die Heftigkeit und Unstetigkeit, eine mangelnde Regulationsmöglichkeit der Ausschläge an, die uns ermöglichen, einen Gemütszustand als problematisch zu identifizieren (auch wenn noch nicht unmittelbar Leid damit verbunden sein mag, wie es im Falle des Narzissmus mitunter vorkommt).

47 Natürlich operieren gerade auch einige der klassischen ethischen Ansätze mit Prinzipien und könnten daher »Prinzipienethiken« genannt werden. Ich verstehe hierunter aber nun nur den von Beauchamp und Childress seit 1979 etablierten Ansatz einer sich an Prinzipien entlang hangelnden Ethik auf mittlerer Begründungsebene.

Prinzipienethik und Minimalmoral als Pfeiler einer Ethik der Manipulation

Prinzipienethik als Vermittlung von Theorie und Praxis

Um die Frage zu beantworten, auf welcher Grundlage eine Ethik der Manipulation fußen kann, die diese als Machtmittel innerhalb von Beziehungen versteht, habe ich den *Respekt* als ethischen Regulierungsfaktor innerhalb von Beziehungen ins Spiel gebracht. Zum besseren Verständnis von Respekt als Leitprinzip braucht es nun zuallererst einen methodischen Rahmen. Besinnen wir uns dafür erneut auf die klassischen ethischen Ansätze: Wir haben festgestellt, dass sie sich für eine Ethik der Manipulation aufgrund problematischer theoretischer Voraussetzungen nur teilweise als Ausgangspunkt eignen. Zusammengefasst haben wir es dabei mit folgenden Problemen zu tun: Deontologische, konsequentialistische und tugendethische Ansätze sind sehr abstrakt, während situationsethische Ansätze zu stark vereinfachen. Die Abstraktion birgt wesentliche Vorteile, die vor allem in der tiefen Einsicht und Begründungsstärke der einzelnen Ansätze liegen. Gleichzeitig besteht im Akt universal-absoluter (Letzt)begründungen, zumal der ›richtigen‹ Prinzipien, allerdings bekanntermaßen eine große Schwierigkeit, zu einer Übereinstimmung zu gelangen. Außerdem operieren die drei klassischen Ansätze mit einer zu voraussetzungsreichen Vorstellung von Rationalität und bringen diese zudem mit einer Vorstellung von Freiheit und Würde zuammen, die nicht mit der Manipulation vereinbar ist – oder sie bekommen die Manipulation aufgrund einer bloßen Zielorentierung gar nicht mehr als Problem zu fassen.

In Anbetracht dieser Schwierigkeiten versuche ich einen Mittelweg zu beschreiten, der konsensfähige und rational begründbare Prinzipien mit einer gewissen Pragmatik vereint. Dafür sollen »mittlere« Prinzipien gefunden werden, die, in einer allgemein akzeptierten, auch tradierten Moral verhaftet, inhaltliche Anleihen bei den klassischen ethischen Theorien machen, das Potential zu einem breiten Konsens, eine starke Begründung und affektiv angebundene, intuitive Plausibilität haben. Dazu orientiere ich mich, wie oben angedeutet, an der Prinzipienethik von Beauchamp und Childress, die sich, wie Bettina Schöne-Seifert schreibt, vor »dem Hintergrund derartiger Erfahrungen eines weitgehend offenen Verhältnisses zu ethischen Großtheorien und konkreteren ethischen Fragestellungen [...] als eminent erfolgreich erwiesen« hat.[48] Insbesondere ist sie aber auch geeignet,[49] um direkt auf die Herausforderungen zu reagieren, mit denen uns das Machtmittel Manipulation konfrontiert. Beauchamps und Childress' Ansatz hat gegenüber klassischen ethischen Ansätzen zunächst den Vorteil, dass er übersichtlich und handhabbar bleibt. Start- und zugleich Kulminationspunkt ist eine von allen »Personen, die den Zielen der Moral verbunden sind«, »geteilte Moral«,[50] die ihre Stärken in einer universalen, kulturübergreifend angenommenen Zustimmbarkeit und einer (nie alle ihre Prinzipien gleichzeitig betreffenden und in der Regel sehr langsam vonstattengehenden) gewissen Flexibilität in der Reaktion auf sich verändernde Umstände hat.[51] Diese von allen geteilte Moral versorgt uns bereits mit einigen Prinzipien des Handelns und bietet sich für »die Begründungsarbeit in Neulandfragen und moralischen Kontroversen« an.[52] So unterscheidet

48 Bettina Schöne-Seifert, »Prinzipien und Theorien in der Medizinethik«, in: Johann S. Ach, Kurt Bayertz, Ludwig Siep (Hg.), *Grundkurs Ethik. Band 2: Anwendungen*, Paderborn 2011, S. 9-22, hier S. 17.

49 Vgl. Beauchamp/Childress, *Principles of Biomedical Ethics.*

50 Vgl. hierzu auch Tom L. Beauchamp, »A Defense of the Common Morality«, in: *Kennedy Institute of Ethics Journal* 13, 3 (2003), S. 259-274, hier S. 263. Meine Übersetzung.
Was Beauchamp mit den »Zielen der Moral« meint, ist vor allem Folgendes: »The object of morality is to prevent or limit problems of indifference, conflict, hostility, scarce resources, limited formation, and the like. It is an overstatement to maintain that all of the norms that I listed previously are necessary for the *survival* of society [...], but it is not too much to claim that these norms are necessary to *ameliorate or counteract the tendency for quality of people's lives to worsen or for social relationships to disintegrate.*« (S. 261) Worauf er also hinauswill, ist die Tatsache, dass es in jeder funktionierenden Gesellschaft Normen gibt, die Handlungen mit für die Gesellschaft und ihre Individuen negativen Konsequenzen verbieten. Diese Normen bestehen auch deshalb, weil sie gezeigt haben, dass sie erfolgreich die Ziele der Moral unterstützen, die in einer Bekämpfung der Verschlechterung von Lebensumständen und der Möglichkeit des menschlichen Gedeihens bestehen (vgl. S. 260). Damit hält hier auch ein konsequentialistisches Element Einzug, so könnte man behaupten.

51 Vgl. ebd., S. 260 f.

52 Schöne-Seifert, »Prinzipien und Theorien in der Medizinethik«, S. 17.

sich die Prinzipienethik nach Beauchamp und Childress von anderen ethischen Theorien dadurch, dass sie keine »allgemeingültige Ordnung« etabliert, die ein einziges gefundenes oder axiomatisch festgelegtes oberstes Prinzip kennt, sondern mehrere *prima facie* geltende Prinzipien, die gleichberechtigt nebeneinanderstehen können. Natürlich lässt sich hier fragen, wie diese Prinzipien im Konfliktfall gewichtet werden müssen – eine Frage, die die Autoren offenlassen.[53] Trotz oder gerade wegen der Vermeidung von metaethischen Grundsatzdiskussionen ergeben sich also auch hier verschiedene Probleme. Nicht nur bleiben Gewichtungsfragen offen, auch lässt sich über die Auslegung der einzelnen Prinzipien, die Beauchamp und Childress etablieren, streiten – schließlich fehlt der größere theoretische Rahmen, um für Auslegungsfragen wiederum Antworten bereitzustellen. Während der Auslegungsfrage durch die Spezifizierung der zunächst noch relativ abstrakt bleibenden Prinzipien beigekommen werden kann, ist die Problematik der Gewichtung der unterschiedlichen Prinzipien im Konfliktfall schwerwiegend, wenngleich die Autoren dies als ein allen Ethiken, die nicht ein einziges Prinzip an die Spitze stellen, inhärentes Problem für vernachlässigbar halten.[54] Tatsächlich haben wir es hier mit einem schwer zu lösenden Problem zu tun, das aber nicht einfach vernachlässigt werden sollte. Der prinzipienethische Ansatz mit seiner mittleren Begründungsebene soll daher zu seiner Stärkung in einem Sinne modifiziert werden, der einen »Ankerwurf« in eine tiefere Begründungsebene ermöglicht. Dabei geht es um die Auswahl und die Begründungsstärke der Prinzipien – auch wenn dafür hier keine Letztbegründung geboten werden kann. Bezüglich der Auswahl lässt sich sagen, dass die verschiedenen Prinzipien im Konfliktfall schwer lösbare Gewichtungsprobleme hervorrufen. Zudem werden sie bei Beauchamp und Childress fast ausschließlich alltagspraktisch und intuitionistisch begründet. Während die alltägliche Anbindung sinnvoll erscheint, laufen die Autoren Gefahr, die Intuitionen der Menschen mit Idealen und Wertevorstellungen und

53 Zur weitergehenden (auch kritischen) Betrachtung der Prinzipienethik siehe den Sammelband von Oliver Rauprich, Florian Steger (Hg.), *Prinzipienethik in der Biomedizin. Moralphilosophie und medizinische Praxis*, Frankfurt/M. 2005, hier insbesondere Oliver Rauprich, »Was ist und wozu dient Prinzipienethik? Versuch einer Konturenschärfung«, S. 226-251.

54 Vgl. Beauchamp/Childress, *Principles of Biomedical Ethics*, S. 374.

deren Wirkungen zu überfrachten und die Stabilität und Sicherheit der Intuitionen zu überschätzen. In Anbetracht dieser Probleme werde ich mich auf eine universale Minimalforderung beziehen, die möglichst konsensfähig und intuitiv plausibel, aber auch gut rational begründbar ist. So soll Beauchamps und Childress' Problemen aus dem Weg gegangen, der Anwendungscharakter aber erhalten und die Begründung etwas vertieft werden.

Die Wurzeln der Begründung liegen dann in drei Bereichen: Wir können (1) weiterhin bei einer im Alltag verwurzelten, konsensbasierten *geteilten Moral* ansetzen und (2) möglichst den Anschluss an Erfahrungen, daraus entstehende Intuitionen und bestimmte Affekte halten. So wird im Sinne einer *Bottom-up*-Strategie vorgegangen. Dazu aber soll (3) eine stärkere Annäherung an eine rationale *Top-down*-Begründung erfolgen, als sie Beauchamp und Childress anstreben. An alle drei Begründungsebenen lässt sich der bereits erwähnte Respekt anschließen, womit er ein aussichtsreicher Kandidat für die Position eines Fundamentalprinzips ist. Während Beauchamp und Childress vor dem Hintergrund der jahrtausendelangen philosophischen Diskussion die Hoffnung aufgegeben haben, eine rational-substanzielle Begründung für eine Ethik finden zu können,[55] erscheint mir diese Hoffnung nicht vollkommen irreal. In Anbetracht der Tatsache, dass eine Ethik ihre Verwurzelung in der Praxis pflegen sollte und ausreichend Motivationspotential benötigt, kann die letzte Begründung in der Abstraktion nur ein Teil einer gangbaren Ethik sein.[56] Hier soll dieser Teil aber zumindest umrissen werden, da er von großer Wichtigkeit ist, wenn wir uns auf Intuitionen und Affekte in der Hitze

55 Vgl. Beauchamp/Childress, *Principles of Biomedical Ethics*, S. 388 f.

56 Steve Sapontzis hat eine ähnliche Position einmal prägnant in folgenden Worten zusammengefasst, die zur weiteren Erklärung beitragen mögen: »Nevertheless, this book is not intended to be a work of comprehensive ›systematic‹ philosophy [...]. Personally, I find the ›bits and pieces‹ approach to moral philosophy and the less systematic reflextions [...] to be more congenial and compelling than such systematic productions. [...] Also, other than trying to keep in close touch with current, common moral beliefs and practices, I have no theoretical moral ax to grind. [...] That is because I do not find that our moral tradition is either (exclusively) utilitarian or (exclusively) rights-oriented and because I believe that compelling moral arguments must build upon currently accepted moral tradition. I agree with those who emphasize the complexity of morality [...].« (Steve Sapontzis, *Morals, Reason and Animals*, Philadelphia 1987, S. xii)

eines Gefechts nicht mehr verlassen können – und rational über ein ethisches Vorgehen diskutieren müssen. Dann nämlich kommt die tiefere Begründungsebene ins Spiel, die am überzeugendsten ist, wenn sie ein reales Bild vom Menschen und seinem Handeln integrieren und gesellschaftliche Umstände berücksichtigen kann.

An dieses Gedankengerüst angelehnt, soll ein minimalmoralisches Konzept mit einem Fundamentalprinzip entstehen, das sich auf Beziehungskonstellationen anwenden lässt und mit *Respekt* als Angelpunkt auf einer der alltäglichsten und wesentlichsten Gegenseitigkeitsformen fußt, die mit Konsensfähigkeit, intuitiver Plausibilität, affektiver Anbindung und rationaler Begründung vereinbar ist. Bevor wir uns dieses Prinzip näher anschauen, soll kurz geklärt werden, was unter einem minimalmoralischen Konzept zu verstehen ist und welche Vorteile es mit sich bringt.

Minimalmoral als universale ethische Grundlage

Ein Grund für den Entwurf einer Minimalmoral kann in einem handfesten Skeptizismus liegen. Möglicherweise gibt es keine substanzielle Antwort darauf, was Moral ist, wie ihre Prinzipien hergeleitet werden können, gewichtet werden müssten, ja wie sie überhaupt gestaltet sein sollte. Dies kann an übergeordneten Problemen der Wahrheitsfindung liegen, zum Beispiel an Zweifeln daran, dass es überhaupt eine Wahrheit anstatt gar keiner oder mehreren Wahrheiten gibt oder dass diese erkennbar ist. Es kann auch daran liegen, dass in den langen Diskussionen der Jahrhunderte ähnlich gut begründete, aber konträre Antworten gefunden wurden, so dass es unmöglich scheint, sich rational für eine moralische Seite zu entscheiden. Es kann aber auch daran liegen, dass noch so viele Probleme vor uns liegen, dass in näherer Zukunft keine allgemein befriedigenden Antworten zu erwarten sind.

Meiner Überzeugung nach lässt sich allerdings mittels einer prinzipienorientierten, minimal angelegten ethischen Theorie zumindest eine hinreichende Orientierung erreichen – wenngleich böse Zungen hierin eine philosophische Bankrotterklärung sehen mögen.[57] Aber ist nicht gerade diejenige Ethik bankrott, die den Anschluss an die Praxis nur leidlich schafft? Eine prinzipienorien-

57 Vgl. Simon Blackburn, *The Oxford Dictionary of Philosophy*, Oxford/New York 2005, s. v. Minimalism, S. 235.

tierte Minimalmoral bietet durch ihre Wurzeln in geteilten Intuitionen und Moralvorstellungen eine unmittelbare Orientierung und kann durch einfache Eleganz zu überzeugen versuchen, wie es der Utilitarismus mit seinem Nutzenprinzip anstrebt. Wenn man sich an den Charakteristiken des Minimalismus in der Kunst orientiert, kann man eine Minimalmoral wie folgt charakterisieren: Sie lässt das Spekulative beiseite, betont das Eigentliche, Konkretere und schafft so etwas fast Geometrisches. Die Analogie zum Geometrischen scheint der angestrebten Verwurzelung im Alltag und der Nähe zu unseren moralischen Intuitionen entgegenzustehen, tatsächlich ist es aber folgendermaßen gemeint: Im Idealfall sollte die Minimalmoral wie ein gleichseitiges Dreieck mit seinen Spitzen drei Punkte im Raum berühren: unsere moralischen Intuitionen, unsere tradierten, alltäglichen, moralisch eingebundenen Sozialformen und unsere rationale Einsicht. Es geht darum, mehr mit weniger zu machen und dennoch die größte Zustimmung zu erlangen, so wie Mies van der Rohe gemäß diesem Prinzip einen Fußboden gleichzeitig Boden und Heizung sein ließ.[58] Die Minimalmoral soll also zugleich Verstand, Intuition und Alltagspraxis und damit ein hohes Konsens- und Motivationspotential zusammenbringen.

Angelehnt an Charles Larmore, der eine Minimalmoral für liberale Staaten zu entwerfen versucht, sollte die minimale moralische Konzeption »nicht so umfassend sein wie die unter Menschen umstrittenen Auffassungen des guten Lebens«.[59] Während es also darum geht, möglichst allen eine Anerkennung der Minimalmoral zu ermöglichen, sollen die unumgänglichen Differenzen bei der Bewertung unterschiedlicher Lebensweisen nicht eingeebnet, sondern vielmehr integrierbar werden.[60] Innerhalb ihres Rahmens soll es Individuen also gemäß unserem etablierten liberalen Grundverständnis weiter überlassen bleiben, ihre sonstigen Ideale (sofern sie mit der Minimalmoral vereinbar sind) zu verfolgen. Als ihr Ob-

58 Vgl. auch John Pawson, *Minimum*, London 1996, S. 7 f.

59 Charles Larmore, »Politischer Liberalismus«, in: Axel Honneth (Hg.), *Kommunitarismus. Eine Debatte über die moralischen Grundlagen moderner Gesellschaften*, Frankfurt/M., New York 1993, S. 131-156, hier S. 133.

60 Vgl. ebd., S. 133. Da ich den Vorteil einer liberalen Vorstellung gegenüber einer kommunitarisch eingebetteten Vorstellung des guten Lebens hier nicht diskutieren kann, sei auf die Liberalismus-Kommunitarismus-Debatte selbst verwiesen. Einen guten Überblick gibt der gerade zitierte Sammelband zum Kommunitarismus.

jektbereich gelten alle Menschen, die Teil der moralischen Gemeinschaft sind, und sie enthält Verbote, die hauptsächlich zum Schutz vor anderen gedacht sind.

Zusammengefasst: Ich gehe (1) von einer Minimalforderung universalen Respekts aus, die hier zwar nicht letztbegründet wird, aber (2) für den ethischen Diskurs weitgehend als konsensfähig gelten kann (schließlich möchte im Normalfall jeder respektvoll behandelt werden). Die Minimalforderung des universalen Respektierens hat (3) eine pragmatische Anschlussfähigkeit, da sie ein geteilter Grundsatz unserer liberalen Gesellschaft und Teil unserer Alltagspraxis ist. Gewisse Spannungen zwischen dem universalen Anspruch und einer intuitiven Plausibilität sind dabei nicht bestreitbar, daher muss hier noch spezifiziert werden: Manche können bestimmte Menschen intuitiv oder rational einfach nicht respektieren (man kann bloß hoffen, dass jeder jeden respektiert; alles andere würde die Intuition hier ebenfalls überfrachten), doch gilt zumindest, dass im Normalfall jeder (intuitiv, aber auch rational begründet) *respektvoll behandelt werden möchte*. Damit ist der Dreh- und Angelpunkt des Verständnisses von Respekt benannt, der durch seine Anschlussfähigkeit ein starkes Fundamentalprinzip für eine prinzipienethisch orientierte Minimalmoral darstellt. Wie Respekt nun genauer zu verstehen ist, muss im Folgenden weiter ausbuchstabiert werden.

Das Kernprinzip der Minimalmoral

Respekt

Ich gehe also von einer von jeder Person geteilten minimalmoralischen Forderung aus, nämlich dass jeder von seinem Gegenüber respektiert werden möchte. Diese Forderung kann für den ethischen Diskurs als weitgehend konsensfähig gelten. Interessanterweise spielt der Eintrag »Respekt« in vielen ethischen Wörterbüchern dennoch kaum eine Rolle – vielleicht weil der Würde- oder Achtungsbegriff oft synonym zum Respektsbegriff genutzt wird.[61] Je-

61 Gleich vorweg: Hier soll es nicht um Respekt im Sinne einer unentspannten, angstbeladenen und abwartenden Haltung (gegenüber Personen oder Situationen) gehen oder um die Vorsicht vor großen Maschinen oder gefährlichen Stadt-

doch haben wir es hier mit unterschiedlichen Konzepten zu tun. Es wurde bereits deutlich, dass der Würdebegriff (gleiches gilt für den Achtungsbegriff, den Kant typischerweise im Umfeld seines Würdekonzeptes nutzt) bestimmte Prämissen mit sich führt, die ihn stark an ein bestimmtes Verständnis von Rationalität und Freiheit zurückbinden.[62] Er soll oft eine Vorrangstellung im moralischen Sinne ausdrücken, wird zur Abgrenzung von anderen Lebewesen genutzt,[63] und ist fast noch von einer Aura des Heiligen umgeben (vor dem Hintergrund christlicher Anthropologie). Zudem ist er Gegenstand vieler schwelender Streitigkeiten unter Philosophen.[64] So kann man ihn inhaltlich weiter füllen durch eine Selbstbestimmungsfähigkeit des mittels des Gebrauchs seines Willens freien Menschen, der gemäß Pico della Mirandola so entscheiden kann, wie er handeln und sein möchte. Oder er wird verstanden als eine erhabene Gesinnung in Form der Beherrschung der Anarchie der Sinnlichkeit durch den freien Willen, wie bei Friedrich Schiller, oder es ist wie bei Kant die Vernunft des Menschen, die es diesem ermöglicht, würdevoll zu sein.[65] Angesichts der betrachteten psychologischen Erkenntnisse ist dieses vor allem seit der Aufklärung dominante Konzept nicht grundsätzlich, aber in seinen Prämissen faktisch hinterfragbar geworden. Ein vor diesem Hintergrund angemessenes Verständnis des Respekt, der unbestritten eine

vierteln. Diese Bedeutung wird von Joel Feinberg als erste von dreien etabliert, die hinter dem Terminus »Respekt« liegen können. Feinberg deckt zudem auf, dass die englische Übersetzung des kantianischen Terminus »Achtung« mit »respect« fehlgeht. Vgl. hierzu Joel Feinberg, »Some Conjectures on the Concept of Respect«, in: *Journal of Social Philosophy* 4 (1975), S. 1-3, hier S. 1.

62 Vgl. hierzu Andreas Grossmann, *Historisches Wörterbuch der Philosophie*, 13 Bde., Darmstadt 1971-2007, s. v. Würde, Bd. 12, S. 1088-1093.

63 In letzter Zeit wird zunehmend versucht, den Begriff »Würde« allgemeiner zu nutzen und ihn auch auf die Natur und nichtmenschliche Tiere zu übertragen. Die Debatten darüber, inwiefern dies sinnvoll oder problematisch (im Sinne einer Unterminierung einer besonderen Würde, die dem Menschen zukäme) ist, sind vielfältig. Ich denke, dass »Respekt« ein Begriff ist, der in wichtigen Punkten mit dem der »Würde« übereinstimmt, aber gleichzeitig konkreter ist, weshalb ich mich hier für ihn entscheide.

64 Man denke nur an die Lücke, die zwischen den Würdekonzeptionen Kants und Peter Singers klafft.

65 Vgl. Pico della Mirandola, *Oratio de hominis dignitate*, Stuttgart 1997; Friedrich Schiller, *Kallias oder über die Schönheit, Über Anmut und Würde*, Stuttgart 1986, sowie Kant, *Grundlegung zur Metaphysik der Sitten*.

»immense Wichtigkeit in unserem alltäglichen Leben«[66] und auch eine Anbindung an unsere *common morality* hat, kann zum Teil den Schwierigkeiten aus dem Weg gehen, die eine an der aufklärerischen Freiheits- und Würdevorstellung orientierte Konzeption und auch das Konzept der Prinzipienethik nach Beauchamp und Childress mit sich bringen. Wir können den Respekt nämlich (1) als alltäglichen und in die Sozialisation innerhalb einer liberalen Gesellschaft eingebundenen psychologisch-realistischen Kern eines modifizierten Freiheits- und Würdekonzepts verstehen und uns (2) bewusst machen, dass er eine universale Minimalforderung darstellt, die Grundlage aller Ethiken ist – in einem rationalen Sinne wie auch mit gewisser intuitiver Plausibilität. Zwar zeigt sich das Bedürfnis, respektvoll behandelt zu werden, zeitübergreifend und in allen Kulturen, doch können sich die Ausdrucksmittel unterscheiden.[67] Der Kern des Respekts allerdings bleibt trotz dieser Unterschiede gleich. Natürlich müssen wir nun klären, was unter »Respekt« verstanden werden soll, was respektvolles Handeln eigentlich beinhaltet.

Auf einer allgemeinen Ebene ist zunächst zu sagen, dass es hier (a) um den Respekt vor Personen geht.[68] Unter »Personen« verstehe ich all diejenigen, die bestimmte Eigenschaften aufweisen: ein Exemplar der Gattung Mensch sein, eine gewisse Individualität, grundlegende Selbstreflexions-, Selbstbestimmungs- und Freiheitsmöglichkeiten und Verantwortungsfähigkeit besitzen sowie Überzeugungen, Wünsche und Affekte. Auch das Verständnis des Menschen als begrenzt rationales Wesen ist in diese Vorstellung integrierbar.

Beim Respekt handelt es sich außerdem (b) um ein in soziale Verhältnisse integriertes Phänomen; er ist sozusagen das Schmiermittel gelungener Sozialität (gelungen im Sinne von für die Beteiligten nicht negativer Interaktion, die also nicht körperlich oder

66 Robin S. Dillon, *The Stanford Encyclopedia of Philosophy*, s.v. Respect ⟨https://plato.stanford.edu/entries/respect/⟩, letzter Zugriff 11.2.2017. Meine Übersetzung.

67 Vgl. Josef Schönberger, *Die Wiederentdeckung des Respekts. Wie interkulturelle Begegnungen gelingen*, München 2010, Kap. 1.

68 Der Einbezug von Nichtpersonen wie Tieren, der Umwelt oder eventuell hirntoter Menschen kann in diesem Rahmen leider nicht diskutiert werden. Auf Grundlage der hier gemachten respektethischen Konzeption kann und soll aber zu einer anderen Zeit an anderem Ort weitergedacht werden.

psychisch verletzend abläuft und die Kerninhalte des Personseins achtet). Zudem haben wir es (c) mit einem alltäglich relevanten Begriff zu tun, der (1) eine pragmatische Wurzel als Grundform der Sozialität in liberalen Gesellschaften hat, so (2) als Fundamentalprinzip die Chance auf einen ethischen Konsens bietet, aber (3) auch das Potential tieferer Begründung mit sich bringt – zumal wenn man seine Begründung in verschiedenen Weisen – rational, intuitiv und traditionsbedingt – sucht.[69] Typischerweise enthält der Respekt gegenüber einer Person mehrfache Erkenntnismomente. Daher könnte man ihn zunächst als eine Art moralischer Heuristik verstehen, die mühelos schnelle und affektiv angebundene Reaktionen der Zurückhaltung, Freundlichkeit oder Ähnliches hervorzurufen vermag – aber eben nicht nur auf Intuitionen beruht, sondern auch ein rationales Nachvollziehen ermöglicht. Damit ist der grobe Rahmen um den Respekt als fundamentales Prinzip der hier angestrebten minimalmoralischen Konzeption gespannt. Nun müssen wir noch besser verstehen, (1) was er ist, (2) welche Bedürfnisse in ihm enthalten sind, (3) auf welchen Begründungen er fußen kann, und nicht zuletzt auch (im kommenden Zwischenfazit), welche moralischen Erfordernisse aus einem Kernprinzip Respekt folgen. Insbesondere interessiert uns dabei natürlich, welche Implikationen sich bezüglich der Manipulation ergeben.

Eine nähere Betrachtung des Respekts

Respekt wird in der Regel als bloße Verhaltensform, als Einstellung und/oder als Gefühl verstanden.[70] Er ist zunächst einfach »eine Art, Personen zu behandeln«,[71] denn Respekt benötigt immer ein Ob-

69 Vgl. zu unterschiedlichen Begründungsansätzen, die nicht nur das Rationale des Respekts betonen, beispielhaft Carl F. Cranor, »Toward a Theory of Respect for Persons«, in: *American Philosophical Quarterly* 12 (1975), S. 309-320; Dillon, *Respect*; William K. Frankena, »The Ethics of Respect for Persons«, in: *Philosophical Topics* 14 (1986), S. 149-167; Joseph Raz, *Value, Respect, And Attachment*, Cambridge 2001, insbesondere Abschnitt 4; Allen W. Wood, *Routledge Companion to Ethics*, s. v. Respect and Recognition, London 2010, S. 562-572. Auch theologisch lässt sich Respekt als Grundprinzip einer moralischen Handlungsweise begründen, siehe hierfür beispielhaft die Bergpredigt.

70 Vgl. Dillon, *Respect.*

71 Raz, *Value, Respect, and Attachment*, S. 138. Meine Übersetzung.

jekt, auf das er gerichtet ist.[72] Er nimmt »die Bedürfnisse anderer ernst«,[73] genauer: »die Bedürfnisse, die in anderen während des Aktes des gemeinsamen Agierens wahrgenommen werden«[74] (sein Gegenteil wäre demnach Vernachlässigung, Ignoranz und Geringschätzung). Eine Grundvoraussetzung ist es, dem im Normalfall allen Personen innewohnenden Bedürfnis, respektvoll behandelt zu werden, nachzukommen. Darüber hinaus spielen speziellere Bedürfnisse eines Gegenübers und gleichzeitig auch die eigenen eine wesentliche Rolle für einen respektvollen Umgang, der so mehrere Formen annehmen kann (Zurückhaltung, Unterstützung, Gehorsam, Vorsicht etc.). Eine respektvolle Person ist dann also diejenige, die empathisch[75] Bedürfnisse anderer berücksichtigt und in die eigene Handlungsleitung einbezieht. Vor dem Hintergrund dieser grundsätzlichen Charakterisierung lassen sich mit Darwall zwei Arten von Respekt unterscheiden: (1) bewertender Respekt (*appraisal respect*) und (2) anerkennender Respekt (*recognition respect*).[76]

Die erste Art von Respekt bezieht sich auf subjektive Standards,

72 Natürlich gibt es auch den immens wichtigen Selbstrespekt, den ich aber für die Diskussion hier, wie ja auch schon die Selbstmanipulation, ein Stück weit außen vor lassen werde. So viel lässt sich aber sagen: Eine respektvolle Person zu sein, beinhaltet immer auch den Respekt vor einem selbst, indem man seine eigenen Bedürfnisse ermittelt und diese auch pflegt, soweit niemand anderes dadurch respektlos behandelt wird.

73 Richard Sennett, *Respect. The Formation of Character in a World of Inequality*, London 2003, S. 52. Meine Übersetzung.

74 Ebd., S. 53. Meine Übersetzung.

75 Unter »Empathie« verstehe ich die grundsätzliche Bereitschaft zu versuchen, die Gedanken, Motive, Bedürfnisse und Affekte eines Gegenübers zu erkennen und zu verstehen. Sie ist eine Bedingung der Möglichkeit, sich in einen anderen Menschen hineinzuversetzen und seine Erfahrung in zumindest bestimmter Weise auch zur eigenen Erfahrung zu machen. Mit Martha Nussbaum lässt sich hier von einer Art moralischer Selbstwahrnehmung sprechen, die darin wurzelt, dass man selber bestimmte Bedürfnisse hat und diese ähnliche Bedürftigkeit in anderen wahrnimmt. So sind Affekte denn auch »keine irrationalen Aufwallungen«, sondern »Weisen, die Welt zu sehen«, die »einen Platz im Kern des eigenen Wesens« haben. Demnach ist »ein Intellekt ohne Emotionen sozusagen wertblind; ihm fehlt der Sinn für die Bedeutung und den Wert von Menschen«. Empathie und auch das so ermöglichte moralische Fühlen sind also Voraussetzungen für ein gleichberechtigtes Menschsein (Martha Nussbaum, *Gerechtigkeit oder das gute Leben*, Frankfurt/M. 1999, S. 26 sowie 149).

76 Vgl. Stephen L. Darwall, »Two Kinds of Respect«, in: *Ethics* 88/1 (1977), S. 36-49, hier S. 38 f.

mit denen die Verdienste, Leistungen oder Charaktereigenschaften einer Person verglichen werden. Das hat sowohl eine affektive (ein Gefühl des Gefallens, der Ehrfurcht) als auch eine kognitiv-rationale Komponente (die im kritischen Betrachten der Person und einer Entscheidung für oder gegen Respekt liegt). Während die affektive Einschätzung schnell eintritt und nicht aus dem hellen Licht der Fakten rühren muss, bedingt die kognitive Einschätzung das Beeinflussungspotential, das der als solche anerkannten Respektsperson dann zur Verfügung steht. Dies ist insbesondere für die Manipulation von Relevanz, weist es doch in die oben angedeutete Richtung: Unsere Rationalität ermöglicht uns durchaus kognitive Auswege aus solchen Heuristiken nachfolgenden Urteilen, aber den affektiv und automatisiert ablaufenden Prozessen sowie den sozialen und situativen Kontexten entkommen wir nicht immer. Wir lassen uns zum Beispiel von Menschen, die wir schätzen, (freiwillig) leichter beeinflussen – dies gilt besonders für als Autoritäten jedeweder Art anerkannte Personen (wenn hier nicht ohnehin ein Gefühl des Vertrauens herrscht, ist es auch ganz einfach rational, die Autorität mancher Personen anzuerkennen).

Da wir es hier nach einer ersten Einschätzung allerdings stark mit subjektiven, kognitiv-rationalen Standards zu tun haben, eignet sich der *bewertende* Respekt nur bedingt als Fundament für das Kernprinzip der Minimalmoral. Er ist aber auch nicht vollkommen zu vernachlässigen, da er als in einer normaltypischen Entwicklung entstandene Form von Respekt zumindest ein Stück weit ähnliche Standards der Bewertung generiert.

Der *anerkennende* Respekt hat ebenfalls affektive wie auch rationale Komponenten.[77] Eine Person wird hier von einem moralischen Standpunkt aus geschätzt.[78] So lassen sich Ungleichheiten

77 Unterdessen bestätigt übrigens auch die Psychologie, die seit wenigen Jahren Schritte zur Erforschung des Respekts unternimmt, dass dieser eine starke affektive Komponente aufweist und intuitiv angebunden ist; vgl. hierzu Simon M. Laham, Tania Tam, Mansur Lalljee et al., »Respect for Persons in the Intergroup Context. Self-other Overlap and Intergroup Emotions as Mediators of the Impact of Respect on Action Tendencies«, in: *Group Processes & Intergroup Relations* 13/3 (2009), S. 301-317, und besonders auch Mansur Lalljee, Simon M. Laham, Tania Tam, »Unconditional respect for persons. A social psychological analysis«, in: *Gruppendynamik und Organisationsberatung* 38/4 (2007), S. 451-464, hier S. 460-464.

78 Dieser Standpunkt bedarf allerdings weiterer Begründung, und so besteht auch

beseitigen: Vor allem »[t]rennende Merkmale (wie Rasse, körperliche Gebrechen, Bildungsdefizite etc.), an denen sich Formen der Ausgrenzung festmachen können«, werden mittels einer solchen Vorstellung des Respekts unterbunden.[79]

Der anerkennende Respekt vermag es, auch solchen Personen Respekt zu zollen, die keinerlei Bedürfnis äußern oder signalisieren.[80] Zwar ist dies in den meisten Betrachtungen an Zusatzannahmen gebunden, aber wie bereits angedeutet brauchen wir diese Zusatzannahmen hier nicht unbedingt (wenngleich sie natürlich nötig werden, wenn wir mehr als Entitäten einbeziehen wollen, die keine Personen sind; für den Fall der Manipulation ist das allerdings nicht nötig, denn sie setzt Personen voraus). Zudem lässt sich das Moment der Anerkennung des anderen mittels der Annahme, dass jeder immer respektvoll behandelt werden möchte (was, so könnte man sagen, selbst für jene gilt, die dieses Bedürfnis nicht unmittelbar äußern können), begründen. Diese Annahme ist sowohl intuitiv und auch als rational nachvollziehbar: Wir können schlicht davon ausgehen, dass jeder normale Mensch dieses Bedürfnis hat. Respekt ist so eine universale ethische Minimalforderung an Gegenseitigkeit. Aus dem Modus der Gegenseitigkeit heraus wird auch die Grenze der erlaubten Handlungsreichweite markiert, denn die eigenen Bedürfnisse können nur befriedigt werden, so-

hier eine kognitiv-rationale Bindung des Respekts an Zusatzannahmen. Ganz ohne Zusatzannahmen kommen wir wohl auch nicht aus, da wenigstens minimal geklärt werden muss, wer zum Beispiel als Mensch oder Person Respekt verdient. Natürlich kann ich hier keine ausgearbeitete, normativ gesättigte Anthropologie bieten, es lässt sich aber von einer normaltypischen Entfaltung des Menschen ausgehen. Dabei haben wir es mit einem Hilfsbegriff zu tun, der eine unmittelbar einleuchtende gute Entfaltung unserer Potentiale und Möglichkeiten umfasst – denn wir können zumindest sinnvoll zwischen Lebensweisen unterscheiden, die gute Entfaltungen dieser menschlichen Potentiale und Möglichkeiten enthalten oder eben nicht enthalten. Aus einem solchen normaltypischen Zustand heraus entstehen dann auch die normaltypischen Grundbedürfnisse eines Menschen, nämlich nicht körperlich oder psychisch verletzt oder misshandelt zu werden und auf der positiven Seite anerkannt, erkannt und gesehen zu werden.

79 Aleida Assmann, »Höflichkeit und Respekt«, ⟨https://www.exzellenzcluster.uni-konstanz.de/fileadmin/all/downloads/veranstaltungen2009/Arbeitsgespraeche-Assmann-Hoeflichkeit.pdf⟩, letzter Zugriff 11. 2. 2017, S. 15.

80 Vgl. Baruch A. Brody, »Towards a Theory of Respect for Persons«, in: *Tulane Studies in Philosophy* 31 (1982), S. 61-76.

lange die normaltypischen Bedürfnisse des anderen nicht verletzt werden. So ist es, ganz ähnlich dem gängigen Begründungsmuster der liberalen Freiheit, nicht möglich, dass lediglich egoistische Bedürfnisse erfüllt werden. Respekt lässt sich so auch letztlich von »Mögen« oder »Fürchten« trennen, die beide stark in bloßem Eigeninteresse verwurzelt sind, schließlich besteht ein zentraler Teil des Respekts gerade auch im Raumlassen für verschiedene Bedürfnisse von anderen in ihrem mir in wesentlichen Bedürfnissen gleichen Sein als Personen, die respektvoll behandelt werden wollen.[81] Diese Bedürfnisse bedürfen nun noch weiterer Klärung.

Eine nähere Betrachtung der zu respektierenden Bedürfnisse

Welche Bedürfnisse sind gemeint? Diese Frage ist schwieriger, als sie zunächst scheint. Zwar lassen sich die allseits bekannten Grundbedürfnisse relativ schnell auflisten: (1) *physiologische und psychologische Grundbedürfnisse* wie Nahrung, Wärme, Schlaf sowie Lustgewinn, Unlustvermeidung, Selbstwahrnehmung, -bestimmtheit, aktive Subjektivität, Kohärenz und Konsistenz und ein Gefühl von Freiheit und Wirkung, (2) *sicherheitsbezogene Bedürfnisse* nach einer Wohnstätte, Gesundheit, Gefahrenschutz, Ordnung und Kontrolle sowie (3) *soziale Bedürfnisse* nach gelungener Bindung (Freundschaft, Liebe, Fürsorge), Kommunikation, Anerkennung, Selbstwertstabilität, Selbstverwirklichung.[82] Doch gerade wegen der moralischen Aufgeladenheit von Machtbeziehungen gilt es, darüber hinaus zu bestimmen, welche *spezifischen* Bedürfnisse eines

81 Vgl. auch Dillon, *Respect.*

82 Ich lehne mich hier lose an mehrere Bedürfnis- und Motivationstheorien an. Vgl. hierzu Abraham H. Maslow, Henry Geiger, Bretha G. Maslow, *The Farther Reaches of Human Nature*, New York 1971; Abraham G. Maslow, »A Theory of Human Motivation«, in: *Psychological Review* 50/4 (1943), S. 370-396, Klaus Grawe, *Psychologische Therapie*, Göttingen 1998, S. 383 f.; sowie Dietrich Dörner, *Bauplan für eine Seele*, Reinbek b. Hamburg 2006, vor allem Kapitel 5 (hier ist interessant, dass Dörner als experimenteller Psychologe natürlich anders vorgeht als etwa noch Maslow, dabei allerdings zu ähnlichen Ergebnissen kommt). Mir ist klar, dass das hier nur eine holzschnittartige Darstellung von Bedürfnissen ist. Ich gehe eher im Sinne einer (sehr skizzenhaften) allgemeinen Verständnistheorie vor, die allerdings nicht auf alle Gesellschaften jenseits der westlichen passen muss.

individuellen moralischen Akteurs in einer spezifischen Beziehung nicht verletzt werden dürfen. Es geht um ein der Situation und den beteiligten Personen *angemessenes* Handeln,[83] und das kann, wie oben angedeutet, in einer Unterlassung von etwas oder in einer bestimmten positiven Handlung bestehen. Grundsätzlich geht es in dieser Konstellation um den empathischen »Versuch, die Welt aus der Sichtweise des anderen zu betrachten«.[84]

Um die Angemessenheit näher bestimmen zu können, lässt sich ein situationsanalytisches Element hinzuziehen, dass wir aus der Situationsethik kennen. So geraten die beteiligten Akteure und die Rahmengebung in den Fokus: Manipulatorin und Manipulierte, ihre Beziehung zueinander, die Machtbalance dieser Beziehung, die Zielsetzungen einer Handlung sowie die Umstände (dazu später mehr).

Ganz grundsätzlich lässt sich sagen: Es ist generell unangemessen, jemandem Wertlosigkeit zu signalisieren, seine Situation zu verschlechtern oder ihn auszunutzen, wie es auch unangemessen wäre, in ständiges (unangebrachtes) himmelhoch jauchzendes Lob zu verfallen. Daran ändert auch eine Einzelfallbetrachtung nichts, denn die universale Minimalforderung des Respektvoll-behandelt-werden-Wollens würde hier immer verletzt – eine Manipulation ist also nur noch rechtfertigbar, wenn sie eine positive Ausrichtung hat.

Vor dem Hintergrund des im vorgehenden Kapitel betrachteten Menschenbildes kommt im Zusammenhang mit den Bedürfnissen eine neue Frage auf, die uns vor interessante Probleme stellt. Nun lässt sich die Rationalität des Menschen anzweifeln, und diese Erkenntnis sollte in ethische Entscheidungen mit einbezogen werden. Nicht zu vergessen ist, dass hier schließlich auch ein Grund liegt, warum wir uns von betont mittels einer stark betonten Rationalität des Menschen begründenden moralischen Ansätzen ein Stück weit distanziert haben – ebenso wie wir uns mittels psychologischer Erkenntnisse von der Vorstellung der unbegrenzten Rationalität hin zur begrenzten Rationalität orientiert haben. Alles, was wir tun, nehmen wir unmittelbar als *unser* Tun wahr und, wie in Kapitel

83 Diese Angemessenheit wird auch im Rahmen der erwähnten normaltypischen Entfaltungen menschlicher Potentiale und Möglichkeiten bestimmt.

84 Lisa Lindner, »Respekt«, in: Dieter Frey (Hg.), *Psychologie der Werte. Von Achtsamkeit bis Zivilcourage*, Berlin/Heidelberg 2016, S. 167-176, hier S. 170.

2 angesprochen, wir integrieren Handlungen möglichst kohärent und mit dem Bedürfnis nach Konsistenz in das Narrativ unseres Lebens, in dem wir auch unbewegte Beweger zu sein scheinen. Auch im Zusammenhang mit Respekt wird unsere psychologische Integrität bzw. das, was ich zuvor »psychologische Ökologie« genannt habe, relevant. Hierbei ging es um eine Balance im psychologischen Haushalt eines Indivduums, eine relativ ausgeglichene und wechselseitige Beziehung von bewussten und unbewussten, rationalen und irrationalen Mechanismen. So viel also vorweg: Da wir immer alles konsistent einzuordnen versuchen, auch passives Verhalten, ist Manipulation als etwas, das uns gewissermaßen dazu veranlasst, zu einem bestimmten Grade passiv Dinge zu tun, immer scharf zu beobachten. Wir müssen erkennen können, dass hier Manipulation stattfand.[85] Indem es um den Einbezug der Bedürfnisse eines Gegenübers geht, besteht Respekt ja gerade auch darin, sich in die Perspektive des anderen zu versetzen, wenn dieser seine Bedürfnisse nicht einfach artikuliert. Wenn der Grad an Rationalität und Freiheit nun schon nicht in dem Maße vorhanden ist, wie wir es gerne hätten, müssen wir dann nicht wenigstens unsere in uns arbeitende gewissermaßen auch fiktive Vorstellung hiervon auch im Sinne der Aufrechterhaltung einer ausgewogenen psychischen Ökologie moralisch berücksichtigen? Je nachdem, wie wir diese Fiktion charakterisieren wollen, fällt unsere ethische Antwort aus. So ließe sie sich als wesentliches Handlungsleitungsmotiv sehen, die unser Leben lebenswert macht und überhaupt erst dazu führt, dass wir noch etwas in dieser Welt tun – denn vollkommene Machtlosigkeit kann Unbeweglichkeit hervorrufen. Gehen wir von dieser Annahme aus, würden wir uns tendenziell vielleicht auf eine der klassischen ethischen Theorien, zum Beispiel diejenige Kants, zurückbeziehen. Das andere Extrem wäre, diese Fiktion wie die eines Geisteskranken zu betrachten, der vor sich selbst geschützt, der sorgfältig begleitet und in gewissem Sinne geheilt werden muss. Die richtige ethische Reaktion liegt auch hier meines Erachtens

85 Aufgrund beständigen Online-Seins, exzessiver virtueller Beziehungen, beständiger digitaler Kommunikation, aber auch aufgrund damit kombinierter nichtvirtueller, normaler, alltäglicher Interaktion in bestimmten Rollen sind wir immer mehr Eindrücken und auch verschiedenen Ausdrücken unserer selbst ausgesetzt, die eine Art Zerstückelung unserer Identität zufolge haben mögen – was wiederum Manipulationspotentiale erschafft.

in der Mitte, was bedeutet, dass die Fiktion nicht komplett gebrochen, aber auch nicht komplett unterstützt und absolut gesetzt werden darf. In Bezug auf die Manipulation lässt sich zunächst feststellen, dass sie sich die Fiktion der Freiheit zunutze macht und unserer psychischen Ökologie und unserem narrativen Sein, sofern sie paternalistisch ausgerichtet ist, nicht gefährlich werden muss. Ein respektvoller Umgang sähe dann also wahrscheinlich so aus, dass die Fiktion der Freiheit nicht vollkommen ausgehebelt und unsere psychische Ökologie nicht so durcheinandergebracht wird, dass unsere Wahrnehmung der Freiheit, unsere Selbstbestimmung und unsere Selbstwahrnehmung eliminiert werden, da diese wesentliche Motoren unseres Handelns und positiven Selbstbildes sind. Die größte Gefahr, die also bei einer umfangreichen Nutzung manipulativer Mechanismen am Horizont stände, wäre die Gefahr einer Umwelt, in der tatsächlich rationale Kommunikation und Orientierung fehlten, denn wie könnten wir dann noch Unterschiede ausmachen und uns selbst verorten?

Fassen wir kurz zusammen. Respekt integriert mehrere Ebenen: (1) die *Handlungsebene*, die durch eine dem Kontext angemessene Handlung, die ganz grundsätzliche und auch spezifische Bedürfnisse der beteiligten Parteien achtet, markiert wird; (2) die *intuitive, affektiv angebundene Ebene* (man könnte sogar behaupten, dass Respekt ohne Affekte überhaupt nicht möglich wäre[86]), schließlich hat jeder das Bedürfnis, respektvoll behandelt zu werden; und (3) – falls ein Konfliktfall auftreten sollte (jemand respektiert jemanden intuitiv nicht) – eine *rationale Ebene*, auf der verständlich wird, dass Respekt (a) als Form des gemeinsamen Zusammenlebens Plausibilität besitzt und (b) eine intrinsische Wertebene des Menschen durch Respekt ausgedrückt werden kann.[87] Schauen wir nun zusammenfassend auf die Gründe, die für Respekt als Fundamentalprinzip sprechen.

86 Vgl. hierzu erneut Wood, *Respect and Recognition.*

87 Demgemäß respektieren wir ein Objekt nicht bloß, weil wir das wollen, sondern weil wir es auch gefühlt zu respektieren haben. Respekt lässt sich so durchaus wie eine deontische Erfahrung verstehen. Vgl. hierzu Thomas H. Birch, »Moral Considerability and Universal Consideration«, in: *Environmental Ethics* 15 (1993), S. 313-332.

Abschließende Anmerkungen zum Respekt als Fundamentalprinzip

Respekt ist erlernbar (unsere Eltern geben sich größte Mühe) und etwas, das wir nicht nur gegenüber Menschen, sondern auch gegenüber Dingen entwickeln können. Andererseits verlieren wir manchmal auch den Respekt gegenüber manchen Personen oder Dingen. Zwar können wir von einer Minimalforderung des universalen Respektierens ausgehen, die weitgehend konsensfähig ist, doch nicht alle der mit dem Respekt verbundenen Intuitionen sind völlig plausibel. Sie sind nichtsdestotrotz eine wichtige Grundlage, auf die wir vor allem im Rahmen einer liberalen Gesellschaft zumindest ein Stück weit hoffen können. Viel stärker jedoch als die Intuition, anderen gegenüber respektvoll zu sein, ist die nun schon mehrfach angesprochene Intuition, selbst respektvoll behandelt werden zu wollen. Respekt lässt sich so nicht nur intersubjektiv, sondern vielleicht sogar objektiv verstehen. Sind diese Intuitionen verstanden, fordern sie respektvolles Handeln, evozieren es vielleicht gar. Die affektive, intuitive Angebundenheit macht Respekt für den stark an moralischen Traditionen und Intuitionen orientierten prinzipienethischen Ansatz interessant; gleichzeitig muss nicht zu viel Begründungskraft über Bord geworfen werden. In seinem Zusammenhang lässt sich ein Objekt als signifikant und von uns unabhängig erkennen, das auch andere als respektwürdig erkennen können und das ein respektgebietendes Charakteristikum mit sich führt, das universal (also auch an einem anderen Objekt) Respekt verdient hat. Durch dieses Zusammenfallen der Begründungsebenen des Respekts tritt ein motivationales Element hinzu, mit dem er uns ausstatten kann: Er ist eine alltägliche, tradierte Form des Umgangs, die in ihrer Gegenseitigkeit Vorteile für uns hat, sich (im Empfangen und Geben) gut oder zumindest nie negativ anfühlt, intuitiv leitend ist und auch rational einleuchtet und vernünftig ist – alles Faktoren, die uns zum Respektvoll-Sein bringen können. Während die Bedürfnisse der an Beziehungen Beteiligten nun, wie erwähnt, auch situativ, kontextuell (und zeitlich) verschieden sein mögen, suggeriert uns Respekt ein übergeordnetes, zeit-, situations- und raumunabhängiges Bedürfnis von Personen, das Grundlage unserer ethischen Minimalmoral sein kann.

So wird deutlich, dass Respekt ein Modus ist, der nicht nur lange überliefert und alltäglich, sondern dazu auch intuitiv und affektiv angebunden ist sowie rational, objektiv und universal begründet werden kann. Mit seinem Status als Gegenseitigkeitsform und seiner Flexibilität in Bezug auf Personen, Situationen, Raum und Zeit eignet sich Respekt als Kernauffassung einer prinzipienethisch orientierten Minimalmoral mit Stärken auf verschiedenen Begründungsebenen. Eine Respektsethik in diesem Sinne ist dann eine sozusagen verschlankte kantianische Moralauffassung, die Pragmatik, Intuition und Einsicht vor dem Hintergrund aktueller psychologischer Erkenntnisse und eines modifizierten Menschenbildes zu verbinden versucht. Mit dem Respekt im Hintergrund lassen sich verschiedene moralische Verbote formulieren – schließlich sind die Beziehungen zwischen Freunden, Partnern oder Regierung und Bevölkerung zwar in mancherlei Hinsicht grundsätzlich ähnlich, unterscheiden sich aber auch in wichtigen Hinsichten.[88] Zur Verdeutlichung sollen im Anschluss die ethischen Standards betrachtet werden, die aus der hier skizzierten Respektsgrundlage resultieren. Im Sinne einer speziellen normativen Ethik mit Anwendungsdimension soll daran anschließend zudem ein Fragenkatalog entwickelt werden, der für die Beurteilung von als Manipulation kategorisierten Mechanismen herangezogen werden kann.

Zwischenfazit – Ethische Standards und ein Fragenkatalog

Mittlerweile haben wir die Manipulation als handlungstheoretischen Mechanismus identifiziert, bei dem direkt und gezielt die affektive Anziehungskraft von Zwecken der betroffenen Akteure geändert wird, so dass diese geneigt sind, auf dieser Grundlage zu handeln. Dies geschieht entweder durch die Einführung neuer angenehmer Zwecke oder durch die Schaffung eines situativen Kontextes, in dem ein bereits vorhandener Zweck verstärkt angenehm oder unangenehm erscheint. Die psychologischen Grundlagen hierfür haben wir auch durchschritten und sind mittlerweile so

88 Solange der Respekt berücksichtigt wird, so Hausman und Welch, ist es »sometimes acceptable for the government to shape peoples choices« (Daniel M. Hausman, Brynn Welch, »Debate. To Nudge or Not to Nudge«, in: *The Journal of Political Philosophy* 18 (2010), S. 123-136, hier S. 134).

weit, Manipulation als Machtmittel innerhalb von Beziehungen zu klassifizieren, die selbst schon durch Machtbalancen geprägt sind.

Macht ist nun manchmal legitim und manchmal illegitim. Somit liegt der inhärent ethische Charakter von Manipulation als Machtmittel jetzt klar vor uns. Im Sinne einer vor dem Hintergrund der Erkenntnisse der Psychologie modifizierten und prinzipienethisch orientierten Minimalmoral haben wir zuletzt ein Prinzip als gangbaren Kern einer minimalen Moralauffassung identifiziert: Respekt. In Bezug auf die Manipulation können wir uns nun fragen, was uns die vorher skizzierte Ethik in diesem speziellen Fall gebietet.

Besinnen wir uns dafür zunächst erneut auf das Phänomen *Macht*. Ganz allgemein hatten wir sie definiert als die Kapazität, Zwecke durchsetzen zu können. Manipulation als Machtmittel ist dementsprechend das Vermögen, die Handlungen anderer so zu beeinflussen, dass die Erreichung eines bestimmten Zwecks wahrscheinlicher wird. Nun hat Macht, wie zum Beispiel Ruth Grant feststellt, verschiedene Grade: Sie variiert von Zwang über starke Beeinflussung zum milderen *nudging*.[89] Vielleicht ist man zunächst versucht, die ethische Legitimität anhand dieses Kontinuums zu bewerten und demnach Zwang und starke Beeinflussung als gefährlicher einzuschätzen als die milde Beeinflussung. Allerdings würde diese Bewertung zu kurz greifen. So kann Zwang durchaus legitim sein, wie uns die Durchsetzung von Gesetzen vor Augen führt. Genauso kann bereits eine milde Beeinflussung illegitim sein, wenn sie uns beispielsweise mit ungerechtfertigen Schuldgefühlen zurücklässt.[90] Die Manipulation fällt eher unter mildere Beeinflussung. Weiter hilft ein Blick auf die spezifischen Machtmittel, um dem komplexen ethischen Charakter von Macht und so auch der Manipulation gerecht werden zu können. Ruth Grant schlägt drei Kriterien vor, nach denen wir ein Machtmittel beurteilen sollten:

> erstens danach, ob es einem *legitimen Zweck* dient, zweitens, ob es eine *freiwillige Reaktion* erlaubt, und drittens, ob es einen *Effekt auf den Charakter* der involvierten Akteure hat.[91]

89 Vgl. Ruth W. Grant, »Ethics and Incentives. A Political Approach«, in: *American Political Science Review* 100/1 (2006), S. 29-39, hier S. 31.

90 Vgl. Ruth W. Grant, *Strings Attached. Untangling the Ethics of Incentives*, Princeton 2014, S. 48 f.

91 Vgl. ebd., S. 51. Meine Übersetzung und Hervorhebung.

Grant leitet diese drei Kriterien aus unseren Intuitionen bezüglich der Macht ab; wir nun können sie noch auf eine stärkere Begründungsbasis stellen und erweitern. Innerhalb einer von Machtbalancen geprägten Beziehung gebietet uns Respekt nämlich ähnliche Standards, die mittels psychologischer Erkenntnisse und der prinzipienethischen Minimalmoral noch konkretisiert werden können. Ein respektvolles Behandeln besteht dann sowohl aus (1) einer nichtschädlichen Zielsetzung für Akteure, (2) deren Möglichkeit, ihre normaltypischen Potentiale, Bedürfnisse und Möglichkeiten zu entfalten, und (3) der Verhinderung negativer Effekte bezüglich des Charakters, der psychischen Integrität und Ökologie.

Vor diesem Hintergrund schlage ich eine neue Reihenfolge vor, insbesondere da die Auswirkungen auf den Charakter sich auf Dinge auswirken, die in (1) und (2) vorkommen. Eine angepasste Formulierung mit Bezug zur Manipulation lautet dann wie folgt:

(1) Der Einfluss auf den Charakter, die psychische Integrität und die Ökologie muss derart berücksichtigt werden, dass die Manipulation neutral gegenüber einer positiven charakterlichen und Entwicklung bleibt, in der Überzeugungen reflexiv und selbstbestimmt entwickelt, korrigiert oder verworfen werden können. Das bedeutet, dass Manipulation *niemals umfassend zeitlich unbegrenzt oder gehäuft bei einer Person eingesetzt werden darf.* Denn in diesen Fällen wäre die Unmöglichkeit einer Selbstwahrnehmung und einer ausgeglichenen psychischen Ökologie sowie sogar eine Unfähigkeit zur nichtmanipulierten Weiterentwicklung zu befürchten – und gerade hierin liegt ja das Wesentliche eines Charakters: *Fähig zu sein, weitgehend gemäß den eigenen (normaltypischen) Dispositionen durch die Welt zu gehen* (auch wenn diese nicht immer selbst gewonnen wurden).

(2) Die Manipulation muss uns gemäß unseren (begrenzt rationalen) Fähigkeiten *eine grundlegende Wahlfreiheit lassen.* Sie darf also nicht zur Entscheidung zwingen, sondern lediglich einen Zweck nahelegen. *Sie kann nur als legitimes Mittel gelten, wenn sie anderen Entscheidungsfaktoren ebenfalls Chancen lässt.* Es geht nicht nur um das Vermögen, Rationalität und Freiheit in Entscheidungsprozessen einzusetzen, sondern auch um die Fähigkeit, dieses einzuschätzen.

(3) Manipulation muss einen *legitimen Zweck* verfolgen, der (a) weitgehend *neutral gegenüber Vorstellungen des guten Lebens* sein sollte und (b) ein *respektvolles Einbeziehen der (rechtfertigbaren) Erwartungen des Gegenübers und seiner normaltypischen Bedürfnisse* beinhaltet. Respekt fungiert hier also als ein Rahmen (das Einnehmen und Ernstnehmen der Perspektive des anderen), der bestimmte Inhalte reguliert.

Indem wir Grants ethische Standards auf diese Weise spezifizieren, ermitteln wir eine gewissermaßen ideale Form der Manipulation: Bei Beachtung dieser Standards ist ihr Einsatz ethisch gerechtfertigt und bei Nichtbeachtung nicht gerechtfertigt. Dies gilt im Übrigen sowohl bei privaten Beziehungen als auch bei Beziehungen zwischen Arbeitgeber und Arbeitnehmer oder Bürger und Staat. Die minimale Grundlage bleibt das Prinzip des Respekts.[92]

Noch einmal: Manipulation ist ein legitimes Machtmittel, wenn die Manipulierten respektvoll behandelt werden, das heißt als Wesen, die auf Grundlage ihrer begrenzten Rationalität eigene Interessen und Überzeugungen entwickeln können, Erwartungen an Beziehungen haben und grundsätzlich fähig sind, sich in andere hineinzuversetzen. Manipulation muss einen Zweck verfolgen, der den Erwartungen und Bedürfnissen der manipulierten Akteure nicht entgegensteht und ihnen die Freiheit lässt, eigene Vorstellungen des guten Lebens (anderen gegenüber respektvoll) zu verfolgen. Auch wenn die Manipulation eine bestimmte Wahl nahelegt, muss die Wahlmöglichkeit erhalten bleiben.

Zur ethischen Beurteilung der Manipulation in einer Situation könnte man vor dem Hintergrund des in diesem Kapitel Gesagten auch folgenden Fragenkatalog vorlegen:

92 Man muss wohl sagen, dass die Fähigkeiten zur Selbstermächtigung und Selbstbestimmung auch mittels rationaler Kapazitäten nicht nur immer erhalten, sondern auch immer gestärkt werden müssten. Diese Fähigkeiten sind nicht nur persönlich wertvoll, sondern auch in unserer Demokratie von immenser Wichtigkeit. Die Schule und andere bildende Institutionen sind hierfür von Relevanz, gerade weil immer die Gefahr besteht, dass viele Menschen Analphabeten in Machtfragen sind. Wenn solcherlei Dinge nicht verstanden werden, gibt es eine zu große Gefahr, dass sie ausgenutzt werden.

(a) Lässt die Manipulation den Charakter und/oder die psychische Ökologie des Betroffenen unversehrt?

i. Hat die Manipulation keinen negativen Einfluss auf den Charakter und/oder die psychische Ökologie eines Akteurs, insofern sie ihm die Selbstwahrnehmung und -bestimmung kurz- oder langfristig nicht verunmöglicht?

ii. Macht die Manipulation den Akteur nicht entscheidungsunfähig, aggressiv, verzweifelt oder infantil?

Über die zu erhaltende charakterliche und psychische Integrität wurde weiter oben schon einiges gesagt. Hier können wir die Verbote, die sich aus der Minimalmoral ergeben, noch mal genauer formulieren: Der Charakter und die psychische Ökologie eines Betroffenen dürfen durch die Manipulation nicht derart verändert werden, dass eine Selbstwahrnehmung und -bestimmung kurz- oder langfristig verunmöglicht wird. Genauer bedeutet dies, dass Handlungen, die durch die Manipulation angeleitet wurden, zumindest *ex post* als solche erkennbar sein müssen, was voraussetzt, dass die Manipulationssituation nicht permanent und allumfassend ist. Generell müssen die eigenen Handlungen und die eigene Rolle darin begreiflich bleiben. Überhaupt ist bei einer übermäßigen Beeinflussung der psychischen Ökologie und einer drohenden Entscheidungsunfähigkeit, Aggression, Verzweiflung, Infantilisierung etc. von Akteuren, die durch ständige Manipulation nicht lernen können, eigene Entscheidungswege zu nutzen, und durch manipulative Mechanismen frustiert werden, von der Manipulation abzusehen (wann diese Infantilisierung beginnt, muss im Einzelfall betrachtet werden); genauso natürlich bei ihrem Einsatz zur Anstachelung zu Straftaten (man denke wieder an Jago), zur Erregung von Aggression oder sonstigen Regungen, die eine andere Person in ihrem Respektsanspruch verletzen könnten. Die beständige, gehäufte und dauerhafte Nutzung der Manipulation ist durch ihren möglichen langfristig negativen Effekt auf den Charakter und die psychische Ökologie ausgeschlossen.[93] Aufgrund der psychischen

93 Ein Stil wie der, den man Donald Trump und seiner Administration vorwerfen kann, muss aufgrund der Häufungen des Manipulativen, die natürlich die Möglichkeit unterminiert, die Dinge so zu sehen, wie sie vielleicht sind (und nicht nur wie sie zu einem bestimmten Zweck präsentiert werden), vor diesem Hintergrund verhindert werden – es müssen hier Gegengewichte kreiert und rationale

Wichtigkeit, dass wir unsere Handlungen kohärent und konsistent einordnen können und uns nicht vollkommen unfrei fühlen, also aufgrund grundsätzlicher Bedürfnisse, kann Frage (a) letztlich als eine Art Ausschlussklausel für alle anderen Fragen gelten, die jetzt im Anschluss noch hinzugezogen werden.

(b) Ermöglicht die Manipulation noch eine im Sinne der begrenzten Rationalität freiheitliche Entscheidung?

i. Ist die affektive Reizung nicht so stark, dass sie alle anderen Entscheidungswege versperrt?

ii. Operiert die Manipulation mit möglichst positiven Affekterregungen statt negativer Affekte wie Schuld oder Furcht?

Die Manipulation darf die Wahrscheinlichkeit der Wahl eines bestimmten Zweckes nur erhöhen und diese nicht erzwingen. Zudem muss die Induktion dieser Wahlmöglichkeit mittels positiver Affekte geschehen, um (1) negative Konditionierungen auszuschließen – hier treten wir schon in Feld (d) über – und da (2) gemäß normaltypischen Bedürfnissen innerhalb von Beziehungskonstellationen das Ausnutzen negativer Affekte als respektlos zu gelten hat. Hinzu kommt, dass negative Affekte wie Schuld oder Angst die Tendenz haben, eine freiheitliche Entscheidung unwahrscheinlicher zu machen.

(c) Dient die Manipulation einem legitimen Zweck?

i. Ist der Zweck nicht schädlich für den Manipulierten in Bezug auf Charakter, psychische Ökologie, Entscheidungsfähigkeit und soziale, gesellschaftliche und materielle Folgen?

ii. Werden die innerhalb einer Beziehung bestehenden normaltypischen Bedürfnisse des Manipulierten bezüglich des Zwecks berücksichtigt?

iii. Werden die angemessenen Erwartungen des Akteurs bezüglich des Zwecks berücksichtigt?

Legitime Zwecke sind solche, die keinen Schaden beim Manipulierten anrichten. Schaden ist hier unterschiedlich zu verstehen:

Diskurse, überhaupt die Fähigkeit zur Rationalität gefördert werden. Auch die Schaffung eines Gefühls der Machtlosigkeit und die damit verbundene Ausbreitung von Apathie, wie wir sie aus Orwells *1984* kennen, sind nur zu verachten.

Charakterliche Beeinflussungen negativer Art, eine geschädigte psychische Ökologie und Selbstwahrnehmung, gestörte Entscheidungsfindungsprozesse und Verschleierungen dürfen selbst nicht als Zwecke der Manipulation gesetzt werden. Hinzu kommen materielle, soziale und gesellschaftliche Schäden wie das Untergraben der moralischen Grundlagen der Gesellschaft, die Herstellung eines »moralischen Vakuums«, in dem es keine Maßstäbe der Moral und Einordnung mehr gibt, das Gegeneinander-Ausspielen verschiedener Akteure, die Zerstörung von Vertrauen oder Täuschungen.

Während wir es bis hierher mit auf die oben eingebrachten ethischen Standards bezogenen Fragen (und Unterfragen) zu tun haben, lassen sich zur Vertiefung der ethischen Befragung spezifischer Manipulationen noch weitere Fragen hinzuziehen, die ergänzend einige Aspekte der obigen aufgreifen und erweitern:

(d) Wird die Manipulation transparent gehandhabt?

i. Warum sollte die Manipulation (mit dem Wissen, dass sie auch ohne Geheimhaltung wirkt) geheim bleiben?

ii. Gibt es jemanden, der die Manipulation stoppen könnte, wenn sie in eine negative Richtung zu kippen droht (Whistleblower, Aufsichtspersonen, eine unabhängige Presse oder ähnliches)?

Wie wir gesehen haben, braucht die Manipulation nicht unbedingt geheim zu bleiben, um zu wirken. Warum sollte sie dann nicht grundsätzlich transparent sein? Ein offener Umgang im Sinne einer beispielsweise vorher gemachten Ankündigung böte verschiedene Potentiale, um die Manipulation zu legitimieren. So stünde die Transparenz nicht nur im Einklang mit Bedürfnissen innerhalb verschiedener Beziehungen, sondern würde auch die Möglichkeit bieten, Kontrollen einzubauen, die Whistleblowern, Aufsichtspersonen, einer unabhängigen Presse oder der Bevölkerung selbst die Möglichkeit geben würden, bei illegitimen Manipulationen Alarm zu schlagen. Damit ließe sich auch ein als Fundament jeglicher Beziehung geltendes Vertrauen ermöglichen und stabilisieren, bei dem es mit Niklas Luhmann auch darum geht, Komplexität zu reduzieren. Normalerweise müsste man dann nicht ständig darauf achten, ob man manipuliert wird oder nicht.[94] Außerdem lassen

94 Vgl. zum Thema Vertrauen als notwendiger Mechanismus in Beziehungen: Niklas Luhmann, *Vertrauen. Ein Mechanismus zur Reduktion sozialer Komplexität*,

sich kommunikative Diskrepanzen, die als ein Grund für Vertrauensverlust zu verstehen sind, durch Transparenz vermeiden.[95]

(e) Hat die Manipulation keine Langzeitfolgen für die Gesellschaft?
i. Wird oder wurde die Manipulation weder oft noch beständig eingesetzt?
ii. Sind noch keine charakterlichen Änderungen bei der Bevölkerung wahrnehmbar?

Diese Fragen reagieren vor allem auf die Befürchtungen, die in (a) und (b) schon auf den Einzelnen bezogen wurden. Die Manipulation darf nicht gehäuft und ständig in vielen verschiedenen Bereichen auftreten. Häufungen lassen vermuten, dass die Effekte langfristiger und einschneidender wären; sie sind daher zu vermeiden.

Nach dem Hinterfragen aller Faktoren von (a) bis (e) lässt sich nun ein Resümee ziehen. All diese Fragen müssen positiv beantwortet werden, bevor eine Manipulation legitim ist – das gilt im Privaten wie auch in Bezug auf berufliche, wirtschaftliche oder politische Räume.

Wie sich gezeigt hat, ist es manchmal durchaus legitim, die Manipulation als Mittel zu einem Zweck einzusetzen. Vielleicht lässt sich sogar sagen, dass die Manipulation fähig ist, ein wünschenswertes Handeln mit geringeren Kosten und einer weniger starken Einschränkung der Freiheit hervorzurufen, als es bei anderen Mitteln der Fall wäre. Die Gefahren bleiben aber bestehen, und es ist schwierig, Manipulationen immer auf die Schliche zu kommen. Daher müssen Respekt und seine Konsequenzen zur Gestaltung einer legitimen Manipulation immer regulierend berücksichtigt werden. Die Anwendung solcher Standards bleibt natürlich eine

Stuttgart 1973, hier S. 1-4. Vertrauen wird dort als eine Art Vorleistung verstanden, die immer erneute Bestätigung benötigt, freiwillig jemandem entgegengebracht wird und so eine »supererogatorische Leistung« ist (S. 46), die aber das Handlungspotential von Akteuren trotz unsicherer Prämissen immens erweitert. Das Gegenteil von Vertrauen ist bekanntlich das Misstrauen (S. 78). Luhmann unterschätzt allerdings die Rolle der Erfahrung, wie auch Günter Bentele anmerkt – dessen Text sich zur Einführung in die Vertrauensthematik ebenfalls eignet: »Öffentliches Vertrauen – normative und soziale Grundlage für Public Relations«, in: Ralf Spiller, Hans Scheurer (Hg.), *Grundlagentexte Public Relations*, Konstanz 2014, S. 300-331.

95 Vgl. Bentele, »Öffentliches Vertrauen«, S. 318 f.

komplexe Sache, daher ist die Beurteilung einer Manipulation nie einfach. Was wir nun dennoch gewonnen haben, ist eine maßgebliche Orientierung für unser ethisches Urteil bezüglich der Manipulation. Um zu überprüfen, wie viel Orientierung wir konkret erlangen, sollen im kommenden Kapitel abschließend vier Beispiele von Manipulationen genauer betrachtet werden.

4. Fallbeurteilungen: Die Manipulation und ausgewählte Anwendungen

> The choice for mankind lies between freedom and happiness and for the great bulk of mankind, happiness is better.
> George Orwell, *1984*

In der Betrachtung von beispielhaften Anwendungsfällen können nun alle Bausteine der bisherigen Arbeit zusammenkommen: das in Kapitel 1 etablierte Verständnis der Manipulation, das in Kapitel 2 etablierte Verständnis vom Menschen und den Routen der manipulativen Beeinflussung sowie die in Kapitel 3 grundgelegte Ethik. An erster Stelle steht also die Identifikation der Manipulation, sodann folgt eine Aufschlüsselung der psychologischen Mittel. Im Anschluss daran können schließlich die etablierten ethischen Standards angelegt werden, und es kann somit entweder die Legitimität der Manipulation festgestellt oder deren Illegitimität bemängelt werden.

Wir erinnern uns: Die Manipulation ist als eine Form der Einflussnahme zu verstehen, die sich durch besondere Eigenschaften auszeichnet. (1) führt sie den Manipulierten zu einer Entscheidung, die ihm als freie Wahl erscheint, (2) geschieht dies ohne Zwang oder Drohungen (die gewissermaßen Entscheidungseinbahnstraßen bedingen würden) und (3) wird eine aktive Veränderung der Anziehungskraft bestimmter Zwecke oder eines Handlungskontextes modelliert, so dass diese Zwecke in einem affektiven Sinne angenehmer/unangenehmer erscheinen und womit die Wahrscheinlichkeit ihrer Wahl und einer entsprechenden Handlung erhöht/gesenkt wird. In diesem Zusammenhang haben wir in Kapitel 1 festgestellt, dass die Manipulation (a) sowohl die Rationalität involvieren kann und sie durchaus nicht notwendig unterminieren, (b) nicht notwendig täuschend oder verschleiernd stattfinden und (c) auch nicht notwendig zu einem negativen Zweck genutzt werden muss. Ihr spezifischer Mechanismus ließ sich als die Erhöhung oder Verminderung der affektiv angebundenen Anziehungskraft eines Zwecks beschreiben. Ein Zweck wird im Kontext der Manipulation vom Manipulierten also nicht um seiner selbst willen oder aus Nützlichkeit gewählt/nicht gewählt, sondern da er attraktiver/unattraktiver erscheint. So viel noch einmal zusammenfassend zum handlungstheoretischen Modell der Manipulation.

Psychologisch ging es bei der Manipulation dann um zunächst kurzfristig, situativ angelegte und langfristige Manipulationen, die mit unseren affektiven Dispositionen arbeiten, die oft unbewusst vorhanden sind. Hierdurch wird primär die unterschiedliche Wirkmächtigkeit der Manipulation markiert, auch wenn ein dauernder und wiederholter Einsatz kurzfristiger und situativer Manipulation durchaus auch eine langfristige Wirkung entfalten kann – klare Trennungen sind hier nicht immer möglich, was an der Beweglichkeit und Dynamik psychischer Vorgänge liegt. Auch wurde deutlich, dass Manipulation als ein Stimulus innerhalb einer Kommunikationssituation verstanden werden kann, der dann, nach dem Durchlaufen bestimmter interner und externer Faktoren, zu einer Wirkung führen kann. Seltenheit, Neigungen, kreierte Verbindlichkeiten und ein unserem narrativen Selbstverständnis zugrundeliegendes Konsistenzbedürfnis, soziale Bewährtheit, Reziprozität und vor allem auch Autorität sind die wesentlichen instrumentalisierbaren Handlungsdispositionen, die mittels ihrer Rückbindung an affektive Regungen als Schmiermittel des Motors der Manipulation genutzt werden können. Des Weiteren sind bestimmte Aspekte wie Musik, Farben, Düfte oder Bewegungen für das Triggern bestimmter Affekte und Automatismen und somit auch für die Manipulation geeignet. Zu den wohl wirkmächtigsten Mitteln der Manipulation gehören aber Symbole, die wir nicht nur interpersonal gebrauchen, also etwa in Beziehungen mit engen Freunden, sondern die sich auch im Rahmen unpersönlicher gestalteter Beeinflussung eignen, wenn also die Beziehung nicht so sehr von einem spezifischen Kennen des anderen geprägt ist – wie die Beziehung zwischen Bürgern und Staat. Für eine effiziente Manipulation stehen in diesem Zusammenhang die Gestaltung der verwendeten Symbole, ihre Wirkung im Einzelnen und die Konsequenzen im Fokus. Walter Lippmann formulierte das vor allem hier, aber auch in interpersonalen Beziehungen vorkommende ethische Misstrauen in prägnanten Worten: »Viele Aspekte unserer Unterwerfung unter Symbole sind nicht schmeichelhaft, vor allem dann, wenn wir uns selbst als realistische, unabhängige, und selbstverwaltende Persönlichkeiten denken.«[1] Verbunden mit unserem Selbstverständnis als *animal rationale* erscheinen Symbole so oft als bedrohende manipulative Mittel innerhalb einer von Machtbziehungen geprägten Situation. Dennoch stellt Lippmann fest: »Es ist falsch zu schließen, dass Symbole deshalb gänzlich Werkzeuge des Teufels seien.«[2] Negative Beispiele für die Manipulation kennen wir zur Genüge, nicht nur aus der Politik, sondern auch aus dem Privatleben. Der im Laufe dieses Buches immer wieder erwähnte Jago aus Shakespeares *Othello* steht wie kaum ein anderer dafür, manipulativ zu agieren – und das, so viel wurde schon festgestellt, nicht in einem legitimen Sinne. Seine Manipulation Roderigos haben wir bereits betrachtet; zusätzlich soll uns Jagos manipulativer Umgang mit Othello hier als Beispiel einer negativen Manipulation gelten. Der ebenfalls bereits zu Beginn erwähnte Roman *1984* bietet ebenfalls geradezu abstoßende Manipulationsszenarien auf einer großen, politischen Skala und zeigt einmal mehr die Einsatzmöglichkeiten und Wirkungen von Symbolen im Rahmen der Manipulation. Im Kontrast dazu sollen kurz ein Beispiel aus Shakespeares *Viel Lärm um nichts* und zwei manipulativ durchgesetzte Policies von Friedrich dem Großen bzw. Antoine Augustin Parmentier in Frankreich betrachtet werden, um zu zeigen, inwiefern Manipulation auch als ethisch unproblematisch gelten kann.

Ich habe größtenteils literarische Beispiele gewählt, weil sie uns eher die Möglichkeit geben, den Akt der Manipulation mit all seinen Mechanismen und Wirkungen nachzuvollziehen, als etwa Beispiele aus der Presse, die uns oft wenig Einsichten in die Köpfe der Akteure, in die Hintergründe bestimmender Strategien und die Einzelheiten des Aktes der Manipulation selbst geben können. Literatur gilt mir als Experimentallabor und Schaubühne des menschlichen Handelns und wirklichen Lebens. Sie ermöglicht gewissermaßen imaginative Übungen, in denen wir die Prozesse und Ergebnisse bestimmter Umstände explorieren und die Dinge, die sich nicht direkt beobachten lassen (wie das menschliche Handeln in seinen vielen Facetten), herausschälen können. Sie ist also ein ausgedehntes Gedankenexperiment, in dem eine Selektion und ein Arrangement der Umstände stattfindet, damit bestimmte Aspekte, Muster und Verbindungen oder Brüche und Irregularitä-

1 Lippmann, *Public Opinion*, S. 193. Meine Übersetzung.

2 Ebd., S. 193. Meine Übersetzung.

ten des menschlichen Seins und Handelns sichtbar werden können. So lassen sich nicht Beweise, aber Indizien (»evidence«) für bestimmte Hypothesen sammeln, wenngleich diese damit nicht vollständig bewiesen (»proof«) werden können (im Englischen wird bei »evidence« deutlich, dass es noch Raum für Spekulation gibt, wir es also mit »weichen« Beweisen oder Belegen zu tun haben, wohingegen »proof« ein »harter« Beweis ist).[3] Literatur dient uns hier also auch als Annäherungsinstrument (und zusätzliches Vehikel neben empirischen Erkenntnissen), als Ermöglichung von »Gedankenerfahrungen«.[4] Literarische Ausführungen, die eine Manipulation im hier verstandenen Sinne beschreiben, bieten uns also die Möglichkeiten, das menschliche Denken, Fühlen und Handeln rational zu verstehen und empathisch nachzuvollziehen.

Rückkehr zu *Othello* und *1984* als Protoanalysen illegitimer Manipulationen

»Mehr Eifersucht, als Vernunft kurieren kann«: Die Manipulation Othellos durch Jago in Shakespeares *Othello*

Schauen wir also zunächst auf die Manipulation von Othello, dem Namensgeber von Shakespeares Stück, durch seinen Fähnrich Jago. Dieser ist ein Virtuose auf der Klaviatur der mit Liebe und Vertrauen verbundenen Affekte. Er weiß nicht nur ein Verlangen zu schüren und Träumereien zu initiieren, auch die negativen Seiten einer Liebesbeziehung, insbesondere die Eifersucht und Sorge weiß er – unter Einbezug der individuellen Erfahrungen und Gewohnheiten und mit dem allgemeinen Wissen um die Wirkung von Affekten und Automatismen – situativ und auf bestimmte soziale Kontexte bezogen auszunutzen. Diesem Know-how wird auch Othello zum Opfer fallen, der nicht nur tendenziell eifersüchtig und besorgt ist, sondern auch einen Hang zur Aggression in sich trägt. Sein nicht

3 Vgl. hierzu Catherine Z. Elgin, »The laboratory of the mind«, in: John Gibson, Wolfgang Huemer, Luca Pocci, *A Sense of the World. Essays on fiction, narrative, and knowledge*, New York, London 2007, S. 43-54, hier S. 44, 48 f.

4 Ernst Mach, »Über Gedankenexperimente«, in: ders., *Erkenntnis und Irrtum*, Leipzig 1905, S. 183-200, hier S. 183.

ganz akkurates Selbstbild möchte er zum Teil noch im Angesicht des Todes aufrechterhalten: »Sprechen Sie von einem,/ Der nicht sehr klug geliebt hat, doch zu sehr;/ Der nicht leicht eifersüchtig war, doch – aufgebracht –/ Aufs Äußerste verwirrt war«.[5] Damit ist das psychische Profil Othellos umrahmt, das Jago sich zunutze machen wird, der seinen Vorgesetzten sehr gut kennt, von diesem gemocht wird (»Er schätzt mich sehr;/ So mehr wird bei ihm wirken, was ich plane«[6]) und weiß, dass dieser »sehr wetterwendisch in [seinen] Neigungen«[7] ist. Er hat dafür nun mehrere Motive. Zunächst wäre da die Beförderung, die Cassio an Jagos statt bekam. Roderigo gesteht er seinen Gram darüber und lässt bereits auf der ersten Seite des Stückes seinen Plan durchblitzen, indem er Cassio beschreibt:

Und nämlich wen? / [...] Ein Kerl, dem mal ein Weib zum Schicksal wird, / der kein Schwadrönchen je befehligt hat / Im Feld, noch von Schlachtordnungen mehr weiß als / Ein Küchenweib, nichts kennt als Büchertheorie / [...] doch der, der wurd ernannt, / Und ich, der ihm vor Augen Mut bewies, / [...] muß die Segel streichen [...] / [Deshalb nun] dien [ich] ihm, um mich seiner zu bedienen.[8]

Zusätzlich findet sich ein noch stärkeres Motiv, nämlich die Vermutung, dass Othello eine Affäre mit Jagos Frau Emilia hat. In diesem Zusammenhang wird Jago in seiner Absicht mehr als deutlich:

Ich haß den Schwarzen; / Und mancher sagt, er hätt in meinem Ehbett / Mein Amt versehn. Ob's wahr ist, weiß ich nicht; / Doch schon auf bloßen Argwohn hin will ich / So tun, als wär's gewiß.[9]

So beginnt Jago, Othello, der sich »läßt so leicht [...] an der Nase führn/ Wie ein Esel nur«, »einen Floh ins Ohr [zu] tun«.[10] Schon früh wird also klar, dass Jago von hasserfüllter Rache getrieben ist. Dazu kommt, dass Jago jemand ist, der nicht nur zwei ›weltliche‹ Motive für seine Manipulation hat, sondern das Böse regelrecht zu verehren scheint. Ihm dienen Othellos Eifersucht, sein erschüttertes Vertrauen in Desdemona und seine leicht erregbare Natur

5 Shakespeare, *Othello*, S. 267, 269.
6 Ebd., S. 57.
7 Ebd., S. 55.
8 Ebd., S. 9, 11.
9 Ebd., S. 57.
10 Ebd.

als Jonglierbälle – für Jago ist der Umgang mit Othello ein Spiel zum Vergnügen. Das mag uns an Elias erinnern, der meint, dass machtbalancierte Beziehungsverhältnisse äquivalent zu Spielen seien: »Verbünden wir uns zur Rache an ihm. Wenn du ihm Hörner aufsetzen kannst, dann bereitest du dir ein Vergnügen und mir einen Spaß.«[11] So nimmt die Manipulation ihren Lauf.

Jago platziert sich zunächst als der loyale Vertraute. Er berät Othello, als Brabantio ihn wegen der Ehe zu Desdemona anspricht, und biegt einige Fakten zu seinen Gunsten zurecht (so zum Beispiel, dass Roderigo bei Brabantio schlecht über Othello gesprochen habe[12]). Nachdem er das Vertrauen Othellos gewonnen hat, kann Jago sodann richtig mit der Manipulation beginnen und plant, »den Schwarzen/ Zumindest mehr in Eifersucht zu versetze[n],/ Als je Vernunft kuriern kann«.[13] Dazu verunsichert er Othello massiv, indem er erstens auf dessen Schwächen (Cassio sei ja nun sehr hübsch, viel jünger – und auch von weißer Hautfarbe) sowie zweitens auf ein Taschentuch Desdemonas (Othellos erstes Geschenk an sie!) in Cassios Besitz hinweist, worauf Othello rasend eifersüchtig wird und das Vertrauen in seine Frau verliert. Er ist massiv verletzt und aufgebracht: »O Blut, Blut, Blut!/ […] [Auf dass] eine allumfassend große Rache/ Sie allesamt verschlingt./ […] Verreck die geile Hur, verreck, verreck sie!«,[14] schreit er. Diesen Moment nutzt Jago, um erneut seine Loyalität zu bekunden. Dass Jago nun unter Ausnutzung der sozialen Konstellationen, Erfahrungen und Dispositionen der situative Initiator all der Unsicherheiten und negativen Affekte ist, wird von Othello nicht nachvollzogen, weshalb er sich in seinem Handeln frei und selbstgeleitet fühlt. Jagos Plan, Cassio in Ungnade fallen zu lassen und Othello gleichzeitig zu bestrafen, geht vollkommen auf, weil Othello nur noch Jago als vertrauenswürdig empfindet. Ein Nebeneffekt, der Jagos Rachegelüste befriedigt, ist dabei der Schmerz, den Othello angesichts der vermeintlichen Untreue Desdemonas erfährt, und die Enttäuschung, die er wegen Cassios Fehlverhalten zu ertragen hat, den er doch für einen lieben Freund hielt. Jago offenbart dabei so-

11 Ebd., S. 55.
12 Ebd., S. 23 f.
13 Ebd., S. 81.
14 Ebd., S. 151, 153.

gar psychopathische Züge, da er keine Schuld zu verspüren vermag; die Bedürfnisse der anderen sind ihm schlichtweg gleichgültig.

Gemäß dem *Pleasurable-Ends-Modell* lassen sich Jagos Manipulationen wie folgt charakterisieren: Jago steuert Othello (1) ganz gezielt. Dies geschieht (2) ohne Zwang und auch ohne Androhungen von Gewalt. Othello bekommt nicht das Gefühl, gelenkt zu sein, sondern glaubt, weiter freie Entscheidungen zu treffen; auch das Kriterium (3) ist erfüllt, da die angestrebten Objekte oder Zwecke (die allerdings allein Jagos Zwecke sind) für Othello attraktiver bzw. unattraktiver gemacht werden. Cassio wird für ihn als Untergebener und Freund unattraktiv gemacht, zugleich erscheint Jago ihm in diesen Hinsichten attraktiver. Dabei nutzt Jago unverfroren Täuschungen, gestaltet zu seinen eigenen Gunsten und instrumentalisiert zur Induktion negativer Affekte auch die Rationalität seiner Zielperson Othello.

Psychologisch gesprochen, ist diese Manipulation zunächst kurzfristig und situativ angelegt und hat das Ziel einer unmittelbaren Denk-, Gefühls- und Handlungsänderung mit den damit verbundenen unmittelbaren Konsequenzen (eine langfristig-dispositionale Manipulation wird für Jago nie wirklich relevant). Dazu bedient sich Jago der einer Beziehung oft inhärenten Angst vor der Untreue des Partners, der daraus entstehenden Eifersucht, der gefährdeten sozialen Stellung Othellos (Desdemonas Untreue könnte auch seine militärische Autorität untergraben) und insbesondere des mächtigen Bedürfnisses nach Konsistenz. Vor allem das Konsistenzbedürfnis entlang eines Selbstbildes von Othello und im Narrativ seines Lebens in Verbindung mit den Menschen um ihn herum wird so mehrfach instrumentalisiert. Othello traut Jago, bittet ihn um die ungeschönte Wahrheit, ja, er verbrüdert sich sogar mit ihm in der Situation des höchsten Vertrauensbruches und hält dessen Einwände so nicht für Täuschungsversuche. Vor diesem Hintergrund ist es für Othello kohärent und konsistent, Jago Glauben zu schenken, zumal er nicht erkennt, dass sein Vertrauen in Desdemona stetig von diesem untergraben wird (insbesondere durch die Aktivierung von Othellos Unsicherheiten). So wird eine Verschiebung der Machtbalance zugunsten Jagos deutlich, der so zunehmend Einfluss (mit Elias: Spielstärke) gewinnt und die Manipulation unbemerkt als Machtmittel einzusetzen vermag. Jago ist fähig, den Blick Othellos auf die Welt zu modifizieren und ihn sozusagen mit einer »neuen« Konsistenz zu versorgen. Indem er das Geschehen aktiv leitet (zum Beispiel indem er den zuvor unbescholtenen Cassio durch seine Trunkenheit und den Kampf mit Roderigo verdächtig macht), schafft er für Othello immer wieder Eindrücke, die zunächst massive Dissonanzen auslösen. In solchen Momenten ist Jago dann zur Stelle und deutet Othello das Geschehen in seinem Sinne. Dies gilt auch in Bezug auf Desdemona. Jago instrumentalisiert Othellos Zweifel hinsichtlich ihrer Treue und bestätigt diese einfach durch ein bildhaftes Arrangement ihrer Untreue. So ruft er bei Othello also negative Affekte hervor. Als Othello schließlich Beweise verlangt, fingiert Jago diese. Um der Dissonanz zu entgehen, versucht Othello, wieder eine kohärente und konsistente Sicht der Dinge und mit deren Hilfe vielleicht auch eine ebensolche Affektlage herzustellen, und zwar indem er Cassio absetzt, Desdemona mit den Vorwürfen konfrontiert und sie schließlich erdrosselt – als Opfer einer dramatisch fehlgeleiteten Narration von Vertrauen, Integrität, Romantik, Verzweiflung und Ehre. Der visuelle Reiz des Taschentuchs ist dabei genug, um Othello in diese von Jago intendierte Richtung zu leiten. Das Stückchen Stoff wird zum Symbol, das in sich alle notwendigen Schlüsselreize und Bilder zur Erregung der Affekte Othellos vereint: ein intimes Accessoire der geliebten Desdemona, das sich nun plötzlich nicht in ihren, sondern in Cassios Händen findet.

Wenden wir die ethische Perspektive auf Jagos Plot an, wird schnell klar: Othello wird Opfer einer verschleierten, in höchstem Maße täuschenden und vorsätzlich von bösartigen Zwecken bestimmten Manipulation. Diese drängt ihn mittels seiner affektiven Dispositionen unter Ausnutzung seiner Schwächen zu drastischen Maßnahmen – an denen der Manipulator auch noch bestialischen Spaß hat. Ziehen wir nun den oben etablierten ethischen Fragekatalog hinzu.

(a) Jago nutzt eigentlich ausschließlich charakterlich fragwürdige Eigenschaften Othellos völlig resepktlos aus, indem er diesen bewusst verunsichert, eifersüchtig, rachsüchtig und aggressiv macht – allesamt Affekte, die Negatives mit der Zielperson der Manipulation anstellen, also schon für sich alleine unangenehm sind, ganz abgesehen von ihren oft problematischen Folgen. Gerade diese sind dann auch bei Othello zu antizipieren, der durch die massive Erschütterung nicht nur zweier Vertrauensverhältnisse zu ihm nahestehenden Menschen, sondern auch durch die schiere Schwierigkeit, noch zu erkennen, was wahr und was falsch ist, dauerhaft verunsichert wird. Dazu kommt, dass die Selbstwahrnehmung und die psychische Ökologie Othellos massiv gestört werden, schließlich kann er gute und fingierte Gründe nicht nur nicht mehr rational auseinanderhalten, er kann auch seine Eifersucht, die ihn zu allem Überfluss auch noch psychisch vollkommen aus dem Gleichgewicht bringt, nicht als unbegründet wahrnehmen und seine verschiedenen, von der mehrgliedrigen Manipulation geleiteten Handlungen nicht als fehlerhaft erkennen. Als die Situation aufgelöst wird und Othello sich als fehlgeleitet identifizieren kann, ist es längst zu spät.

(b) Durch die Induktion der zum Teil stark negativen Affekte bleibt die Freiheit der Wahl nur schwerlich erhalten. Durch ihren schieren Sog wird Othellos Beurteilungsvermögen vollkommen ausgehebelt – wie von Jago intendiert. Andere Entscheidungswege abseits der negativen Affekte werden so vollkommen verbaut, und der Effekt der Manipulation ist an der Grenze zum Zwang.

(c) Die von Jago verfolgten Zwecke sind illegitim und für den Manipulierten massiv verletzend – in jeder Hinsicht, schließlich werden die erregten (negativen) Affekte nicht nur von falschen Gründen geleitet, sondern es wird sogar das Zerstören von fremdem und eigenem Leben willentlich in Kauf genommen. Dieses Ziel kann ein Mittel nur schwerlich rechtfertigen, zumal der intrinsische Wert des Ziels in keinster Weise den des Mittels überwiegt. Sowohl kurzfristige als auch langfristige negative Folgen werden von Jago akzeptiert, ja sogar intendiert und die Bedürfnisse oder Erwartungen der Beteiligten mit Füßen getreten. Jago nimmt die Perspektive des anderen nur ein, um nachvollziehen zu können, wie dieser wohl handeln wird, und um den größtmöglichen Schaden anzurichten, indem er dessen Schwächen und Befürchtungen ausnutzt. Man könnte sogar behaupten, dass Jago gezielt versucht, Othellos Empathiefähigkeit und damit seine Fähigkeit zu respektvollem Verhalten zu unterminieren, indem er ihn mit negativen Affekten flutet, die Othello zum verletzten Egomanen werden lassen – eine irgendwie geartete respektvolle Beziehung ist gar nicht auszumachen; Jagos vielfach zur Schau gestellter Respekt ist bloßer Schein.

(d) Jago täuscht bewusst, und er verschleiert seine Pläne– schließlich würde sein Plan sonst gerade durch die negativen involvierten Affekte, die falschen Tatsachen und die fatalen Folgen aller Wahrscheinlichkeit nach auffliegen und gestoppt werden. An Transparenz kann Jago also mitnichten interessiert sein. Da er dabei sehr geschickt vorgeht, gibt es auch keine offensichtliche Möglichkeit, einzugreifen und das Unheil noch zu stoppen.

(e) Die Manipulation wird beständig und vielschichtig als Machtmittel eingesetzt. Ob Jago bereits in der Vergangenheit zu diesem Mittel griff, bleibt offen, aber die situative Häufung ist augenfällig. Die negativen charakterlichen Veränderungen, die sich dabei vollziehen, sowie die immensen Folgen für die psychische Ökologie der Betroffenen sind für Jago niemals ein Grund, seinen Plan aufzugeben, sondern vielmehr elementarer Teil dieses Plans. Jago agiert also auch hier maximal respektlos.

Gemäß dem ethischen Fragenkatalog muss die Beurteilung der Legitimität der von Jago genutzten Form der Manipulation insgesamt also eindeutig negativ ausfallen.

»Menschliche Tonspuren«: Der Manipulationsstaat in Orwells *1984*

Während wir es bei Jago und Othello mit einer unmittelbaren interpersonalen Beziehung zu tun haben, lassen sich auch allgemeinere Beziehungsverhältnisse im Zusammenhang mit der Manipulation betrachten. Hier lässt sich zunächst immer an Werbung oder die Gestaltung von Orten, die uns zum Beispiel zum Kaufen animieren sollen, denken. Aber auch der Staat kann gegenüber seinen Bürgern Policystrategien anwenden, manipulative Mechanismen einsetzen. Wir erinnern uns: Policies haben die Umsetzung einer Vision der Regierung zum Ziel, die mittels Kampagnen, Programmen und anderen Aktivitäten geschieht und eine Änderung des öffentlichen Willens mit sich bringen kann. Der öffentliche Wille muss dafür auf mehrfache Weise beeinflusst werden (wie auch Jago seine Opfer beeinflusst). Eine Regierung muss die Beeinflussungsmöglichkeiten und psychologischen Ansatzpunkte kennen, mittels derer die Bevölkerung effizient angesprochen werden kann. Von den psychologischen Faktoren, die auch interpersonal ihre Wirkung entfalten, sind hier in erster Linie solche relevant, die eine große Wirkung innerhalb des Kontextes von sozialer Bewährtheit, Konsistenz, Autorität oder Reziprozität haben können. Ein effizientes Mittel dafür sind wiederum Symbole, die vielen verschiedenen individuellen Vorstellungen eine Anschlussmöglichkeit bieten.

Das bereits erwähnte *1984* bietet eine Fülle von Beispielen einer effizienten Manipulation der Bürger zur Durchsetzung politischer Zwecke. Sie haben an zahlreiche psychologische Erkenntnisse anschließende Mechanismen zur Grundlage und nutzen sie auf – gelinde gesagt – unethische Weise. So wird in Orwells Dystopie der Respekt regelrecht abgeschafft, indem nicht nur beständig Furcht induziert, sondern jeder Einzelne mit Schuld belastet und seines Denk- und Empathievermögens beraubt wird. Der Protagonist Winston Smith fühlt sich beispielsweise schon schuldig, wenn er Bücher kauft (»Er hatte es schuldbewußt in seiner Aktentasche nach Hause getragen«[15]), in sein Tagebuch schreibt (»Er lehnte sich leicht beschämt in seinen Stuhl zurück und legte den Federhalter hin«[16]) oder an sexuelle Handlungen denkt.[17] Was diesem Denken und Fühlen vorweg geht, ist eine massenhafte und vielgliedrig gestaltete staatliche Beeinflussungsstrategie, deren Zweck es ist, eine Flucht selbst in das eigene Denken unmöglich zu machen und allzeit manipulierbare Bürger hervorzubringen. Damit ist eine immerwährende Policy der Regierung in *1984* bezeichnet. Während wir über die Anfänge dieser Strategie im Roman nur wenig erfahren, lassen sich zahlreiche Manipulationen zumindest beschreiben – wobei man diese sorgfältig auseinanderhalten muss.

Von Manipulation lässt sich innerhalb von *1984* insofern sprechen, als der Staat gemäß Bedingung (1) eine klare Agenda verfolgt, nämlich seine Bürger gezielt zu lenken und ruhigzustellen. Dies geschieht zwar auch durch Gewalt und Zwang, aber nicht nur, weshalb zum Teil auch die Bedingung (2) der Manipulation als erfüllt gesehen werden kann. Die meisten Bürger realisieren nicht, dass sie

15 Orwell, *1984*, S. 13.
16 Ebd., S. 27.
17 Vgl. ebd., S. 23.

gelenkt werden. In diesem Sinne also bedient sich der Staat subtiler Mechanismen, die wir als manipulativ bezeichnet haben. Indem das mittels der Ansteuerung der affektiven Ebene der Zielpersonen geschieht, wird auch die Bedingung (3) der Manipulation erfüllt, denn nicht nur wird es unattraktiv gemacht, nicht zu gehorchen (hauptsächlich durch die Induktion von Furcht und Misstrauen, was dazu führt, dass man nur noch dem Staat, nicht aber den Mitmenschen trauen kann), sondern es wird zudem auch angenehm und somit attraktiv gemacht, dem Staatsführer, dem »Großen Bruder« zugeneigt zu sein und der Partei zu dienen.

Die dafür verwendeten Mittel sind dann vielfältig, sie reichen von kurzfristig und situativ verwendeten Mechanismen bis zu langfristig-dispositional angelegten Manipulationen. Autorität, Reziprozität, soziale Bewährtheit und ein Bedürfnis nach Konsistenz spielen innerhalb der »Staatsnarration« vor allem für die langfristig-dispositionalen Veränderungen eine wesentliche Rolle. Gleich zu Beginn des Textes macht der berühmte Slogan »DER GROSSE BRUDER SIEHT DICH«[18] die affektive Seite der Beeinflussung in genialer Zweischneidigkeit deutlich: Einerseits transportiert er etwas Angenehmes, indem er Sicherheit suggeriert, die wie von einem großen Bruder ausgeht; andererseits beinhaltet er eine dezidierte Drohung, die Sorgen heraufbeschwört und die Furcht davor, falsch gesehen zu werden, generiert bzw. aufrechterhält. Mit dem Großen Bruder wird auch direkt die Autoritätssymbolik eingeführt. Seine Wirkung als großer Bruder wird in einem positiven Sinne dadurch verstärkt, dass sein allgegenwärtiges Gesicht »kernig-ansprechende[] Züge[]« trägt.[19] Dies korrespondiert mit der Neigung, die Botschaften von gut aussehenden, sympathischen Menschen peripher zu verarbeiten und zugleich empfänglicher für solche peripheren Botschaften zu sein. Der *Big Brother* wird so nicht nur zum abstrakten Urheber manipulativer Beeinflussungen (die durch »seine« Regierung initiiert werden), sondern selbst zu einem Mittel, indem er als Symbol fungiert, das immer und überall wahrgenommen wird und die oben genannte Wirkung dauerhaft zu erzielen vermag. Doch damit nicht genug. Auch die Sprache (wegen der sich *1984* vor dem Hintergrund »alternativer Fakten« oder der »Lü-

18 Ebd., S. 7 f.
19 Ebd., S. 7.

genpresse« einer erneuerten Beliebtheit erfreut) ist ein wesentliches Mittel zur Manipulation. Dabei geht es nicht nur darum, eine neue Form der Sprache (das berühmte »Neusprech«) zu etablieren, um gezielt Inhalte in den Köpfen der Menschen zu manifestieren und so das Denken jedes Einzelnen unter Kontrolle zu bringen. Es geht darüber hinaus um die Etablierung einer »Doppeldenk« genannten Denkweise, die es durch ihren schizophrenen, paradoxe Inhalte integrierenden Charakter ermöglichen soll, jedes beliebige Handeln des Staates normal und legitim erscheinen zu lassen. Ausschließlich der Staat kontrolliert so also die Auffassung von der Realität, ohne dass die Bürger eine Möglichkeit zur Überprüfung hätten.

Im Big-Brother-Staat gibt es des Weiteren gezielt affektgeladene Rituale wie den »Zwei-Minuten-Haß«,[20] der mittels des Faktors der sozialen Bewährtheit arbeitet und durch gemeinsames Hassen des Dissidenten Goldstein ein perverses Zusammengehörigkeitsgefühl zu implementieren versucht. Wer nicht mithasst, muss mit Denunziation und anschließender Gefängnis- oder Todesstrafe rechnen. Das so gestaltete Verhältnis zwischen Staat und Bürger ist demnach über die für uns übliche Bereitstellung von Sicherheit so gestaltet, dass sich ein Gefühl der Dankbarkeit und Hörigkeit gegenüber der Partei ergeben soll (wie es auch in jüngerer Geschichte alle Diktaturen versuchten). Während die bisher beschriebenen Mechanismen die Affekte der Zielpersonen betrafen, werden natürlich auch extremste Zwangs- und Überwachungsmaßnahmen eingesetzt. Mit diesem Methodenmix hat der Big-Brother-Staat atomistische, aber willfährige, den Staat gar liebende Bürger geschaffen, die ihren Nächsten ohne Zögern denunzieren – denn Empathie für die Bedürfnisse des anderen, Respekt und Vertrauen als Grundlagen der Gesellschaft und der Zwischenmenschlichkeit gibt es nicht mehr. In diesem Sinne sagt das Parteimitglied O'Brien das Folgende zu Winston:

> Die alten Zivilisationen behaupteten, auf Liebe und Gerechtigkeit gegründet zu sein. Unsere ist auf Haß gegründet. In unserer Welt wird es keine Gefühle geben außer Angst, Wut, Triumph und Selbsterniedrigung. Alles andere werden wir zerstören – alles. Wir rotten bereits die Denkweisen aus, die noch aus der Zeit vor der Revolution überlebt haben. Wir haben die

20 Ebd., S. 16. Eine Beschreibung des Zwei-Minuten-Hasses zieht sich über die kommenden Seiten.

Bande zwischen Kind und Eltern, zwischen Mensch und Mensch, zwischen Mann und Frau durchtrennt. Keiner traut mehr einer Ehefrau, einem Kind oder einem Freund.[21]

Die Affekte, die sich innerhalb der dystopischen Gesellschaft gut zur Steuerung der Individuen eignen, sind also Angst, Wut, Selbsterniedrigung und der Hunger nach brutalen Triumphen über andere. Verantwortung gegenüber den Mitmenschen, empathisches Verhalten, Respekt – all diese für eine zivilisierte Gesellschaft elementaren Dinge sind unterminiert. Diese sind jedoch nicht nur für ein zivilisiertes Leben wichtig, sondern auch ein Motor alternativen politischen Verhaltens, das somit ebenfalls effizient untergraben wird. Winstons heimliche Geliebte Julia bringt diesen Zustand des Zusammenbruchs von Empathie und normaltypischen Beziehungsverhältnissen nach ihrer Folterung nochmals auf den Punkt:

> Man sieht keinen anderen Ausweg, um sich zu retten, und ist durchaus bereit, sich auf diese Art zu retten. Man will, daß es der andere durchmacht. Es ist einem scheißegal, wie die anderen leiden müssen. Man denkt bloß an sich selbst.[22]

Orwell schildert uns hier also die Konsequenzen der massiven staatlichen Manipulation, die empathieunfähige, gleichgeschaltete Wesen zurücklässt – alles natürlich vorgeblich zum Wohl der Manipulierten. Ergebnis (und Zweck der Manipulation): infantile Menschen, für die exemplarisch Katherine steht, Winstons Exfrau:

> Schon im Frühstadium ihrer Ehe war er zu dem Schluß gelangt – vielleicht auch nur, weil er sie gründlicher kannte, als er die meisten übrigen Menschen kannte –, daß sie das ausnahmslos dümmste, vulgärste und hohlste Geschöpf war, dem er je begegnet war. Sie dachte nur in Parolen, und es gab keinen, absolut keinen Schwachsinn, den sie nicht geschluckt hätte, wenn die Partei ihn ihr auftischte. »Die menschliche Tonspur« lautete sein heimlicher Spitzname für sie.[23]

Winston vermutet, dass wahrscheinlich fast jeder so ist wie Katherine – parteizugeneigt, im Denken und Fühlen lenkbar und leer, wie eine Kassette bespielbar. Katherine ist das Extrembeispiel, das Ergebnis einer Gesellschaft, die durch und durch manipuliert

21 Ebd., S. 320.
22 Ebd., S. 351.
23 Ebd., S. 83 f.

und kontrolliert wird und solcherart geprägte Bürger hervorbringt. Menschen wie sie sind nur noch auf Parteiweisung zu Entscheidungen fähig, empfinden positive Affekte nur noch für die Partei, können sich selbst nicht mehr in der Realität verorten und leben ansonsten mit permanenten Schuldgefühlen und Angstzuständen, ohne bei alldem ein Bewusstsein ihrer Unfreiheit zu besitzen. Alle Macht in dieser Beziehung liegt also beim Staat.[24] Insgesamt sind die Individuen als Opfer zu sehen, die perfiden, groß angelegten Strategien ausgesetzt werden, zu denen auch manipulative Mechanismen als wichtiger Baustein gehören. Schon das schiere Ausmaß der Beeinflussung, die Infantilisierung der Menschen und die damit verbundenen negativen Folgen für den Einzelnen, machen die Illegitimität der Manipulation zur Durchsetzung staatlicher Policies in diesem Beispiel offensichtlich. Ziehen wir aber erneut den ethischen Fragenkatalog heran, um noch genauer zu verstehen, welche Probleme die in *1984* geschilderten Manipulationen mit sich bringen:

(a) Die charakterliche Entwicklung sowie die psychische Ökologie sind durch die staatlichen Methoden vollkommen destabilisiert und zutiefst pathologisch. Die Manipulation dient hierfür als Mittel, indem vor allem Hass, Schuld und Furcht als Affekte getriggert werden. Das Ergebnis ist dann nicht nur eine mangelhafte Selbstwahrnehmung, sondern auch die vollkommene Zerstörung der Empathiefähigkeit, des komplexen Denken und damit auch der Unterscheidung von richtigen und falschen Gründen. Zudem entsteht ein psychologischer Masochismus, eine Form der Selbsterniedrigung, die durch beständige Schuldgefühle evoziert wird. Es wird so also ein dezidiert negatives Verhältnis zum eigenen Selbst (was logischerweise auch eine mangelnde Selbstwahrnehmung und -bestimmung zur Folge hat) wie auch zu anderen generiert.

(b) Von einer freiheitlichen Entscheidungsfähigkeit solcherart manipulierter Menschen kann man kaum noch sprechen. Affekte wer-

24 Von einer solch extremen Beziehungsform sind nur die »Proles« ausgenommen, die als einzige »keiner Partei, keinem Land, keiner Idee gegenüber loyal [waren], sie waren nur untereinander loyal. […] Die Proles waren menschlich geblieben. Sie hatten sich innerlich nicht verhärtet. Sie hatten sich die schlichten Gefühle bewahrt, die er erst wieder mühsam und bewußt erlernen mußte.« Ebd., S. 201.

den nur in negativem Sinne induziert und gepflegt, positive Affekte gelten nur der Partei. Das Manipulationsnetz ist so dicht, dass es kaum einen Ausweg gibt. Hier lässt sich also bei der Gesamtheit aller Manipulationen fast schon von Gehirnwäsche und von einer elaborierten Form des Zwanges sprechen.

(c) Der Zweck der Manipulation ist illegitim. Unbedingte Machterhaltungsbedürfnisse und Unterbindung jeglicher Machtdynamiken sind niemals Ausdruck einer gesunden Zielsetzung oder Beziehung, sondern führen bloß zu Korruption. Die Erwartungen und Bedürfnisse des Gegenübers spielen keine Rolle mehr. Die Konsequenz ist die Gleichschaltung ohne Hoffnung auf irgendeine Entfaltung außerhalb der ideologischen Linien des Big-Brother-Staates.

(d) Die Manipulation wird zwar zum Teil transparent gehandhabt, jedoch haben die Betroffenen kaum noch die Fähigkeit, zu erkennen, was passiert. Der Staat hat eine Situation geschaffen, in der es nicht einmal mehr nötig ist, subtil vorzugehen. Auch wenn die Manipulationen so theoretisch offen erkennbar sind, besteht kaum eine Möglichkeit der Aufdeckung des illegitimen Vorgehens, da den Bürgern ein politisches Handeln durch die verzerrte Realitätswahrnehmung schlicht versagt ist. Winston und ein paar andere treten zwar für einen Moment aus der platonischen Höhle, doch ihr tragisches Ende macht die Übermacht des Staates deutlich.

(e) Die Langzeiteffekte sind augenfällig. Durch die Allgegenwart, Abgeschottetheit, Häufung, Gründlichkeit (bis hin zur Schaffung einer neuen Sprache und eines neuen Denkens) und die schiere Beständigkeit der Manipulation sind die charakterlichen Änderungen und negativen Konsequenzen in Bezug auf Selbstentfaltungs-, Selbstwahrnehmungs- und Entscheidungsmöglichkeiten in aller Deutlichkeit wahrnehmbar. Die Menschen sind hier eben nur noch menschliche Tonspuren: willig, devot und beliebig bespielbar.

Der Manipulationsstaat aus *1984* tritt so also das Respektsprinzip mit Füßen, schließlich spielt es nicht nur keine Rolle in zwischenmenschlichen Beziehungen, sondern ein Zweck der Manipulationen ist sogar seine gezielte Auslöschung.

In Shakespeares *Othello* und Orwells *1984* haben wir es also mit ganz eindeutig negativen Formen der Manipulation zu tun; alle unsere Fragen (a)-(e) sind klarerweise negativ zu beantworten.

Es lassen sich allerdings auch Fälle von Manipulationen finden, die im Rahmen der oben grundgelegten Minimalmoral legitim erscheinen. Als Beispiele sollen uns hier Shakespeares *Viel Lärm um nichts* und eine Policy Friedrichs des Großen und Antoine Augustin Parmentiers dienen.

Viel Lärm um nichts und zwei Policies Friedrichs des Großen und Parmentiers als Protoanalysen legitimer Manipulation

»In Noten diskutieren«: Die Manipulation Beatrice' und Benedikts in Shakespeares *Viel Lärm um nichts*

Die Liebe und die mit ihr verbundenen Affekte dienen nicht nur als Rahmen illegitimer Manipulationen wie in *Othello*. Sie können auch den Rahmen legitimer Manipulationen bilden, in dem Liebende einander positiv und zum gegenseitigen Wohl manipulieren sowie auch den unglücklich Verliebten durch wohlwollende Nahestehende ein wenig auf die Sprünge geholfen wird.[25] Um besser zu verstehen, was damit gemeint ist, ziehen wir erneut ein Stück des Meisters der Darstellung zwischenmenschlicher Interaktionen heran. In *Viel Lärm um nichts* besteht zwischen Beatrice und Benedikt eine gewisse Chemie: »Wenn sie sich treffen, gibt's immer ein geistvolles Scharmützel.«[26] Unter dem Schutzmantel dieses stetigen Scherzens und Neckens mehren sich die Zeichen der gegenseitigen Zuneigung, die zuerst von den engen Vertrauten der beiden erkannt werden. So sagt Don Pedro in diesem Sinne: »Sie wäre die

25 Sarah Buss betont ganz richtig den Umstand, dass gerade in der Liebe eine »straightforwardness« nicht immer angemessen ist: »[...] manipulation and deception are a necessary part of most early romances – and so a necessary condition for the mutual love into which these romances evolve when things go well – [...] most early romantic love is too fragile to withstand complete straightforwardness.« (Buss, »Valuing Autonomy and Respecting Persons«, S. 221)

26 William Shakespeare, *Viel Lärm um nichts*, zweisprachige Ausgabe, deutsch von Frank Günther, München 2001, S. 11.

richtige Frau für Benedikt«,[27] und fasst einen Plan – schließlich soll den beiden »Blinden« geholfen werden:

Ich will bis dahin eine Herkulesarbeit zustande bringen, das heißt, ich will Signor Benedikt und Fräulein Beatrice bis zur Raserei ineinander verliebt machen. Ich hätte sie gerne als Paar, und die Kuppelei wird ganz sicher klappen, wenn ihr drei mich unterstützt, wie ich's euch sage.[28]

Leonato und Claudio sind sogleich Feuer und Flamme (»Ich stehe zur Verfügung, gnädiger Herr, und wenn es mich zehn schlaflose Nächte kostet«[29]), während Hero die Notwendigkeit guter Absichten anmahnt: »Wenn alles anständig zugeht, will ich meiner Kusine gern zu einem Ehemann verhelfen.«[30] Don Pedro betont die Anständigkeit der »Opfer« der Manipulation, ihre Eignung füreinander, und er nennt ihre eigene »Unfähigkeit« als Grund für die geplante Manipulation.

Der Plan besteht darin, Benedikt und Beatrice in eine positive, »liebesbereite« Stimmung zu versetzen. Dies lässt sich an unser Verständnis von Manipulation zurückbinden, die darauf angelegt ist, einen Zweck affektiv attraktiver zu machen – in diesem Fall: den anderen als geeigneten Partner in Betracht zu ziehen und dann sogar selbst aktiv zu werden. Während erst Benedikt und dann Beatrice in zwei aufeinanderfolgenden Szenen von einem Versteck aus lauschen, wenden die Manipulatoren eine Reihe von Strategien an, um den beiden eine Beziehung zum anderen schmackhaft zu machen. Als Erstes ist Benedikt dran. Während Don Pedro mit Leonato und Claudio über die (angebliche) Zuneigung Beatrice' zu Benedikt spricht, erklingt wunderbare Musik, die »in Noten« zu »diskutieren« vermag[31] und Benedikt bezaubert. Sodann wird die Besonderheit der Zuneigung herausgestellt (da alle dachten, Beatrice sei überhaupt nicht fähig, jemanden zu lieben), deren unglaubliche Stärke betont, Beatrice' Verzweiflung und Angst vor dem Eingeständnis der Liebe ausgemalt, sie gar symbolisch zu einer Märtyrerin für die Liebe stilisiert, ihre Vorzüglichkeit skizziert und Benedikt schließlich als jemand gezeichnet, der diese Liebe wohl

27 Ebd., S. 57.
28 Ebd., S. 59.
29 Ebd.
30 Ebd.
31 Ebd., S. 67.

nicht angemessen erwidern würde, obwohl er eine vortreffliche Person sei.[32] Direkt im Anschluss ist sich Claudio dann sicher, dass der Manipulationsversuch vortrefflich gelungen ist: »Wenn er jetzt nicht auf sie fliegt, mache ich nie wieder eine Vorhersage«;[33] Benedikt denkt sich noch währenddessen: »Wenns nicht der weißbärtige Kerl sagen würde, hielte ich das Ganze für einen Jux«[34] – und betont so die Wichtigkeit der Autorität des Sprechers. Die Botschaften hinterlassen also den intendierten Eindruck beim gerührten Benedikt, der dann auch noch Heros Einfluss als zusätzlicher gutmütiger Vertrauensperson herausstellt: »Das kann doch keine Intrige sein. Das Gespräch war zu ernsthaft. Hero lügt nicht. Sie haben Mitleid mit dem Fräulein. Ihre Leidenschaft scheint auf dem Siedepunkt zu sein.«[35] Dass Don Pedros Plan aufgeht, zeigt sich dann an Benedikts berühmten Worten: »[I]ch werde mich furchtbar in sie verlieben«.[36] Bei der nächsten Begegnung sieht er die bislang nur als ironisch und bissig wahrgenommene Beatrice schon mit anderen Augen: »Ich entdecke tatsächlich Anzeichen von Liebe an ihr.«[37] Hero und Ursula gehen bei Beatrice dann ähnlich vor, indem sie die Zuneigung Benedikts für Beatrice blumig ausmalen, Beatrice in ihrer Liebenswürdigkeit preisen, ihre ironische Art als Grund für die Angst Benedikts, sich ihr zu offenbaren, herausstellen, ihn in seinen vorzüglichen Qualitäten, symbolisch gewissermaßen als ehrenvollen Ritter, loben und sein Leid durch die nur im Verborgenen schwelende und vor allem unerfüllte Liebe, wie die eines Minnesängers, beteuern. So dass auch diese bald entflammt:

Was braust mir da im Ohr? Das ist die Höh! / So spricht man über meinen Stolz und mich? / Hört, Spott und Hohn und Mädchenstolz, adieu! / Auf dieses Ruhmesblatt verzichte ich! / So lieb mich, Benedikt, dann lieb ich dich, / Ich zähm das wilde Herz für deine Hand. / Und liebst du echt, verlock ich zärtlich dich, / Daß du uns zwei verknüpfst mit heilgem Band. / Man hört, du bist es wert, und ich kann schwören, / Ich wußt es schon, und besser als vom Hören![38]

32 Vgl. ebd., S. 71 f.
33 Ebd., S. 77.
34 Ebd., S. 71.
35 Ebd., S. 77.
36 Ebd., S. 79.
37 Ebd.
38 Ebd., S. 89.

Nicht nur ihr Gefühl, sondern auch ihr Bild von Benedikt hat sich verändert. Die Manipulation erwirkt also auch hier den gewünschten Effekt. Beide Figuren haben eine wesentliche Veränderung durchgemacht (so sagt zum Beispiel Benedikt: »Ich bin nicht mehr derselbe«[39]) und beginnen, ihre Handlungen zu modifizieren – mit bekanntem Ende: dem gegenseitigen Eingeständnis der Liebe und dem Beginn einer Beziehung.

Nachdem das Szenario ein wenig deutlicher geworden ist, können wir uns wieder auf die Frage besinnen, inwiefern wir es hier mit Manipulation zu tun haben. Zunächst ist zu sagen, dass für Don Pedro und seine Komplizen die Erweckung von Affekten wie der Zuneigung (und auch Mitleid) ein wesentliches Mittel zur Durchsetzung ihres Plans darstellt. Beide werden einander als begehrenswert und attraktiv dargestellt – im Prinzip verkaufen die Manipulateure ein Produkt. Wir haben es hier nicht mit Gewalt oder Zwang zu tun, sondern mit dem Versuch, Beatrice und Benedikt in die gewünschte Richtung zu »stupsen« – während beide weiter das Gefühl von Entscheidungsfreiheit behalten. Diese Freiheit, so lässt sich sagen, ist auch tatsächlich weiter vorhanden – schließlich sind die beiden füreinander nun lediglich attraktiv geworden, alles Weitere muss sich entwickeln. Der Rahmen der Manipulation ist die Erkenntnis, dass Benedikt und Beatrice gut zusammenpassen und auch hier und da bereits Zuneigung signalisiert haben.

Eine Frage, die sich vielleicht aufdrängt, ist dann: Gehen die Manipulatoren um Don Pedro dennoch im klassischen Sinne täuschend vor? Man kann sagen, dass die Verschwörer nur die schon vorhandenen Signale interpretieren und ausgestalten – ein ganz alltäglicher Vorgang. In ihrer Interpretation gehen die Manipulatoren dann nach bestem Wissen und Gewissen vor, ohne einen irgendwie gearteten negativen Zweck vertuschen zu müssen. Gemäß der Definitionsteile aus Kapitel 1 haben wir es hier also (1) mit einem Plan zu tun, der (2) ohne Zwang oder Gewalt und bei weiter erhaltenen Wahloptionen abläuft und (3) die affektive Anziehungskraft eines Zwecks der Zielpersonen ändert.

Dies geschieht auch in diesem Beispiel auf mehrfache Weise. Es wird ein neuer Zweck eingeführt (die tatsächliche Liebesbeziehung zum Gegenüber) und auch der situative Kontext entsprechend so

39 Ebd.

angepasst, dass dieser Zweck angenehm erscheint – indem Musik gespielt, Unsicherheit ausgeräumt und Zuneigung induziert wird, weswegen sich die Akteure nun auch trauen können, den anderen zu erobern. Die eingesetzten psychologischen Mittel sind dabei vielfältig. Auffällig ist, dass die Manipulation größtenteils (natürlich ganz einem Drama gemäß) über das gesprochene Wort verläuft. Hierbei werden jedoch nicht bloß Informationen übertragen, sondern durch die Stellung der Sprechenden und besondere Formulierungen mit Symbolcharakter die Affekte Benedikts und Beatrice' erregt. Einmal mehr wird hier also deutlich, dass Denken und Fühlen nicht strikt zu trennen sind. Unterstützt wird dies im Falle von Benedikt durch den schon angesprochenen peripheren Reiz der Musik, die als Grundlage für die affektiv angebundene Verarbeitung des Gesagten zu dienen scheint. Von immenser Wichtigkeit ist zudem die Autorität, die Benedikt den Sprechern zuerkennt. Auf diese Weise können schließlich andere Mechanismen für das Gelingen der Manipulation genutzt werden: Don Pedro und seine Komplizen schaffen es, in Benedikt bzw. Beatrice eine Dissonanz hervorzurufen, indem sie ihren Charakter zwar als liebenswürdig preisen, dies aber auch mit eher abschreckenden Eigenschaften kombinieren. Beide Protagonisten ändern daraufhin ihr Verhalten, um ihr Selbstbild zurechzutrücken und Konsistenz herzustellen. Außerdem wird dies auch durch die Affekte des Mitleids und der Verantwortung angeleitet, die die Manipulateure induzieren. Die Schilderung der Ängste und Verzweiflungen des anderen berühren beide Charaktere stark, so dass sie vorsichtiger und umgänglicher werden. Auch hier ist die Frage nach dem eigenen konsistenten Selbstbild wichtig und handlungsleitend, zumal auch ein Verhältnis der Reziprozität entsteht – sie hat mich gern, also werde ich mich ihr gegenüber anders verhalten und umgekehrt.

Ethisch betrachtet, ergeben sich aus dieser Art der Manipulation einige interessante Fragen. Prüfen wir die Geschichte also wieder mittels unseres Fragenkatalogs:

(a) Der Einfluss auf den Charakter und die psychische Ökologie ist bei den Manipulationen Benedikts und Beatrice' derart gestaltet, dass positive Qualitäten der Zielpersonen hervorgekehrt und mit einem positiven Zweck, von dem die beiden auch profitieren, verbunden werden. So werden die ablehnenden und ironischen

Tendenzen der beiden ein Stück weit zurückgedrängt, um wohlwollenden und empathischen Wesenszügen, die für das Gegenüber sensibilisieren, Platz zu machen. Eine Beeinflussung in Richtung auf aggressive, ängstliche oder andere problematische Regungen findet nicht statt. Die Manipulation hilft hier also dabei, Dinge ins Lot zu bringen, und stellt somit sogar einen erhöhten Respekt her. Dass die Selbstwahrnehmung nicht gestört wird, liegt auch daran, dass die Manipulation nicht beständig und dauerhaft eingesetzt wird, sondern nur eine spezifische Kommunikationssituation darstellt, die den Startpunkt für eine sich weiterentwickelnde Liebesdynamik bildet. Ein Verstehen dieser Dynamik in Zusammenhang mit der Manipulation wäre im Nachhinein dann auch relativ unproblematisch. Zudem bringt die Manipulation im Sinne des Respekts ein empathisches Hineinversetzen in den anderen mit sich. Ein langfristiger negativer Effekt auf die psychische Ökologie und den Charakter lässt sich so im Prinzip ausschließen, weil die Manipulation ein »Schubser« in eine ungefährliche Richtung ist und keine wesentliche Handlungsunfähigkeit (also beispielsweise eine Gefahr der Infantilisierung), gravierende Selbstwahrnehmungs- und -bestimmungsstörung oder die Entstehung eines negativ zu bewertenden, also ideologisch verbrämten oder respektlosen Charakters beinhaltet.

(b) Die Manipulation legt *einen* Handlungsweg nahe, schließt aber dadurch andere nicht aus. Manchmal wird die Liebe zwar so stark, dass sie suchtartige Qualitäten entfaltet und alles andere in den Hintergrund drängt. Allerdings ist es im Falle von Beatrice und Benedikt so, dass die beiden erstens nicht gerade bekannt dafür sind, zu leidenschaftlich zu sein, zweitens nicht in *irgendwen* verliebt sind, sondern in jemanden, der zu ihnen passt, und drittens für diesen Jemand auch schon zuvor ein grundsätzliches Interesse hegten. Hinzu kommt, dass dies ein Plan ist, dessen Erfolg die Manipulatoren für wahrscheinlich, aber nicht für sicher halten. Hätten sie komplett falschgelegen, was die Liebeserwartungen und -interessen der beiden betrifft, hätte die Manipulation wohl schlicht keinen Erfolg gehabt. So aber schlagen sie in eine schon vorhandene Kerbe – und das mittels positiver Affekterregungen, die gleichzeitig aber nicht so stark sind, dass sie eine bestimmte Entscheidung erzwingen (wie es der so oft bemühte Liebestrank oder die Pfeile Amors täten). Die Prinzipien der Minimalmoral bleiben also gewahrt.

(c) Der Zweck der Manipulation muss ein legitimer sein. In diesem Fall geht es um die Liebe zweier Figuren, die der »Starthilfe« bedarf. Schäden für Charakter und Entscheidungsfähigkeit oder negative soziale, gesellschaftliche und materiale Folgen lassen sich bei Gelingen der Manipulation zumindest zunächst nicht ausmachen, viel eher noch verhilft die gemeinsame Liebe vielleicht zu positiven charakterlichen Veränderungen und bringt positive soziale, gesellschaftliche und meinetwegen auch materielle Folgen mit sich, die in größerer Empathiefähigkeit, höherem gesellschaftlichen Status und gemeinsamem Wirtschaften verkörpert sein könnten. Was die Bedürfnisse innerhalb der Beziehung betrifft, nehmen die Manipulatoren an, dass der von ihnen verfolgte Zweck von den Manipulierten geteilt und ebenfalls als positiv beurteilt würde. Bei Shakespeare sorgt der mit guter Menschenkenntnis ausgestattete Don Pedro dafür; in der Realität sind oft gute Freunde dazu da, sich so um einander zu kümmern und im Rahmen eines Vertrauensverhältnisses zu helfen. Für den Fall, dass die Manipulatoren um Don Pedro falschliegen, lässt die Manipulation dann wie gesagt genug Raum dafür, dass sich entweder die Manipulierten dagegen entscheiden können oder einer der Manipulatoren das Ganze abblasen kann (beispielsweise Hero, die sich als eine Art Wächterin entpuppt). Zudem ist ein Aufschlüsseln hinterher und eine Entschuldigung zur Wiederherstellung des in Schieflage geratenen Respekts hier eine naheliegende Option.

(d) Die Manipulation wird hier nicht transparent gehandhabt, auch wenn eine Aufschlüsselung im Nachhinein wohl kein Problem darstellen würde. Sie beruht darauf, dass die Manipulateure wissen, dass ihre Opfer sie belauschen. Diese Konstellation ist hier aufgrund der zynischen Einstellung der Zielpersonen stets vonnöten – rationale Argumente beispielsweise würden vermutlich nicht zum Erfolg führen, sondern nur ironische Reaktionen von Beatrice und Benedikt provozieren. Gerade deshalb werden ja die Symbolik der Märtyrerin für die Liebe und die des ehrenhaften Ritters als Mittel eingesetzt – nämlich um die beiden ein Stück weit von ihrer Rationalität zu entfernen und ihre Fantasie anzuregen, ihre

Affekte anzuschüren. Würde dies in einer bösartigen Weise geschehen, könnte einer der »Täter« die Situation aufklären – sozusagen als Whistleblower dienen, der die Interessen der Manipulierten schützt.

(e) Die hier eventuell möglichen Langzeiteffekte wären positiver Art. Die eingesetzte Manipulation ist einmalig, hat, soweit wir wissen, in der Vergangenheit keine Rolle gespielt, und es ist auch nicht zu vermuten, dass sie zur dauerhaften Option mutieren könnte.

Nach dem Hinterfragen der charakterlichen Beeinflussung, der Möglichkeit einer rationalen Handlungsleitung, der Gutartigkeit der Zwecke, der Frequenz und der Langzeiteffekte lässt sich abschließend feststellen, dass keine illegitime Manipulation auszumachen ist. Das Prinzip des Respekts wird berücksichtigt.

»Man bestahl ihn; dieß freute ihn außerordentlich«: Die manipulative Durchsetzung zweier Ernährungspolicies durch Friedrich den Großen und Parmentier

Während die Umsetzung von Policies, die als gutartig gelten könnten, Literaten gemeinhin wohl als zu langweiliger Beschreibungsgegenstand gelten, ist die Geschichte (inklusive ihrer Legendenbildungen) hier ergiebiger. Als Beispiel sollen uns daher (zumindest angebliche) politische Handlungen Friedrichs des Großen in Preußen und Antoine Augustin Parmentiers in Frankreich gelten. Zuerst zu Friedrich: Im 18. Jahrhundert wollte der »Alte Fritz« die Kartoffel als Nahrungsmittel für die breite Masse etablieren, um den nicht sehr ertragreichen Böden Preußens mehr Nahrung abgewinnen zu können. Sein Plan wurde zunächst über direkte Weisungen verkündet:

> Es ist von uns in höchster Person in unseren anderen Provinzen die Anpflanzung der sog. Tartoffeln, als ein sehr nützliches und sowohl für Menschen als Vieh auf sehr vielfache Weise dienliches Erd-Gewächse, ernstlich anbefohlen. […] [Da] diese Frucht bekanntermaßen sich sehr vermehrt, man auf gleichem Terrain von keinem Gewächse mehr, als den Kartoffeln gewinnen kann, wie dann auch die Domina [Gutsherren] und Untertanen finden werden, daß sie von der Erziehung dieses Erd-Gewächses, teils dadurch, daß sie solches selbst konsumieren, und dabei viel Getreide zu me-

nagieren [sparen] im Stande gelangen, teils aber auch durch deren Verkauf und Führung zu Markte sehr guten Nutzen haben können [...].[40]

Das rationale Argument und das Ausgeben der sogenannten »Kartoffelbefehle« ab 1746 anlässlich einer akuten Hungersnot verfehlten jedoch ihre Wirkung auf ganzer Strecke. Die preußische Bevölkerung, allen voran die Bauern, nahm das unbekannte Produkt nicht an, was wohl auch daran lag, dass sie es zunächst falsch verarbeiteten und wahrscheinlich auch ungenießbare Sorten kursierten. Das Misstrauen gegenüber dem neuartigen Erdapfel, der im Ruf stand, giftig zu sein, war groß.[41] Frustriert soll Friedrich den Bauern gedroht haben, dass er »ihnen Ohren und Nase abschneide[ ], wenn sie die Hackfrucht nicht anbauten«[42] – erfolglos. Die Gewohnheit, die schlechten Erfahrungen und die traditionelle Landwirtschaft siegten. Schließlich verfiel er auf weitere Taktiken, die seine Policy, die Kartoffel als Grundnahrungsmittel einzuführen, zum Erfolg bringen könnten. Friedrich bat Pastoren, in ihren Gemeinden zu »Knollenpredigern« zu werden und den Anbau der Kartoffel anzupreisen, wovon das *Handbuch für Kaufleute* von 1834 berichtet: »[Er musste] die Vorurtheile der Bewohner mit Gewalt unterdrücken [...]. Zu jener Zeit mußten die Geistlichen für die Kartoffeln predigen, wie einst gegen die Perrücken und den Tabak.«[43] Die Knollenprediger-Taktik zeigte dann auch erste Wirkungen (die Friedrich penibel überprüfen ließ), doch nicht genug – einige Pastoren trauten der Kartoffel selbst nicht, vielleicht auch weil sie, so glaubte mancher, den Sexualtrieb verstärken sollte.[44] 1764 wurde resümiert:

40 *Sammlung der in dem souverainen Herzogthum Schlesien und dessen incorpirirten Grafschaft Glatz in Finantz-, Justiz-, Criminal-, geistlichen-, Consistorial-, Kirchen-Sachen etc. publicirten und ergangenen Ordnungen, Edicten, Mandaten, Rescripten etc. welche von der Zeit der glorwürdigsten Regierung Friedrichs Königes in Preußen als souverainen obersten Herzogs von Schlesien vom 1. Decembr. 1740 bis inclusive 1744 heraus gekommen und durch Druck bekannt gemacht worden*, Bd. 6, Breslau 1763, S. 350.

41 Vgl. Gutberlet, *Friedrich der Große*, S. 100.

42 Ebd., S. 100.

43 Mac Culloch, John Ramsay, *Handbuch für Kaufleute oder Uebersicht der wichtigsten Gegenstände des Handels und Manufakturwesens, der Schifffahrt und Bankgeschäfte, mit steter Beziehung auf National Oekonomie und Finanzen. In alphabetischer Ordnung frei bearb. U. mit d. nöthigen Anm. u. Zusätzen versehen von C. F. E. Richter*, Bd. 2. Stuttgart, Tübingen 1834, S. 47.

44 Vgl. Gutberlet, *Friedrich der Große*, S. 100 und S. 102.

Wir haben mit nicht geringer Verwunderung vernehmen müssen, daß, wie gegen alle nützlichen Einrichtungen, also auch gegen die dem Landmann so vortheilhafte Anpflanzung der Kartoffeln an einigen Orten ein Vorurteil herrscht, welches als die Ursache des geringen Anbaus zu betrachten ist.[45]

Den Durchbruch brachte dann der Legende zufolge eine Methode,[46] die ein gutes Beispiel für eine legitime Manipulation im politischen Rahmen abgibt: Friedrich ließ die Kartoffeln schließlich auf von Soldaten bewachten und umzäunten Feldern anbauen. Die Bauern (so zumindest die Legende) sollten so in ihren Begierden angesprochen werden – etwas, das bewacht wird, muss schließlich wertvoll sein! Die sich nachts schlafend stellenden Soldaten ließen dann die Bauern ein paar Kartoffeln stehlen, worauf sie nach richtiger Zubereitung bemerkten, dass es sich um ein doch genießbares Produkt handelte, und der Siegeszug der Kartoffel begann.

Auch in Frankreich, wo die Bevölkerung ebenfalls regelmäßig hungerte, gab es eine Verbindung von Autorität und trickreicher Bedürfniserweckung, denn auch dort konnten Argumente und königliche Weisungen trotz Notleidens nicht überzeugen. Besonders eine Person machte sich dort um die Durchsetzung der Kartoffel in der breiten Bevölkerung verdient: Der Agronom Antoine Augustin Parmentier, der eine ähnliche Rolle bei der Umsetzung der Ernährungspolicy spielte wie der Alte Fritz in Preußen. Zunächst wurde ihm bei einer »öffenlichten Audienz ein Ehrenzeichen mit der Abbildung einer Kartoffel an das Knopfloch gebunden«.[47] Damit wurde nicht nur Parmentier zum Symbol für die Kartoffel – auch das Wohlgefallen des Sonnenkönigs konnte so deutlich gemacht werden. Dann lud Parmentier ständig berühmte Persönlichkeiten wie beispielsweise Benjamin Franklin zu bald weithin bekannten Kartoffeldinners ein und übergab dem König und der Königin wie-

45 Zit. n. ebd., S. 102.

46 Vgl. ebd., S. 103. Wahrscheinlich ist, dass die Legende im 19. Jahrhundert entstanden ist. Schriftliche Belege gibt es zwar nicht, doch Gutberlet schätzt die Legende so ein, dass sie tatsächlich zu Friedrich dem Großen, seiner »pfiffige[n] Verschlagenheit des fürsorglichen Landesvaters« und seinem Politikstil passte (S. 103). So habe sich eine Legende wie diese dann auch »ins Bewusstsein der einfachen Landbevölkerung tief eingegraben und die Bindung an den derart fürsorglichen Staat nicht unerheblich befördert.« (S. 103)

47 C. C. André, *Oekonomische Neuigkeiten und Verhandlungen. Zeitschrift für alle Zweige der Land- und Hauswirtschaft, des Forst- und Jagdwesens im Oesterreichischen Kaiserthume,* Bd. 1, Prag 1816, S. 46.

derholt öffentlich Kartoffelblüten.[48] Schließlich platzierte er auch reife Kartoffeln auf den Feldern als Köder. Die Folge: »[M]an bestahl ihn; dieß freute ihn außerordentlich; er legte immer frische hin, und bald war diese Frucht in der ganzen Gegend vebreitet.«[49] Und auch die Masche, die Friedrich nachgesagt wird, wird ihm nachgesagt: Um Begehrlichkeiten zu wecken, ließ er die Kartoffel-Lagerstätten bewachen, zog die Soldaten des Nachts aber ab.[50]

Inwiefern haben wir es in diesen beiden Fällen mit Manipulation zu tun? Friedrich der Große und Parmentier verfolgen gemäß Definitionsteil (1) einen klaren Zweck, der in diesem Falle als Policy verstanden werden kann, nämlich die Etablierung der Kartoffel als Grundnahrungsmittel für eine Bevölkerung. Die beiden versuchten demgemäß, das Denken, Fühlen und Handeln der Bevölkerung als der Kartoffel gegenüber positiv eingestellt zu gestalten. Nützlichkeitsargumente sowie Zwangsverordnungen führten dabei nicht weit, also wurde die Policystrategie darauf ausgerichtet, gemäß Definitionsteil (3) die zunächst so unattraktiv scheinende Frucht attraktiver zu machen. Auch hier handelt es sich wiederum gewissermaßen um den wirksamen Verkauf eines angepriesenen Produktes, allerdings zum nicht bloß suggerierten Wohl der Käufer. Die Wahl bleibt auch hier gemäß Definitionsteil (2) im etablierten Rahmen der begrenzten Rationalität frei, und eine Ablehnung der Annahme des neuen Nahrungsmittels ist weiterhin möglich. Selbst das Erkennen der Taktiken wäre ohne Weiteres möglich gewesen, vor allem in Bezug auf die nachts abgezogenen Soldaten oder die Einbindung bekannter Persönlichkeiten – eine Gestaltung im Sinne einer strengen Geheimhaltung oder Ähnliches fand nicht statt. Zudem könnte man auch hier hinzufügen, dass die rationale Handlungsleitung des Einzelnen wiederum mit ein-

48 Bernays schildert ein ähnliches Beispiel aus der amerikanischen Geschichte: »Als Präsident Calvin Coolidge Schauspieler zum Frühstück einlud, tat er das, weil er verstanden hatte, dass nicht nur die Schauspieler eine Gruppe darstellten, sondern auch das Publikum. Damit konnte er vielleicht die vielen Menschen, die Unterhaltung mögen und die die Menschen mögen, die sie unterhalten, für sich gewinnen.« (Bernays, *Propaganda*, S. 90)

49 André, *Oekonomische Neuigkeiten und Verhandlungen*, S. 46.

50 Vgl. Victor de Beauvillé, *Histoire de Montdidier*, ⟨http://santerre.baillet.org/communes/montdidier/v2b/v2b4c02b54.php⟩, letzter Zugriff 11. 2. 2017, Bd. 4, Kapitel 2, Sektion 54.

bezogen wurde, denn dieser musste, nachdem der affektive Impuls einmal da war, bloß eins und eins zusammenzählen.

Psychologisch verließen sich auch Friedrich und Parmentier auf Mechanismen, die das Affektive in uns anzusprechen vermögen. Am dominantesten treten erneut die Effekte einer als Autorität anerkannten Persönlichkeit hervor. Während strenge Weisungen nicht funktionierten, erreichte Friedrich erste Ergebnisse durch das Einspannen der geistlichen Autoritäten, der Pastoren, die durch die Nähe zur Gemeinde seit jeher Beeinflussungspotentiale geltend machen können. Parmentier gelang eine Verbindung mit dem Lebensstil der Autoritäten – die Kartoffeln schienen etwas Feines zu sein, etwas, das anerkannten Persönlichkeiten schmeckt. Verstärkend hinzu kommt der Faktor der anfänglichen Seltenheit des Produkts – und die damit suggerierte Exklusivität. In diesem Zusammenhang ist der politische Willensbildungsprozess nicht zu unterschätzen. Friedrich und Parmentier hatten nicht nur ihre Ziele klar definiert und eine Vorstellung von ihrer Zielgruppe, sie testeten auch mehrere Strategien. Nach Bernays achtgliedrigem Schema wählten sie das Thema der Kartoffel als Grundnahrungsmittel und versahen es mit Symbolen und Vorzügen. Das gewählte Symbol war hierbei dann die Kartoffel selber, in der sich verschiedene Qualitäten verbinden sollten.

Auch diese Fälle politischer Manipulation lassen sich wiederum ethisch genauer aufschlüsseln, indem wir auf den bereits bekannten Fragenkatalog zurückgreifen, um die Legitimität oder Illegitimität der Manipulation zu überprüfen:

(a) Bezüglich der charakterlichen und psychischen Integrität der Zielpersonen sind keine größeren Probleme erkennbar. Die Angst vor dem Unbekannten, die hier als Teil der psychischen Ökologie bezeichnet werden könnte, wird mittels der Manipulation ausgehebelt. Dies wird jedoch nicht mittels aggressiver oder anderer negativer Charaktereinflüsse erreicht, sondern vielmehr mittels des Aktivierens positiver menschlicher Eigenschaften wie der Neugier. Eine charakterliche Änderung besteht vielleicht darin, dass mancher zum Kartoffelesser wird – allerdings ist hier bei gesundem Maße kein Problem zu erkennen. Auch die Selbstwahrnehmung und -bestimmung des Einzelnen bleibt während des Manipulationsprozesses erhalten. Was allerdings diskutabel erscheint, ist die

Methode des abwechselnd bewachten und unbewachten Feldes. Zwar kommt hierbei letztlich niemand zu Schaden, aber der Akt des Diebstahls wird hier doch gebilligt und gewissermaßen legitimiert. Es müsste daher unbedingt eine Aufklärung erfolgen. *Ex post* lassen sich die von der Manipulation angestrebten Handlungen letztlich auch alle als solche erkennen, da wir es hier mit keiner permanenten Manipulation zu tun haben.

(b) Die rationale Handlungsleitung und die Freiheitlichkeit bleiben erhalten. Es werden weder affektive Reizungen induziert, die so stark wären, dass sie andere Entscheidungswege versperrten, noch negative Affekte wie Schuld, Furcht oder Ähnliches ins Feld geführt (wenngleich das Ausnutzen der kriminellen Energie, ich wiederhole mich, eng kontrolliert und im Anschluss aufgeklärt werden muss). Wir haben es gewissermaßen mit einer Lockung zu tun, die aber gemäß dem Respektsprinzip Ablehnen, Abwarten oder eine andere Entscheidungsmöglichkeit weiter zulässt.

(c) Der von Friedrich und Parmentier verfolgte Zweck ist als legitim anzusehen. Statt den Manipulierten zu schaden, war die Einführung der Kartoffel als Grundnahrungsmittel dafür gedacht, ertragreichere und sicherere Ernten zu schaffen. Weder die charakterliche Änderung noch die Entscheidungsfähigkeit oder die sozialen und materiellen Folgen sind schädlich – ganz im Gegenteil, gerade materiell stellte das neue Grundnahrungsmittel in jeglicher Hinsicht eine Verbesserung dar; auch ein Vertrauensverlust der Bürger in die Regierung lässt sich hier – bei einer einzelnen Manipulation – nicht erkennen. Die Bedürfnisse der Manipulierten wurden nicht nur hinsichtlich höherer Erträge, sondern auch im Sinne einer besseren Grundversorgung berücksichtigt – verhindert wurde die reibungslose Einführung der Kartoffel ja nicht, weil diese beiden Dinge abgelehnt wurden, sondern weil man der Kartoffel genau dies nicht zutraute. Die Erwartung an den Staat, nämlich Möglichkeiten der ausreichenden Selbstversorgung bereitzustellen, wurde somit ebenfalls erfüllt.

(d) Die Manipulationen wurden insofern transparent gehandhabt, als die vorhergehenden Anordnungen und Appelle den angestrebten Zweck der Etablierung der Kartoffel offenlegten. Die Frage, ob jemand die Manipulation hätte stoppen könnte, erübrigt sich so fast, auch, weil unklar ist, in welche negative Richtung die Manipulation hätte kippen können. Das Ziel stand wohl allen vor Augen, und die Bevölkerung hätte sich auch dagegen auflehnen und die Kartoffel weiter ignorieren können.

(e) Da die Manipulation nicht gehäuft und beständig eingesetzt wurde, ist diese Implementierung einer neuen, für die Bevölkerung gewinnbringenden Ernährungspolicy als unproblematisch einzuschätzen.

Dementsprechend ist die Beurteilung der Legitimität nach einem Beschauen der Fragen (a) bis (e) positiv ausgefallen.

Im Vergleich zu den vorher betrachteten negativen Beispielen der Manipulation in Shakespeares *Othello* und Orwells *1984* wurden bei den sich anschließenden positiven Beispielen mehrere Dinge deutlich: Zunächst lässt sich herausstellen, dass für eine legitime Manipulation keinerlei negative Affekte induziert werden dürfen, da diese nicht nur für die Zielpersonen unangenehm sind, sondern auch einen negativen Einfluss auf deren Charakter haben können. Sind positive Affekte im Spiel, die beispielsweise durch Zuneigung ausgeprägt sind, und haben wir es mit Manipulatoren zu tun, die den Manipulierten wohlgesinnt sind, dann sinkt die Gefahr illegitimer Akte immens. Innerhalb freundschaftlicher oder liebevoller Beziehungen kann sogar davon ausgegangen werden, dass das Gegenüber in positiver Weise Einfluss nimmt. Bei einer legitimen Manipulation kommen dann unproblematische, dezidiert nichtegoistische Zwecke hinzu. Es versteht sich von selbst, dass der Akt der Manipulation weder die psychische Ökologie noch die Selbstwahrnehmung und -bestimmung stört und immer einen Ausweg lässt – entweder weil der Manipulierte weitere Entscheidungsmöglichkeiten hat oder weil es jemanden gibt, der die Manipulation offenlegen und verhindern könnte. Dennoch haben wir gesehen, dass sich auch im Rahmen legitimer Manipulationen Probleme ergeben können (strikte Geheimhaltung, Anstiftung zu fragwürdigen Handlungen). Hier gilt es, die Bedürfnisse der Manipulierten und den konkreten situativen Kontext zu berücksichtigen. (Eine drohende Hungersnot ist schlimmer als eine solche problematische Handlung – hier wäre der Wert des Ziels also sehr viel höher als der des Mittels.) Betrachtungen von Fall zu Fall mit moralischem Verstand und unter Berücksichtigung der uns eine Orientierung verschaffenden prinzipienethischen Minimalmoral des Respekts sind hier vonnöten. Denn ob die Manipulation illegitim oder legitim ist, lässt sich letztlich nicht absolut beantworten. Es kommt eben immer auf den konkreten Fall an.

Schluss

Die Manipulation hat zwei Seiten, und das bedeutet, dass sie entgegen dem alltagssprachlichen Verständnis nicht schlicht als undurchsichtig, täuschend, negative Zwecke verfolgend und die Rationalität unterminierend – und damit letztlich böse – verstanden werden darf.

Um die Manipulation von diesem intuitiven Urteil zu befreien, wurde sie im Laufe der nun hinter uns liegenden Wegstrecke zunächst handlungstheoretisch und praktisch-psychologisch als ein spezifischer Beeinflussungsmechanismus definiert. Dabei wurde die Manipulation genauer als gezielte Einflussnahme mittels unserer Affekte gefasst, deren Kern die aktive Modifikation der Anziehungskraft eines Zwecks oder eines Handlungskontextes darstellt, so dass dieser Zweck attraktiver bzw. unattraktiver erscheint und seine Wahl somit wahrscheinlicher bzw. unwahrscheinlicher wird. Manipulation ist so als Teil einer Kommunikationssituation zu verstehen, in der mehrere dynamische Faktoren bestimmend sind: (1) die spezifische Ausgestaltung der Manipulation als Stimulus, der bei unterschiedlichen Betroffenen auch unterschiedliche Wirkungen hervorrufen mag; (2) der interne Kontext des Betroffenen bezüglich etwa des eigenen Narrativs, der individuellen Affektlagen, Erfahrungen oder Gewohnheiten; sowie (3) der externe Kontext, also situative Faktoren und bestimmte soziale Konstellationen.

Während der Entscheidungsprozess gemäß der aristotelisch-thomasischen Handlungstheorie weder von einer rational kalkulierten Nützlichkeit noch von dem Glauben an eine inhärente Werthaftigkeit eines Zweckes geleitet wird, wird er durch die Manipulation innerhalb der spezifischen Kommunikationssituation dahingehend gestaltet, dass er affektiv bestimmt ist. Dennoch behält der manipulierte Akteur dabei das Gefühl und die Möglichkeit, eine freie Entscheidung zu treffen. Tatsächlich konnten wir feststellen, dass die Manipulation andere Entscheidungsmöglichkeiten nicht vollkommen einebnet, sondern vielmehr im Rahmen der Wahlfreiheit vonstattengeht. Indem ein Zweck attraktiver oder unattraktiver gemacht wird, wird die damit verbundene Affekterregung nicht so stark gemacht, dass keine andere Wahl mehr möglich ist – in einem solchen Fall hätten wir es nämlich bereits mit Zwang oder Gewalt zu tun, die die Manipulation eben gerade nicht ausübt. Hieran anschließend konnte auch festgestellt werden, dass die Manipulation weder verschleiert stattfinden muss noch die Rationalität vollkommen unterminiert (denn auch dann hätten wir es mit Zwang zu tun). Vielmehr lässt sich sagen, dass die Manipulation zwar nie auf vollkommen rationale Weise überzeugen will, aber diese dennoch teilweise für sich nutzt, wie wir es etwa aus der affekterregenden Rhetorik kennen.

Auch der Verdacht bezüglich der notwendigerweise negativen Zwecke der Manipulation konnte ausgeräumt werden, da diese auch für im positiven Sinne paternalistische Zwecke eingesetzt werden kann, die der Zielperson nutzen. Wenn dann dennoch Bedenken bezüglich der Manipulation bleiben, speisen diese sich vornehmlich aus einem Verständnis der Freiheit als Autonomiefähigkeit. Diesem Einwand zufolge wird unsere Autonomiefähigkeit im Moment der Manipulation umgangen. Um dieses Problem und seine Reichweite besser zu verstehen, haben wir uns entlang philosophisch-anthropologischer Gedanken zu einer Konzeption von Rationalität und Freiheit vorgetastet und auch Ergebnisse der jüngeren psychologischen Forschung hinzugezogen. Das handlungstheoretische *Pleasurable-Ends-Modell* der Manipulation und dessen spezifischer Mechanismus wurden so in philosophisch-anthropologisches und psychologisches Wissen von der Wesenheit des Menschen eingebettet. Hierbei ließ sich feststellen, dass unser die Autonomie umfassendes Konzept der Freiheit nicht vollkommen aufgegeben werden muss, aber vor dem Hintergrund einer kritischen Betrachtung der menschlichen Rationalität Modifikationen nötig sind.

Bei genauerem Besehen ist die Dominanz der Rationalität nämlich fragwürdig. Mit Hilfe der Konzeption einer begrenzten Rationalität und eines das spezifisch menschliche Wechselspiel von Ratio, Affekt, Gewohnheiten und Erfahrungen integrierenden Verständnisses des narrativen Seins und damit verbundener psychologischer Prozesse wurde ein Hintergrund skizziert, vor dem die Manipulation als ein in Beziehungen eingebundenes Beeinflussungsmittel nicht nur theoretisch, sondern auch praktisch eingeordnet werden kann. Sodann habe ich verschiedene interpersonale und politische Manipulationsmöglichkeiten psychologischer Art aufgezeigt. Auf der einen Seite standen dabei kurzfristig-situative Mechanismen wie etwa audiovisuelle Reize, bauliche Gestaltungen, Neigungen und Knappheitssuggestionen. Auf der anderen standen sodann mittel- und längerfristig sowie dispositional beeinflussende Mechanismen, zuvorderst das starke Bedürfnis nach (auch narrativer) Konsistenz sowie damit in Zusammenhang stehende Komplexe wie soziale Bewährtheit, die Bindung durch Reziprozität, das große Potential der Autorität und negative Affekte wie Furcht und Schuld.

All diese psychologischen Mechanismen konnten mit der Manipulation verbunden werden, indem deutlich wurde, inwiefern sie eine affektiv angebundene und zum Teil automatisierte Wirkung entfalten, um so einen Handlungsprozess jenseits des rein Rationalen in die Wege zu leiten. Deutlich ist dabei geworden, wie viel besser eine Manipulation wirken kann, wenn Wissen über die Zielperson vorhanden ist. Doch auch im politischen Rahmen entfaltet ein Gutteil der beschriebenen Mechanismen eine Wirkung. In diesem Zusammenhang bieten Symbole effiziente Anknüpfungspunkte für die unterschiedlichen Vorstellungen Einzelner und vermögen gleichzeitig den öffentlichen Willen in eine bestimmte Richtung zu lenken – vor allem wenn dabei Autoritäten im Spiel sind.

Nachdem die Manipulation also eine theoretische und praktische Bestimmung erfuhr, konnte das zweite Ziel des Buches anvisiert werden: die ethische Ausleuchtung des Phänomens. Ausgehend von einem nun deskriptiven (und daher nicht negativ konnotierten) Begriff der Manipulation und einem zumindest kompromissbereiten Verständnis unserer menschlichen Konstitution und Handlungsleitung (abseits von unbegrenzter Rationalität oder vollkommener Irrationalität) konnten erstens das Faktum, dass die Manipulation sowohl für ethische als auch unethische Zwecke eingesetzt werden kann, zweitens die Tatsache ihrer Wirkung auf unsere irrationalen Charakterzüge und drittens ihre Stellung zur menschlichen Freiheit ethisch beleuchtet werden.

Da die klassischen ethischen Theorien die Manipulation in ihrer Komplexität nicht angemessen zu begreifen vermögen und es konkurrierende Intuitionen in Bezug auf konkrete Manipulationsfälle gibt, ging es darum, eine zwar an den etablierten ethischen Theorien partizipierende, aber modifizierte ethische Perspektive zu entwickeln. Dazu habe ich die Manipulation als Machtmittel in Beziehungen gedeutet, die nach Elias immer von Machtbalancen bestimmt sind, um im Anschluss die Frage nach einer angemessenen ethischen Regulation zu stellen. Als intuitiv nachvollziehbares und rational begründbares Prinzip bot sich dazu der Respekt als Kern einer prinzipienethisch orientierten Minimalmoral an. Mit diesem regulierenden ethischen Prinzip eröffnet sich die Möglichkeit, konkrete Fälle von Manipulation zu betrachten, ohne in eine bloße Situationsethik zurückzufallen, aber auch ohne zu gewichtige Annahmen bezüglich der menschlichen Fähigkeiten machen zu müssen.

Aufgrund der Tatsache, dass wir weniger rational sind, als theoretisch oft angenommen – und als uns persönlich lieb ist –, muss auch eine absolute Konzeption von Freiheit und Würde hinterfragt werden; zudem weist jede Beziehungssituation spezifische Eigenschaften auf, die unterschiedliche Erwartungen bei unterschiedlichen beteiligten Parteien wecken. Aus diesen Gründen greifen sowohl eine kategorische Ablehnung als auch eine einfache Bejahung der Manipulation zu kurz. Die Antwort bezüglich ihrer Legitimität oder Illegitimität lässt sich nach Einbezug dieser Faktoren aber entlang eines Fragenkatalogs geben, der auf der prinzipienethisch orientierten Minimalmoral des Respekts fußt.

Anhand von Shakespeares Stücken *Othello* und *Viel Lärm um nichts* konnte so beispielhaft die Legitimität interpersonaler Manipulationen überprüft werden sowie anhand von Orwells *1984* und der Legenden von der Einführung der Kartoffel in Preußen und Frankreich politische Manipulationen in ethisch erlaubter und unerlaubter Form dargestellt werden. Dabei wurde deutlich, dass die Manipulation kein ständiges Mittel innerhalb von Beziehungen sein darf (weder interpersonal noch politisch), wenn sie legitim sein soll, da sonst zu starke negative Einflüsse auf das gegenseitige Vertrauen, die Möglichkeiten des Verstehens der eigenen Handlungen (verbunden mit der individuellen psychischen Ökologie und Selbstwahrnehmung) und den Charakter drohen. Zur Aufrechterhaltung der Selbstwahrnehmung und der psychischen Ökologie sollte die Manipulation im Gegenteil so transparent wie möglich gestaltet werden. Außerdem muss man ihr immer entkommen können, das heißt, der Prozess muss stoppbar sein. Zudem sollten die Bedürfnisse der Manipulierten immer empathisch einbezogen werden, wozu neben wohlmeinenden Zwecken auch gehört, dass weitere Entscheidungsmöglichkeiten offengelassen werden.

Im Durchgang durch all diese Fragen und Probleme wurde das Territorium der Manipulation nun ein gutes Stück weit erschlossen. Wir haben einen Begriff von Manipulation gebildet und ihren moralischen Status vor dem Hintergrund eines modifizierten Verständnisses unserer Rationalität und Freiheit besser einordnen können. So lässt sich mit Hilfe des hier entwickelten Manipulationsbegriffes ein sorgfältigerer Blick auf die in Politik, Wirtschaft, Beruf und Privatleben wuchernden Beeinflussungsmaßnahmen werfen. Manche von ihnen können nun als Manipulation identifiziert und gemäß der oben skizzierten Respektsethik moralisch eingeordnet werden.

Im Laufe dieses Buches ist wahrscheinlich klar geworden, wie viel wir eigentlich noch nicht wissen, zum Beispiel bezüglich der psychischen Prozesse, die in uns vorgehen – die hier gewählte narrative Vorstellung ist dafür nur ein Modell. Auch die skizzierte minimal gestaltete Respektsethik bietet viel weiteres Erkundungspotential. Des Weiteren ist das Verhältnis der empirischen Wissenschaften und der Ethik weiter zu erforschen und zu fragen, inwiefern sich eine Ethik vor dem Hintergrund empirischer Erkenntnisse konzipieren lässt und welche Erkenntnisse hierfür überhaupt zu berücksichtigen sind. Daran schließt sich die Frage an, ob und wie sich Konzepte wie Freiheit und Würde weiterhin als Kernprinzipien der Ethik denken lassen. Ebenso bedürfen die politisch-theoretischen Anschlussfragen, die sich im Rahmen der Manipulation stellen, einer näheren Betrachtung durch Experten des Faches. So ist zu fragen, ob und inwiefern wir die Manipulation (und in welchen Formen) als Bestandteil einer demokratischen Gesellschaft denken können, die ja ihrem Prinzip nach von den Bürgern regiert werden sollte, die hierfür eine ausgeglichene psychische Ökologie und die Fähigkeit der Selbstwahrnehmung im politischen Rahmen benötigen. Das Verständnis des Menschen als narratives Wesen, das Erzähler und Protagonist der eigenen Erzählung ist, dürfte auch hierfür Relevanz haben. Wir müssen uns in diesem Zusammenhang beispielsweise fragen, in welchem Verhältnis einzelne Narrative zu übergeordneten Narrativen wie dem der Gesellschaft und der Geschichte stehen – auch um unser Verständnis davon zu verbessern, wie individuelles und politisches Handeln zusammengehen. Auch lässt sich fragen, inwiefern die Manipulation im Rahmen einer Gesellschaft, in der die Menschen auch affiziert werden müssen, damit diese geeint und gut funktionierend eine ethisch legitime Rolle spielen kann.

Dass all diese Themen sich aus der Diskussion um die Manipulation ergeben und vierlei Anschlussmöglichkeiten bieten, ist nicht verwunderlich, denn im Phänomen der Manipulation bündeln sich letztlich wesentliche Fragen bezüglich unserer psychischen Konstitution, unserer Handlungsleitung, unseres Selbstverständnisses und unserer Selbstwahrnehmung, der Gestaltung unseres aktuellen und künftigen Zusammenlebens und der auch daran hängenden großen Frage nach einer angemessenen Ethik. Es lohnt sich also wahrlich, mit diesen Fragen zu ringen. Die hier geschehene grundlegend theoretische und ethische Betrachtung der Manipulation, die in der Zukunft aufgrund der sich ständig erweiternden technischen Möglichkeiten sicher eine noch größere Rolle spielen wird, ist nun zumindest ein Fußabdruck in einer Diskurslandschaft, die weiter ausgeschritten werden muss.

THIS CONNECT-THE-DOTS BOOK REALLY MAKES ME MAD! LOOK AT THIS.
IT'S A DUCK.
I KNOW! WHO WANTS TO DRAW A DUCK?! I SURE DIDN'T! THEY MADE ME!
I'VE BEEN MANIPULATED! MY NATURAL ARTISTIC TALENT HAS BEEN USED AGAINST MY WILL TO CREATE SOME CORPORATE ENTITY'S CRUDE IDEA OF WATERFOWL! IT'S OUTRAGEOUS!
ANOTHER BLOW TO CREATIVE INTEGRITY.

I WATCHED AN OLD MOVIE WITH MOM LAST NIGHT.
IT DIDN'T HAVE ANY VIOLENCE, EXPLOSIVE ACTION, OR SWEARING. THERE WAS NOTHING SHOCKING ABOUT IT AT ALL.
DID YOU LIKE IT?
IT'S HARD TO SAY.

Literaturverzeichnis

Abelson, Raziel, *An Analysis of the Concept of Definition, and Critique of three traditional philosophical Views concerning its role in Knowledge*, New York 1957.

Adorno, Theodor W., *Studien zum autoritären Charakter*, Frankfurt/M. 1975.

Altus, Deborah E., Edward K. Morris, »B. F. Skinner's Utopian Vision: Behind and Beyond *Walden Two*«, in: *The Behavior Analyst* 32 (2009), S. 319-335.

André, C. C., *Oekonomische Neuigkeiten und Verhandlungen. Zeitschrift für alle Zweige der Land- und Hauswirtschaft, des Forst- und Jagdwesens im Oesterreichischen Kaiserthume*, Bd. 1, Prag 1816.

Anscombe, G. E. M., *Intention*, Oxford 1957.

Ariely, Dan, *Predictably Irrational. The Hidden Forces That Shape Our Decisions*, New York 2008 (Dt. Ausgabe: *Denken hilft zwar, nützt aber nichts. Warum wir immer wieder unvernünftige Entscheidungen treffen*, München 2008).

Aristoteles, *Nikomachische Ethik*, Reinbek b. Hamburg 2011.

Aristoteles, *Rhetorik*, Stuttgart 1999.

Aronson, Elliot, Timothy D. Wilson, Robin Akert, *Sozialpsychologie*, München 2008.

Assmann, Aleida, »Höflichkeit und Respekt«, 〈https://www.exzellenzcluster.uni-konstanz.de/fileadmin/all/downloads/veranstaltungen2009/Arbeitsgespraeche-Assmann-Hoeflichkeit.pdf〉, letzter Zugriff 11. 2. 2017.

Atkinson, Rita L., Ernest R. Hilgard, *Introduction to Psychology*, San Diego 1987.

Augustinus, *De vera religione – Über die wahre Religion*, Paderborn 2007.

Barnhill, Anne »What is Manipulation?«, in: Christian Coons, Michael Weber (Hg.), *Manipulation. Theory and Practice,* Oxford 2014, S. 51-72.

Baron, Marcia, »Manipulativeness«, in: *Proceedings and Addresses of the American Philosophical Association* 77, 2 (2003), S. 37-54.

Baron, Marcia, »The *Mens Rea* and Moral Status of Manipulation«, in: Christian Coons, Michael Weber (Hg.), *Manipulation. Theory and Practice*, Oxford 2014, S. 98-120.

Barner-Barry, Carol, Robert Rosenwein, *Psychological Perspectives on Politics*, Englewood Cliffs 1985.

Beauchamp, Tom L., »A Defense of the Common Morality«, in: *Kennedy Institute of Ethics Journal* 13, 3 (2003), S. 259-274.

Beauchamp, Tom L., James F. Childress, *Principles of Biomedical Ethics*, New York, Oxford 2008.

de Beauvillé, Victor, *Histoire de Montdidier*, ⟨http://santerre.baillet.org/communes/montdidier/v2b/v2b4c02b54.php⟩, letzter Zugriff 11. 2. 2017.

Becker, Gary S., »Irrational Behavior and Economic Theory«, in: *Journal of Political Economy* 70 (1962), S. 1-13.

Benesch, Hellmuth, Walther Schmandt, *Manipulation und wie man ihr entkommt*, Stuttgart 1979.

Bentele, Günter, »Öffentliches Vertrauen – normative und soziale Grundlage für Public Relations«, in: Ralf Spiller, Hans Scheurer (Hg.), *Grundlagentexte Public Relations*, Konstanz 2014, S. 300-331.

Bernays, Edward L., *Crystallizing Public Opinion*, New York 1961.

Bernays, Edward L., *Propaganda – Die Kunst der Public Relations*, Freiburg i. Br. 2015.

Bernays, Edward L., »The Engineering of Consent«, in: *Annals of the American Academy of Political and Social Science* 250, 1 (1947), S. 113-120.

Bernays, Edward L., »The Theory and Practice of Public Relations: A Résumé«, in: Ders. (Hg.), *The Engineering of Consent*, Norman 1955, S. 3-25.

Beyleveld, Derek, *The Dialectically Necessity of Morality: An Analysis and Defense of Alain Gewirth's Argument to the* Principle of Generic Consistency, Chicago 1991.

Birch, Thomas H., »Moral Considerability and Universal Consideration«, in: *Environmental Ethics* 15 (1993), S. 313-332.

Blackburn, Simon, *The Oxford Dictionary of Philosophy*, Oxford/New York 2005, s. v. Minimalism, S. 235.

Blackburn, Simon, *Ruling Passions. A Theory of Practical Reasoning*, Oxford 1998.

Blackmore, Susan, *The Meme Machine*, Oxford 1999.

Blumenthal-Barby, Jennifer, »A Framework for Assessing the Moral Status of Manipulation«, in: Christian Coons, Michael Weber, *Manipulation. Theory and Practice*, Oxford 2014, S. 121-134.

Boudon, Raymond, »Beyond Rational Choice Theory«, in: *Annual Reviews Sociology* 29 (2003), S. 1-21.

Boyd, Brian, *On the Origin of Stories. Evolution, Cognition and Fiction*, Cambridge MA 2009.

Brockhaus Bilder-Conversations-Lexikon fuer das deutsche Volk. Ein Handbuch zur Verbreitung gemeinnuetziger Kenntnisse und zur Unterhaltung in 4 Bänden. 4 Bde., Leipzig 1837-1841, s. v. Manipulation, Bd. 3, S. 46.

Brockhaus Conversations-Lexikon oder kurzgefaßtes Handwörterbuch für die in der gesellschaftlichen Unterhaltung aus den Wissenschaften und Künsten vorkommenden Gegenstände mit beständiger Rücksicht auf die Ereignisse der älteren und neueren Zeit, 6 Bde., Leipzig 1809-1811., s. v. Manipulation, Bd. 3, S. 53.

Brockmeier, Jens, Donal A. Carbaugh (Hg.), *Narrative and Identity: Studies in Autobiography, Self and Culture*, Amsterdam, Philadelphia 2001.

Brody, Baruch A., »Towards a Theory of Respect for Persons«, in: *Tulane Studies in Philosophy* 31 (1982), S. 61-76.

Bruner, Jerome, *Acts of Meaning*, Cambridge 1990.

Bruner, Jerome, »Life as Narrative«, in: *Social Research* 71, 3 (2004), S. 691-710.

Bruner, Jerome, »The Narrative Construction of Reality«, in: *Critical Inquiry* 18, 1 (1991), S. 1-21.

Buchanan, James M., Gordon Tullock, *The Calculus of Consent: The Logical Foundations of Constitutional Democracy*, Ann Arbor 1987.

Bumüller, Johannes, *Herders Conversations-Lexikon*, 5 Bde., Freiburg i. Br. 1854-1857, s. v. Manipulation, Bd. 4, S. 90.

Bursten, Ben, *The Manipulator. A Psychoanalytic View*, New Haven 1973.

Buss, Sarah, »Valuing Autonomy and Respecting Persons: Manipulation, Seduction, and the Basis of Moral Constraints«, in: *Ethics* 115, 2 (2005), S. 195-235.

Cacioppo, John T., Richard E. Petty, Chuan Feng Kao, Regina Rodriguez, »Central and Peripheral Routes to Persuasion: An Individual Difference Perspective«, in: *Journal of Personality and Social Psychology* 51, 5 (1986), S. 1032-1043.

Cacioppo, John T., Richard E. Petty, »The Elaboration Likelihood Model of Persuasion«, in: Leonard Berkowitz (Hg.): *Advances in Experimental Social Psychology* 19 (1986), S. 123-205.

Carbon, Claus-Christian, »Wahrnehmungspsychologie«, in: Astrid Schütz, Matthias Brand, Herbert Selg, Stefan Lautenbacher (Hg.), *Psychologie. Eine Einführung in ihre Grundlagen- und Anwendungsfelder*, Stuttgart 2015, S. 73-85.

Carnap, Rudolf, *Logical Foundations of Probability*, London 1950.

Cave, Eric, »What's Wrong with Motive Manipulation?«, in: *Ethical Theory and Moral Practice* 10, 2 (2007), S. 129-144.

Christman, John, »Autonomy and Personal History«, in: *Canadian Journal of Philosophy* 21, 1 (1991), S. 1-24.

Chomsky, Noam, Edward S. Herman, *Manufacturing Consent. The Political Economy of the Mass Media*, New York 1988.

Church, Jennifer, »Reasonable Irrationality«, in: *Mind* 96 (1987), S. 354-366.

Cialdini, Robert B., *Influence. Science and Practice*, Boston u. a. 2001.

Coons, Christian, Michael Weber, »Introduction. Investigating the Core

Concept and its Moral Status«, in: Dies.: *Manipulation. Theory and Practice*, Oxford 2014, S. 1-16.

Corcilius, Klaus, »Aristoteles' praktischer Syllogismus in der zweiten Hälfte des 20. Jahrhunderts«, in: *Logical Analysis and History of Philosophy* 11 (2008), S. 101-132.

Costa, Arthur L., »Teaching for Intelligence. Recognizing and encouraging skillful thinking and behavior«, in: *In Context, A Quaterly of Humane Sustainable Culture* 18 (1988), S. 22-25.

Cranor, Carl F., »Toward a Theory of Respect for Persons«, in: *American Philosophical Quarterly* 12 (1975), S. 309-320.

Culloch, Mac, John Ramsay, *Handbuch für Kaufleute oder Uebersicht der wichtigsten Gegenstände des Handels und Manufakturwesens, der Schifffahrt und Bankgeschäfte, mit steter Beziehung auf National Oekonomie und Finanzen. In alphabetischer Ordnung frei bearb. u. mit d. nöthigen Anm. u. Zusätzen versehen von C. F. E. Richter*, Bd. 2. Stuttgart, Tübingen 1834.

Dahl, Robert A., *Modern Political Analysis*, New Jersey 1976.

Dahme, Heinz-Jürgen, *Historisches Wörterbuch der Philosophie*, 13 Bde., Darmstadt 1971-2007, s. v. Manipulation, Bd. 5, S. 726-729.

Darwall, Stephen L., »Two Kinds of Respect«, in: *Ethics* 88/1 (1977), S. 36-49.

Diderot, Denis, Jean Baptiste le Rond d'Alembert, *Encyclopédie ou Dictionnaire raisonné des sciences, des arts et des métiers*, 17 Bde., Paris 1751-1765, s. v. Manipulation, Bd. 10, S. 970.

van Dijk, Teun A., *Ideology. A Multidisciplinary Approach*, London 1998.

Dillon, Robin S., *The Stanford Encyclopedia of Philosophy*, s. v. Respect ⟨https://plato.stanford.edu/entries/respect/⟩, letzter Zugriff 11. 2. 2017.

Dörner, Dietrich, *Bauplan für eine Seele*, Reinbek b. Hamburg 2006.

Dörner, Dietrich, *Die Logik des Mißlingens – Strategisches Denken in komplexen Situationen*, Reinbek 1986.

Dubislav, Walter, *Die Definition*, Hamburg 1981.

Duden. Deutsches Universalwörterbuch, Mannheim, Zürich [7]2011, s. v. Manipulation, S. 1154.

Duden. Das Fremdwörterbuch, Mannheim, Zürich [10]2010, s. v. Manipulation, S. 641.

Duden. Das große Wörterbuch der deutschen Sprache, 10 Bde., Mannheim, Zürich u. a. [3]1999, s. v. Manipulation, Bd. 6, S. 2505.

Duden. Das Herkunftswörterbuch. Etymologie der deutschen Sprache, Mannheim, Zürich [4]2007, s. v. Manipulation, S. 506.

Düwell, Marcus (Hg.), *Handbuch Ethik*, Stuttgart 2006, s. v. Hermeneutische Ethik/Narrative Ethik, S. 231-242.

Eder, Andreas B., Klaus Rothermund, »Emotional Action: An Ideomotor Model«, in: Changiz Mohiyeddini, Michael Eysenck, Stephanie Bauer

(Hg.), *Handbook of Psychology of Emotions. Recent Theoretical Perspectives and Novel Empirical Findings*, Bd. 1, New York 2013, S. 11-38.
Edmüller, Andreas, Thomas Wilhelm, *Manipulationstechniken*, München 2015.
Elias, Norbert, *Grundbegriffe der Soziologie*, Wiesbaden 2010, s. v. Figuration, S. 75-78.
Elias, Norbert, »Was ist Soziologie?«, in: Ders., *Gesammelte Schriften*, Bd. 5. Frankfurt/M. 2006.
Elster, Jon, *Sour Grapes: Studies in the Subversion of Rationality*, Cambridge 1983.
Elster, Jon, *Ulysses and the Sirens*, Cambridge 1979.
Essler, Wilhelm K., *Wissenschaftstheorie I. Definition und Reduktion.* Freiburg, München 1970.

Feinberg, Joel, »Some Conjectures on the Concept of Respect«, in: *Journal of Social Philosophy* 4 (1975), S. 1-3.
Festinger, Leon, Nathan Maccoby, »On resistance to persuasive communications«, in: *Journal of Abnormal and Social Psychology* 68 (1964), S. 359-366.
Fischer, Alexander, Christian Illies, »Modulated Feelings: The Pleasurable-Ends-Model of Manipulation«.
Fischer, John M., »Responsibility and Manipulation«, in: *Journal of Ethics* 8.2 (2004), S. 145-177.
Fischer, Walter, *Human Communication as Narration*, Columbia 1987.
Fleischman, Doris E., Howard W. Cutler, »Themes and Symbols«, in: Edward L. Bernays (Hg.), *The Engineering of Consent*, S. 138-155.
Forgas, Joseph P., Klaus Fiedler, William D. Crano, »The Social Psychology of Politics. Homo Politicus Revisited«, in: Dies. (Hg.), *Social Psychology and Politics*, New York 2015, S. 1-18.
Herbert W. Franke, *Der manipulierte Mensch*, Wiesbaden 1964.
Frankena, William K., *Ethics*, Bd. 1, New Jersey 1973.
Frankena, William K., »The Ethics of Respect for Persons«, in: *Philosophical Topics* 14 (1986), S. 149-167.
Freud, Sigmund, »Das Ich und das Es«, in: Ders., *Gesammelte Werke*, Bd. 13, Frankfurt/M. 1940, S. 237-289.
Freud, Sigmund, »Die Widerstände gegen die Psychoanalyse«, in: Ders., *Gesammelte Werke*, Bd. 5, Frankfurt/M. 1942.
Freud, Sigmund, »Eine Schwierigkeit der Psychoanalyse«, in: Ders., *Gesammelte Werke*, Bd. 12, Frankfurt/M. 1955, S. 3-14.
Freud, Sigmund, *Massenpsychologie und Ich-Analyse. Die Zukunft einer Illusion*, Frankfurt/M. 2005.
Fudenberg, Drew, Jean Tirole, *Game Theory*, Cambridge, London 1993.

Gabriel, Gottfried, *Historisches Wörterbuch der Philosophie*, 13 Bde., s. v. Definition II (ab Kant), Bd. 2.
Gellner, Ernest, *Reason and Culture. The Historic Role of Rationality and Rationalism*, Oxford, Cambridge 1992.
Gewirth, Alan, *Reason and Morality*, Chicago 1981.
Gigerenzer, Gerd, »Bounded and Rational«, in: Robert J. Stainton (Hg.), *Contemporary Debates in Cognitive Science*, Oxford 2006, S. 115-133.
Gigerenzer, Gerd, *Dorsch. Psychologisches Wörterbuch*, Bern 2014, s. v. Rationalität, S. 1380.
Gigerenzer, Gerd, *Rationality for Mortals. How People Cope with Uncertainty*, Oxford, New York 2008.
Gigerenzer, Gerd, *Simply Rational: Decision Making in the Real World*, Oxford 2015.
Gigerenzer, Gerd, »Surrogates for Theory«, in: *Theory & Psychology* 8/2 (1998), S. 195-204.
Gilovich, Thomas, Dale W. Griffin, Daniel Kahneman (Hg.), *Heuristics and Biases. The Psychology of Intuitive Judgment*, Cambridge 2002.
Goodin, Robert E., *Manipulatory Politics*, New Haven, London 1980.
Goodman, Nelson, *Weisen der Welterzeugung*, Frankfurt/M. 1990.
Gorin, Moti, »Do Manipulators always threaten Rationality?«, in: *American Philosophical Quarterly* 51, 1 (2014), S. 51-61.
Gorin, Moti, »Towards a Theory of Interpersonal Manipulation«, in: Christian Coons, Michael Weber (Hg.), *Manipulation. Theory and Practice*, Oxford 2014, S. 73-97.
Grant, Ruth W., »Ethics and Incentives: A Political Approach«, in: *American Political Science Review* 100/1 (2006), S. 29-39.
Grant, Ruth W., *Strings Attached. Untangling the Ethics of Incentives*, Princeton 2014.
Grassegger, Hannes, Mikael Krogerus, »Ich habe nur gezeigt, dass es die Bombe gibt«, in: *Das Magazin* 48 (2016), ⟨https://www.dasmagazin.ch/2016/12/03/ich-habe-nur-gezeigt-dass-es-die-bombe-gibt/⟩, letzter Zugriff 20. 12. 2016.
Grawe, Klaus, *Psychologische Therapie*, Göttingen 1998.
Green, Ronald K., Edward J. Pawlak, »Ethics and Manipulation in Organizations«, in: *Social Service Review* 57, 1 (1983), S. 35-43.
Greenspan, Patricia, »The Problem with Manipulation«, in: *American Philosophical Quarterly* 40, 2 (2003), S. 155-164.
Grossmann, Andreas, Historisches *Wörterbuch der Philosophie*, 13 Bde., Darmstadt 1971-2007, s. v. Würde, Bd. 12, S. 1088-1093.
Gutberlet, Bernd I., *Friedrich der Große. Eine Reise zu den Orten seines Lebens*, Darmstadt 2011.

de Haan, Gerhard, Udo Kuckartz, *Umweltbewußtsein. Denken und Handeln in Umweltkrisen*, Opladen 1996.
Hacker, Friedrich, *Freiheit die sie meinen*, Hamburg 1978.
Haidt, Jonathan, *The Righteous Mind: Why Good People Are Divided by Politics and Religion*, London 2013.
Hartlieb, Florian, »Die Analyse des Falls ›Breivik‹: Einsamer Wolf-Terrorismus als wichtiges, aber vernachlässigtes Phänomen sui generis innerhalb des Terrorismus«, in: *Jahrbuch für öffentliche Sicherheit* (2012), S. 71-92.
von Hartmann, Eduard, *Philosophie des Unbewußten, Versuch einer Weltanschauung*, Berlin 1872.
Hassin, Ran R., James S. Uleman, John A. Bargh (Hg.), *The new Unconscious*, Oxford 2005.
Hausman, Daniel M., Brynn Welch, »Debate: To Nudge or Not to Nudge«, in: *The Journal of Political Philosophy* 18 (2010), S. 123-136.
Hegel, Georg Wilhelm Friedrich, »Über die wissenschaftlichen Behandlungsarten des Naturrechts, seine Stelle in der praktischen Philosophie und sein Verhältnis zu den positiven Rechtswissenschaften«, in: Ders., *Werke in 20 Bänden (HW)*, Bd. 2, *Jenaer Schriften 1801-1807*, Frankfurt/M. 1986.
Heider, Fritz, Marianne Simmel, »An Experimental Study of Apparent Behavior«, in: *The American Journal of Psychology* 57, 2 (1944), S. 243-259.
Heinzmann, Richard, »Thomas von Aquin und die Autonomie der Vernunft«, in: Norbert Kutschki (Hg.), *Der Streit um den rechten Glauben*, Zürich 1991, S. 169-183.
Hellbrück, Jürgen, Elisabeth Kals, *Umweltpsychologie*, Wiesbaden 2012.
Herman, David, »Stories as a Tool for Thinking«, in: Ders., *Narrative Theory and the Cognitive Sciences*, Stanford 2003, S. 163-192.
Hobbes, Thomas, *Leviathan*, Harmondsworth 1968.
Hobmair, Hermann, *Psychologie*, Troisdorf 2008.
Homburg, Andreas, Ellen Matthies, *Umweltpsychologie. Umweltkrise, Gesellschaft und Individuum*, Weinheim, München 1998.
Horney, Karen, *Neurose und menschliches Wachstum. Das Ringen um Selbstverwirklichung*, Magdeburg 2008.
Hügli, Anton, *Von der Schwierigkeit vernünftig zu sein*, Basel 2016.
Hume, David, *Ein Traktat über die menschliche Natur*, Hamburg 1978.
Hume, David, *Enquiries Concerning Human Understanding and Concerning the Principles of Morals*, Oxford 1963.
Huovinen, Lauri, *Machiavellis Bild vom Menschen*, Helsinki 1951.

Iyengar, Sheena S., Mark R. Lepper, »Rethinking the Value of Choice: A Cultural Perspective on Intrinsic Motivation«, in: *Journal of Personality and Social Psychology* 76 (1999), S. 349-366.

Iyengar, Sheena S., *The Art of Choosing*, New York, Boston 2010.

James, William, *Pragmatismus und radikaler Empirismus*, Frankfurt/M. 2006.

Jonas, Hans, *Das Prinzip Verantwortung. Versuch einer Ethik für die technologische Zivilisation*, Frankfurt/M. 1984.

Jung, Carl Gustav, *Über die Psychologie des Unbewussten*, Frankfurt/M. 1975.

Kahneman, Daniel, Paul Slovic, Amos Tversky, *Judgment under uncertainty: Heuristics and biases*, Cambridge 1982.

Kahneman, Daniel, Amos Tversky, »On the Reality of Cognitive Illusions«, in: *Psychological Review* 103/3 (1996), S. 582-591.

Kahneman, Daniel, *Schnelles Denken, Langsames Denken*, München 2012.

Kaiser, Florian G., P. Wesley Schultz, Hannah Scheuthle, »The theory of planned behavior without compatibility? Beyond method bias and past trivial associations«, in: *Journal of Applied Social Psychology* 37 (2007), S. 1522-1544.

Kant, Immanuel, *Grundlegung zur Metaphysik der Sitten*, in: Ders., *Akademie-Ausgabe*, Bd. IV, Berlin 1968.

Kant, Immanuel, *Kritik der reinen Vernunft*, Hamburg 1976.

Kaufman, Bruce E., »Emotional Arousal as a Source of Bounded Rationality«, in: *Journal of Economic Behavior and Organization* 38 (1999), S. 135-144.

Kaufmann-Hayoz, Ruth, Susanne Bruppacher, Sylvia Harms, Kirsten Thiemann, »Einfluss und Beeinflussung externer Bedingungen umweltschützenden Handelns«, in: Ernst-Dieter Lantermann, Volker Linneweber (Hg.), *Spezifische Umwelten und umweltbezogenes Handeln*, Göttingen 2008, S. 697-733.

Kitz, Volker, *Du machst, was ich will: Wie Sie bekommen, was Sie wollen – ein Ex-Lobbyist verrät die besten Tricks*, München 2013.

Kluge, Friedrich, Elmar Seebold, *Kluge. Etymologisches Wörterbuch der deutschen Sprache*, Berlin, Boston [25]2011, s. v. Manipulation, S. 599.

Kluxen, Wolfgang, *Philosophische Ethik bei Thomas von Aquin*, Hamburg 1998.

Korczak, Dieter, *Wieviel Manipulation verträgt der Mensch. Freiheitsräume des Individuums in der postmodernen Zeit*, Kröning 2005.

Krämer, Hans, *Integrative Ethik*, Frankfurt/M. 1992.

Krosnick, Jon A., Duane F. Alwin, »Aging and Susceptibility to Attitude Change«, in: *Journal of Personality and Social Psychology* 57 (1989), S. 416-425.

Kuhlmann, Wolfgang, »Rhetorik und Ethik«, in: Wolfgang Armbrecht, Ulf

Zabel (Hg.): *Normative Aspekte der Public Relations. Grundlegende Fragen und Perspektiven. Eine Einführung*, Opladen 1994, S. 35-50.

Laham, Simon M., Tania Tam, Mansur Lalljee et al., »Respect for Persons in the Intergroup Context: Self-other Overlap and Intergroup Emotions as Mediators oft he Impact of Respect on Action Tendencies«, in: *Group Processes & Intergroup Releations* 13/3 (2009), S. 301-317.
Lakoff, George, Elisabeth Wehling, *Auf leisen Sohlen ins Gehirn. Politische Sprache und ihre heimliche Macht*, Heidelberg [4]2016.
Lakoff, George, *Don't Think of an Elephant! Know Your Values and Frame the Debate*, White River Junction 2004.
Lakoff, George, Mark Johnson, *Metaphors We Live By*, Chicago 1980.
Lalljee, Mansur, Simon M. Laham, Tania Tam, »Unconditional respect for persons: A social psychological analysis«, in: *Gruppendynamik und Organisationsberatung* 38/4 (2007), S. 451-464.
Lamarque, Peter, *The Opacity of Narrative*, London, New York 2014.
Larmore, Charles, »Politischer Liberalismus«, in: Axel Honneth (Hg.), *Kommunitarismus. Eine Debatte über die moralischen Grundlagen moderner Gesellschaften*, Frankfurt/M., New York 1993, S. 131-156.
Larmore, Charles, *Routledge Encyclopedia of Philosophy*, 10 Bde., London, New York 1998, s. v. Right and Good, Bd. 8, S. 322-325.
Lasswell, Harold D., *Politics: Who gets what, when and how*, Cleveland, New York 1936.
Laux, Helmut, *Entscheidungstheorie*, Berlin, Heidelberg, New York 2005.
Lehrer, Jonah, *How We Decide*, New York 2009.
Lenk, Hans, *Konkrete Humanität*, Frankfurt/M. 1998.
Levine, Robert, *Die große Verführung: Psychologie der Manipulation*, München 2005.
Lindner, Lisa, »Respekt«, in: Dieter Frey (Hg.), *Psychologie der Werte: Von Achtsamkeit bis Zivilcourage*, Berlin/Heidelberg 2016, S. 167-176.
Lippmann, Walter, *Public Opinion*, Miami 2008.
Luhmann, Niklas, *Vertrauen. Ein Mechanismus zur Reduktion sozialer Komplexität*, Stuttgart 1973.

Machiavelli, Niccolò, *Der Fürst*, Stuttgart 1961.
MacIntyre, Alasdair, *Der Verlust der Tugend. Zur moralischen Krise der Gegenwart*, Frankfurt/M. 1995.
Marcuse, Herbert, »Aggressivität in der gegenwärtigen Industriegesellschaft«, in: Ders., Alexander Mitscherlich, *Aggression und Anpassung in der Industriegesellschaft*, Frankfurt 1969, S. 7-29.
Martens, Jens-Uwe, *Einstellungen erkennen, beeinflussen und nachhaltig verändern. Von der Kunst, das Leben aktiv zu gestalten*, Stuttgart 2009.

Maslow, Abraham G., »A Theory of Human Motivation«, in: *Psychological Review* 50/4 (1943), S. 370-396.

Maslow, Abraham H., Henry Geiger, Bretha G. Maslow, *The Farther Reaches of Human Nature (Compass)*, New York 1971.

Mayr, Susanne, Axel Buchner, »Negative Priming as a Memory Phenomenon: A Review of 20 Years of Negative Priming Research«, in: *Zeitschrift für Psychologie* 1, 215 (2007), S. 35-51.

McKenzie, Richard B., *Predictably Rational? In Search of Defenses for Rational Behavior in Economics*, Berlin, Heidelberg 2010.

Merten, Klaus, »Wirkungen von Kommunikation«, in: Klaus Merten, Siegfried J. Schmidt, Siegfried Weischenberg (Hg.), *Die Wirklichkeit der Medien*, Opladen 1994, S. 291-328.

Merton, Robert K., *Mass Persuasion*, New York 1946.

Mills, Claudia, »Politics and Manipulation«, in: *Social Theory and Practice* 21, 1 (1995), S. 97-112.

Navarro, Joe, *Menschen verstehen und lenken: Ein FBI-Agent erklärt, wie man Körpersprache für den persönlichen Erfolg nutzt*, München 2012.

Neubacher, Alexander, »Alchemie im Kanzleramt«, in: *Der Spiegel* 36 (2014), S. 34-36.

Nida-Rümelin, Julian, *Kritik des Konsequentialismus*, München 1993.

Nida-Rümelin, Julian, *Praktische Rationalität. Grundlagenprobleme und ethische Anwendung des rational-choice-Paradigmas*, Berlin, New York 1994.

Nida-Rümelin, Julian, »Zur Einheitlichkeit praktischer Rationalität«, In: Ders.: *Ethische Essays*, Frankfurt/M. 2002.

Nietzsche, Friedrich, *Jenseits von Gut und Böse. Zur Genealogie der Moral. Eine Streitschrift*, München 1999.

Nimmo, Dan D., James E. Combs, *Subliminal Politics: Myths and Mythmakers in America*, Englewood Cliffs 1980.

Noelle-Neumann, Elisabeth, *Die Schweigespirale. Öffentliche Meinung – unsere soziale Haut*. München 1980.

Noggle, Robert, »Manipulative Actions: A Conceptual and Moral Analysis«, in: *American Philosophical Quarterly* 33, 1 (1996), S. 43-55.

Norman, Richard, *The Moral Philosophers*, Oxford 1983.

Nünning, Vera, »Narrativität als interdisziplinäre Schlüsselkategorie«, in: *Forum Marsilius-Kolleg* 06 (2013), S. 1-17.

Nussbaum, Martha, »Compassion: Human and Animal«, *IDSK Special Lecture 4*, 〈http://idsk.edu.in/wp-content/uploads/2015/07/SL-4.pdf〉, letzter Zugriff am 6. 1. 2017.

Nussbaum, Martha, *Gerechtigkeit oder das gute Leben*, Frankfurt/M. 1999.

Nussbaum, Martha, *Love's Knowledge: Essays on Philosophy and Literature*, Oxford 1992.

Nussbaum, Martha, »Menschliches Tun und soziale Gerechtigkeit. Zur Verteidigung des aristotelischen Essentialismus«, in: Micha Brumlik, Hauke Brunkhorst (Hg.), *Gemeinschaft und Gerechtigkeit*, Frankfurt/M. 1993, S. 323-363.

Orwell, George, *1984*, Übersetzt von Michael Walter, Berlin 2008.

Oskamp, Stuart, Maura J. Harrington, Todd C. Edwards et al., »Factors influencing household recycling behavior«, in: *Environment and Behavior* 23 (1991), S. 494-519.

Pawlowski, Tadeusz, *Begriffsbildung und Definition*, Berlin, New York 1980.

Papineau, David, »Die Evolution des Zweck-Mittel-Denkens«, in: Dominik Perler, Markus Wild (Hg.), *Der Geist der Tiere: Philosophische Texte zu einer aktuellen Diskussion*, Frankfurt/M. 2005, S. 244-291.

Pawson, John, *Minimum*, London 1996.

Pierer's Universal-Lexikon der Vergangenheit und Gegenwart oder Neuestes encyclopädisches Wörterbuch der Wissenschaften, Künste und Gewerbe. 19 Bde., Altenburg 1857-1865, s. v. Manipulation, Bd. 10, S. 832.

Platon, *Gorgias*, Göttingen 2004.

Platon, *Phaidon*, Berlin 2016.

Pervin, Lawrence A., Daniel Cervone, Oliver P. John, *Persönlichkeitstheorien*, München, Basel 2005.

Poole, Steven, »Not so foolish«, in: *aeon* ⟨https://aeon.co/essays/we-are-more-rational-than-those-who-nudge-us⟩, letzter Zugriff am 16. 3. 2016.

Popper, Karl R., *Realism and the Aim of Science. From the Postscript to the Logic of Scientific Discovery*, London 1983.

van Quaquebeke, Niels, Daniel C. Henrich, Tilman Eckloff, »It's not tolerance I'm asking for, it's respect!: A conceptual framework to differentiate between tolerance, acceptance and (two types of) respect«, in: *Gruppendynamik und Organisationsberatung* 38/2 (2007), S. 185-200.

Rauprich, Oliver, Florian Steger (Hg.), *Prinzipienethik in der Biomedizin. Moralphilosophie und medizinische Praxis*, Frankfurt/M. 2005.

Raz, Joseph, *Value, Respect, and Attachment*, Cambridge 2001.

Reese-Schäfer, Walter, *Grenzgötter der Moral: Der neue europäisch-amerikanische Diskurs zur politischen Ethik*, Wiesbaden 2013.

Reich, Wilhelm, *Die Massenpsychologie des Faschismus*, Köln 1986.

Rhodes, Nancy, Wendy Wood, »Self-esteem and intelligence affect influenceability: The mediating role of message reception«, in: *Psychological Bulletin* 111 (1992), S. 156-171.

Ricœur, Paul, »Narrative Identität«, in: *Heidelberger Jahrbücher* 31 (1987), S. 57-67.

Ricœur, Paul, *Zeit und Erzählung*, Bd. 1-3, München 1988.

Rousseau, Jean-Jacques, *Abhandlung über den Ursprung und die Grundlagen der Ungleichheit unter den Menschen*, Stuttgart 2010.

Rudinow, Joel, »Manipulation«, in: *Ethics* 88, 4 (1978), S. 338-347.

Sammlung der in dem souverainen Herzogthum Schlesien und dessen incorpirirten Grafschaft Glatz in Finantz-, Justiz-, Criminal-, geistlichen-, Consistorial-, Kirchen-Sachen etc. publicirten und ergangenen Ordnungen, Edicten, Mandaten, Rescripten etc. welche von der Zeit der glorwürdigsten Regierung Friedrichs Königes in Preußen als souverainen obersten Herzogs von Schlesien vom 1. Decembr. 1740 bis inclusive 1744 heraus gekommen und durch Druck bekannt gemacht worden, Bd. 6, Breslau 1763.

Samuels, Richard, Stephen Stich, Michael Bishop, »Ending the Rationality Wars: How to Make Disputes About Human Rationality Disappear«, in: Stephen Stich (Hg.), *Collected Papers, Volume 2: Knowledge, Rationality, and Morality, 1978-2010*, Oxford 2012, S. 191-223.

Sandel, Michael J., *Gerechtigkeit. Wie wir das Richtige tun*, Berlin 2013.

Sapontzis, Steve, *Morals, Reason and Animals*, Philadelphia 1987.

Sartre, Jean-Paul, »Der Existentialismus ist ein Humanismus«, in: Ders., *Der Existentialismus ist ein Humanismus und andere philosophische Essays 1943-1948. Gesammelte Werke in Einzelausgaben. Philosophische Schriften 4*, Reinbek b. Hamburg 2000.

Scanlon, Thomas, *What We Owe to Each Other*, Cambridge MA 1998.

Scheuthle, Hannah, Jacqueline Frick, Florian G. Kaiser, »Personenzentrierte Interventionen zur Veränderung von Umweltverhalten«, in: Volker Linneweber, Ernst-Dieter Lantermann, Elisabeth Kals (Hg.): *Spezifische Umwelten und umweltbezogenes Handeln*, Göttingen 2008, S. 643-667.

Schönberger, Josef, *Die Wiederentdeckung des Respekts. Wie interkulturelle Begegnungen gelingen*, München 2010.

Schöne-Seifert, Bettina, »Prinzipien und Theorien in der Medizinethik«, in: Johann S. Ach, Kurt Bayertz, Ludwig Siep (Hg.), *Grundkurs Ethik. Band 2: Anwendungen*, Paderborn 2011, S. 9-22.

Schopenhauer, Arthur, *Eristische Dialektik oder die Kunst, Recht zu behalten, in 38 Kunstgriffen dargestellt*, Zürich 1983.

Schumpeter, Joseph A., *Capitalism, Socialism and Democracy*, New York 1976 (dt. Ausgabe: *Kapitalismus, Sozialismus und Demokratie*, Stuttgart 1993).

Schwarz, Norbert, »Feelings-as-Information Theory«, in: Paul A. M. Van Lange, Arie W. Kruglanski. E. Tory Higgins (Hg.), *The Handbook of Theories of Social Psychology*, Bd. 1, Los Angeles 2012, S. 289-308, hier S. 289.

Scott, David, Fern K. Willits, »Environmental attitudes and behavior: A Pennsylvania survey«, in: *Environment and Behavior* 16 (1994), S. 239-260.
Seierstad, Åsne, *Einer von uns. Die Geschichte eines Massenmörders*, Zürich 2016.
Selten, Reinhard, *What is Bounded Rationality? Paper prepared for the Dahlem Conference 1999*, ⟨https://pdfs.semanticscholar.org/8237/d1a44256dad dab131078bd09d622216c90d8.pdf⟩, letzter Zugriff 9. 1. 2017.
Sennett, Richard, *Respect. The Formation of Character in a World of Inequality*, London 2003.
Shakespeare, William, *Hamlet*, zweisprachige Ausgabe, deutsch von Frank Günther, München 1995.
Shakespeare, William, *Julius Cäsar*, zweisprachige Ausgabe, deutsch von Frank Günther, München 1998.
Shakespeare, William, *Othello*, zweisprachige Ausgabe, deutsch von Frank Günther, München 1995.
Shakespeare, William, *Viel Lärm um nichts*, zweisprachige Ausgabe, deutsch von Frank Günther, München 2001.
Simon, Herbert A., »A Behavioral Model of Rational Choice«, in: *Quarterly Journal of Economics* 69 (1955), S. 99-118.
Simon, Herbert A., »Rational choice and the structure of the environment«, in: *Psychological Review.* 63, 2 (1956), S. 129-138.
Simon, Herbert A., »Theories of decision making in economics and behavioural science«, in: *American Economic Review* 49, 3 (1959), S. 253-283.
Skinner, Burrhus F., *Beyond Freedom and Dignity*, New York 1971.
Slote, Michael, *Moral Sentimentalism*, Oxford 2010.
Smith, Stephen M., Curtis P. Haugtvedt, Richard E. Petty, »Attitudes and recycling: Does the measurement of affect enhance behavioral prediction?«, in: *Psychology and Marketing* 11 (1994), S. 359-374.
Sperber, Dan, »Intuitive and Reflective Belief«, in: *Mind and Language* 12 (1997), S. 67-83.
de Spinoza, Baruch, *Politischer Traktat, Tractatus politicus*, in: Ders.: *Sämtliche Werke*, Bd. 5.2, Hamburg 2010.
Steele, Katie S., »What are the minimal requirements of rational choice? Arguments from the sequential-decision setting«, in: *Theory and Decision* 68, 4 (2010), S. 463-487.
Strack, Fritz, Leonard L. Martin, Norbert Schwarz, »Priming and Communication: The Social Determinants of Information Use in Judgements of Life Satisfaction«, in: *European Journal of Social Psychology* 5, 18 (1988), S. 429-422.
Strack, Fritz, Roland Deutsch, »Reflective and Impulsive Determinants of

Social Behavior«, in: *Personality and Social Psychology Review* 8/3 (2004), S. 220-247.

Strack, Fritz, Roland Deutsch, »Variants of judgment and decision making: The perspective of the reflective-impulsive model«, in: Henning Plessner, Cornelia Betsch u. a. (Hg.), *Intuition in judgment and decision making*, Mahwah 2008, S. 39-53.

Straub, Jürgen (Hg.), *Erzählung, Identität und historisches Bewußtsein. Die psychologische Konstruktion von Zeit und Geschichte*, Frankfurt/M. 1998.

Strawson, Peter F., »Freedom and Resentment«, in: Ders., *Freedom and Resentment and other Essays*, London, New York 2008, S. 1-28 (dt. Ausgabe: Peter Strawson, »Freiheit und Übelnehmen«, in: Ulrich Pothast (Hg.), *Seminar: Freies Handeln und Determinismus*. Frankfurt/M. 1978, S. 201-233).

Stroh, Wilfried, *Die Macht der Rede. Eine kleine Geschichte der Rhetorik im alten Griechenland und Rom*, Berlin 2011.

Suppes, Patrick, *Handbuch wissenschaftstheoretischer Begriffe*, 3 Bde., Göttingen 1980, s. v. Definition, Bd. 1, S. 124-129.

Taylor, Charles, *Sources of the Self*, Cambridge MA 1992.

Thaler, Richard, Cass Sunstein, *Nudge. Improving decisions about health, wealth and happiness*, London 2009 (dt. Ausgabe: Richard Thaler, Cass Sunstein, *Nudge. Wie man kluge Entscheidungen anstößt*, Berlin 2013).

Theweleit, Klaus, *Das Lachen der Täter: Breivik u. a. Psychogramm der Tötungslust*, St. Pölten 2015.

Tomasello, Michael, *The Cultural Origin of Human Cognition*, Cambridge 1999.

Tooby, John, Leda Cosmides, »The past explains the present. Emotional adaptions and the structure of ancetrial environments«, in: *Ethology and Sociobiology* 11 (1990), S. 375-424.

Tugendhat, Ernst, *Vorlesungen über Ethik*, Frankfurt/M. 1993.

Vice, Samantha, »Literature and the Narrative Self«, in: *Philosophy* 78, 303 (2003), S. 93-108.

Vierkandt, Alfred, »Die Beziehung als Grundkategorie des soziologischen Denkens. Bruchstücke aus dem Manuskripte einer ›Gesellschaftslehre‹«, in: *Archiv für Rechts- und Wirtschaftsphilosophie* 9, 1 (1915), S. 83-90.

Vietta, Silvio, *Rationalität – eine Weltgeschichte. Europäische Kulturgeschichte und Globalisierung*, München 2012.

Voltaire, »Der unwissende Philosoph«, in: Ders., *Erzählungen, Dialoge, Streitschriften*, Bd. 3, Berlin 1981, S. 280-339.

Vogler, Candace, *Reasonably Vicious*, Cambridge 2002.

Voigt, Rüdiger, »Mythen, Rituale und Symbole in der Politik«, in: Rüdiger Voigt (Hg.), *Symbole der Politik, Politik der Symbole*, Opladen 1989.

Wahrig. Deutsches Wörterbuch, Gütersloh, München 2006, s. v. Manipulation, S. 976.

Wallace, R. Jay, *Stanford Encyclopedia of Philosophy*, s. v. Practical Reason ⟨https://plato.stanford.edu/entries/practical-reason/⟩, letzter Zugriff 9. 1. 2017.

Ware, Alan, »The Concept of Manipulation: Its Relation to Democracy and Power«, in: *British Journal of Political Science* 11, 2 (1981), S. 163-181.

Werth, Lioba, Jennifer Mayer, *Sozialpsychologie*, Heidelberg 2008.

White, Mark D., *The Manipulation of Choice. Ethics and Libertarian Paternalism*, New York 2013.

Wilson, Timothy D., *Strangers to Ourselves. Discovering the Adaptive Unconscious*, Cambridge 2004.

Wimmer, Heinz, Josef Perner, *Kognitionspsychologie*, Stuttgart 1979.

Worthington, Richard V., »Pareto. The Marx of Fascism«, in: *Economic Forum* 1 (1933), zitiert nach: Nicholas Samstag, »Strategy«, in: Bernays (Hg.), *The Engineering of Consent*, S. 94-137.

Wood, Allen W., »Coercion, Manipulation, Exploitation«, in: Christian Coons, Michael Weber (Hg.), *Manipulation. Theory and Practice*, Oxford 2014, S. 17-50.

Wood, Allen W., *Routledge Companion to Ethics*, s. v. Respect and Recognition, London 2010, S. 562-572.

Zude, Heiko U., *Paternalismus. Fallstudien zur Genese des Begriffs*, Freiburg i. Br., München 2010.

Danksagung

Als Erstem möchte ich meinem Doktorvater Christian Illies danken, der mich in der Bearbeitung dieses uns beide fesselnden Themas in jeder Hinsicht stets bestärkt, bereichert und unterstützt hat. Die Zeit der Promotion, aus der dieses Buch in nun überarbeiteter Fassung hervorgeht, wird mir vor allem auch wegen ihm, seiner herzlichen, menschlichen Art und seiner inspirierenden Denkweise immer als eine besondere in Erinnerung bleiben. Mein Dank geht auch an Claus-Christian Carbon, der mir als aktiver, bestärkender Zweitbetreuer auf dem Weg durch den dichten Dschungel der Psychologie half. Zudem möchte ich Christian Schäfer (Universität Bamberg), Ruth Grant (Duke University) und Harald Wydra (St. Catherine's College, University of Cambridge) meinen Dank aussprechen, die das Gelingen dieses Buches durch die großzügige Aufnahme an ihren Institutionen, aber auch durch inhaltliche Gespräche und wichtige Anregungen befördert haben. Ebenso möchte ich dem Suhrkamp Verlag für die wohlwollende Berücksichtigung meines Manuskripts und dem dortigen Lektorat für die hilfreichen Anmerkungen zu ebenjenem danken. Nicht fehlen dürfen Sabine Vogt, die eine stets kompetente Ansprechpartnerin in allen Dingen war, und Marko J. Fuchs mit seiner kollegialen, vor allem aber auch freundschaftlichen Unterstützung. Auch die Wegbegleiterin Annett Wienmeister gehört hierher, genauso wie Sebastian Krebs, Reinhard Zintl, Martin Düchs, Gabriele De Anna und Rita Plüisch. Doch die Zeit der Promotion wäre nur schwerlich eine schöne, wenn da nicht auch noch all die wichtigen Menschen außerhalb der Universität existierten, die diese Lebensphase so sehr mitprägen. Hier möchte ich als tapferen Korrektor zunächst Herbert Gückel hervorheben, der, selbst ein treuer Freund, von einer ganzen Armada weiterer loyaler Wegbegleiter flankiert wird: Zunächst sind da meine Eltern, Anne und Wolfgang Fischer, die nicht eine Sekunde an dem zweifelten, was ich tat. Auch meinem Großvater Ernst Seeberger und meinem Bruder Sebastian Fischer möchte ich danken. Weiter geht es mit den unterdessen im ganzen Land Verteilten: Dana Tiltsch, Michael Wenzler, Joachim und Katharina Glaubitz, Mathias Christmann, Michael Stöhr, Manuel

Junge, Benjamin Kratzke, Carolin und Ellen Richter, Christina Gückel und Patrick Galke. Bleibenden Eindruck haben sodann die Wegbegleiter aus den USA und England hinterlassen, hier möchte ich im Besonderen Maribeth Hersey und Konrad Zoll, Danielle Plesser, Antong Liu, Wenqing Zhao, Shahrazad Shareef und Emily Holman meine Dankbarkeit aussprechen. Der goldene Abschluss aber bleibt den treuen »Bambergern« vorbehalten: Mein Dank gilt hier Hendrike Hellmann, Moritz Krieger, Holger Kellermann, meinen Musikerkollegen Rainer Löw, Bernhard Löw und Lasse Peschka sowie Andreas Fischer, Regina Hanemann, Carolin Treschnak und Marianne Meyer. Zuletzt möchte ich Jana Funk danken – für die immer erkenntnisreichen Gespräche und das gemeinsame Sein.

Philosophie des Geistes im Suhrkamp Verlag

Anatomie der Subjektivität. Bewußtsein, Selbstbewußtsein und Selbstgefühl. Herausgegeben von Thomas Grundmann, Frank Hofmann, Catrin Misselhorn, Violetta L. Waibel und Véronique Zanetti. stw 1735. 496 Seiten

Wolfgang Barz. Die Transparenz des Geistes. stw 2034. 400 Seiten

Bewußtsein. Philosophische Beiträge. Herausgegeben von Sybille Krämer. stw 1240. 250 Seiten

Susan Blackmore. Gespräche über Bewußtsein. Aus dem Englischen von Frank Born. Mit einem Glossar. Gebunden und stw 2023. 380 Seiten.

Robert B. Brandom
- Expressive Vernunft. Aus dem Amerikanischen von Eva Gilmer und Hermann Vetter. 1014 Seiten. Gebunden
- Begründen und Begreifen. Eine Einführung in den Inferentialismus. Aus dem Amerikanischen von Eva Gilmer. Gebunden und stw 1689. 264 Seiten

Donald Davidson
- Dialektik und Dialog. Rede anläßlich der Verleihung des Hegel-Preises 1992. stw 1080. 101 Seiten
- Handlung und Ereignis. Aus dem Amerikanischen von Joachim Schulte. Gebunden und stw 895. 421 Seiten
- Probleme der Rationalität. Vorwort von Marcia Cavell. Aus dem Amerikanischen von Joachim Schulte. 445 Seiten. Gebunden

NF 165/1/8.12

- Subjektiv, intersubjektiv, objektiv. Aus dem Amerikanischen von Joachim Schulte. 382 Seiten. Gebunden
- Wahrheit und Interpretation. Herausgegeben von Dieter Henrich und Niklas Luhmann. Aus dem Amerikanischen von Joachim Schulte. stw 896. 408 Seiten
- Wahrheit, Sprache und Geschichte. Aus dem Amerikanischen von Joachim Schulte. 514 Seiten. Gebunden

Donald Davidson / Richard Rorty. Wozu Wahrheit? Eine Debatte. Herausgegeben und mit einem Nachwort von Mike Sandbothe. stw 1691. 353 Seiten

Daniel C. Dennett. Süße Träume. Die Erforschung des Bewußtseins und der Schlaf der Philosophie. Aus dem Amerikanischen von Gerson Reuter. 216 Seiten. Gebunden

Farben. Betrachtungen aus Philosophie und Naturwissenschaften. Herausgegeben von Stefan Glasauer und Jakob Steinbrenner. stw 1825. 370 Seiten

Manfred Frank. Ansichten der Subjektivität. stw 2021. 420 Seiten

Gene, Meme und Gehirne. Geist und Gesellschaft als Natur. Eine Debatte. Herausgegeben von A. Becker, C. Mehr, H. H. Nau, G. Reuter und D. Stegmüller. stw 1643. 336 Seiten

Andrea Kern. Quellen des Wissens. Zum Begriff vernünftiger Erkenntnisfähigkeit. stw 1786. 385 Seiten

Ruth Garrett Millikan
- Biosemantik. Sprachphilosophische Aufsätze. Aus dem Amerikanischen von Alex Burri. stw 1979. 205 Seiten

NF 165/2/8.12

- Die Vielfalt der Bedeutung. Zeichen, Ziele und ihre Verwandtschaft. Aus dem Amerikanischen von Hajo Greif. stw 1829. 330 Seiten

Thomas Nagel. Der Blick von nirgendwo. Aus dem Amerikanischen von Michael Gebauer. stw 2035. 418 Seiten

Martine Nida-Rümelin. Der Blick von innen. Zur transtemporalen Identität bewusstseinsfähiger Wesen. stw 1787. 357 Seiten

Philosophie und Neurowissenschaften. Herausgegeben von Dieter Sturma. stw 1770. 266 Seiten

Hilary Putnam
- Repräsentation und Realität. Übersetzt von Joachim Schulte. stw 1394. 220 Seiten
- Vernunft, Wahrheit und Geschichte. Aus dem Amerikanischen von Joachim Schulte. stw 853. 294 Seiten

Sebastian Rödl
- Kategorien des Zeitlichen. Eine Untersuchung der Formen des endlichen Verstands. stw 1748. 215 Seiten
- Selbstbewußtsein. stw 1992. 264 Seiten.

Richard Rorty. Der Spiegel der Natur. Eine Kritik der Philosophie. Aus dem Amerikanischen von Michael Gebauer. stw 686. 438 Seiten

Jürgen Schröder. Einführung in die Philosophie des Geistes. stw 1671. 400 Seiten

John R. Searle
- Freiheit und Neurobiologie. Aus dem Amerikanischen von Jürgen Schröder. Kartoniert. 96 Seiten

NF 165/3/8.12

- Geist. Eine Einführung. Aus dem Amerikanischen von Sibylle Salewski. 324 Seiten. Gebunden
- Geist, Sprache und Gesellschaft. Philosophie der wirklichen Welt. Aus dem Amerikanischen von Harvey P. Gavagai. stw 1670. 192 Seiten
- Intentionalität. Eine Abhandlung zur Philosophie des Geistes. Aus dem Amerikanischen von Harvey P. Gavagai. stw 956. 353 Seiten
- Die Konstruktion der gesellschaftlichen Wirklichkeit. Zur Ontologie sozialer Tatsachen. Aus dem Amerikanischen von Martin Suhr. stw 2005. 248 Seiten
- Wie wir die soziale Welt machen. Die Struktur der menschlichen Zivilisation. Aus dem Amerikanischen von Joachim Schulte. 351 Seiten. Gebunden

Selbstbewußtseinstheorien von Fichte bis Sartre. Herausgegeben und mit einem Nachwort versehen von Manfred Frank. stw 964. 599 Seiten

Michael Tomasello
- Die kulturelle Entwicklung des menschlichen Denkens. Zur Evolution der Kognition. Aus dem Englischen von Jürgen Schröder. stw 1827. 307 Seiten
- Die Ursprünge der menschlichen Kommunikation. Aus dem Amerikanischen von Jürgen Schröder. Mit Abbildungen. stw 2004. 410 Seiten

Matthias Vogel. Medien der Vernunft. Eine Theorie des Geistes und der Rationalität auf Grundlage einer Theorie der Medien. stw 1556. 427 Seiten

Wissen zwischen Entdeckung und Konstruktion. Erkenntnistheoretische Kontroversen. Herausgegeben von Matthias Vogel und Lutz Wingert. stw 1591. 328 Seiten

NF 165/4/8.12